高等院校人文素质教育系列教材

U0645350

形体训练与形象塑造管理
(慕课版)

伍　钰　主　编

吴　婧　张　易　副主编

清華大学出版社

北京

内 容 简 介

　　本书是一本提升个人形象与魅力的实用指南，主要涵盖了姿态训练、轻器械训练、作品欣赏、形象塑造、走进彩妆、形象管理、体能训练方案及常见运动损伤的处理及预防等内容。

　　本书通过理论与实践相结合的方式，详细讲解了形体训练与形象塑造管理之间的内在联系，为读者提供了较为全面和实用的个人形象塑造管理策略，帮助读者全面提升个人形象。

图书在版编目(CIP)数据

形体训练与形象塑造管理 ：慕课版 / 伍钰主编. --北京 ：清华大学出版社，2025. 6.
(高等院校人文素质教育系列教材).

ISBN 978-7-302-69244-7

Ⅰ. G831.32

中国国家版本馆 CIP 数据核字第 2025VE2683 号

责任编辑：石　伟
装帧设计：刘孝琼
责任校对：么丽娟
责任印制：刘海龙

出版发行：清华大学出版社
　　　　　网　　　址：https://www.tup.com.cn, https://www.wqxuetang.com
　　　　　地　　　址：北京清华大学学研大厦 A 座　　　邮　　编：100084
　　　　　社 总 机：010-83470000　　　　　　　　邮　　购：010-62786544
　　　　　投稿与读者服务：010-62776969, c-service@tup.tsinghua.edu.cn
　　　　　质量反馈：010-62772015, zhiliang@tup.tsinghua.edu.cn
　　　　　课件下载：https://www.tup.com.cn, 010-62791865
印 装 者：三河市铭诚印务有限公司
经　　销：全国新华书店
开　　本：185mm×260mm　　印　　张：17　　字　　数：410 千字
版　　次：2025 年 7 月第 1 版　　　　　　印　　次：2025 年 7 月第 1 次印刷
定　　价：49.00 元

产品编号：102628-01

前　言

随着社会的持续进步，人们对自身形象的要求和期望与日俱增，对美的追求也不断提高。良好的个人形象不仅能给他人留下深刻印象，更能在职场、社交及日常生活中发挥重要作用，助力个人成长。如今，个人形象已成为人们社会生活中不可或缺的一部分，而形体美作为形象美的重要组成部分，更是备受关注。

本书采用理论与实践相结合的方式，深入剖析形体美和形象塑造管理的各个关键环节，让学生在阅读过程中获得具体指导和实用技巧。本书从形体、形象及思想政治教育等多个维度，引导学生在学习和锻炼中享受乐趣、增强体质、锤炼意志。通过学习本书，学生能够全方位塑造自信、独立、优雅、沉稳的品质，提升自身形象和气质，增强自信心和竞争力，满足自身的社会需求和情感需求，提高生活品质和幸福指数。

形体训练通过专项练习塑造美的形体、锤炼美的肢体语言；礼仪规范是对人美好形象的一种设计，施礼则是对美的形象的塑造与展示；个人形象与仪容、服饰、礼仪等方面的关系密切。本书在帮助学生强身健体的同时，还让他们了解基本的形象塑造与管理知识，通过案例分析、实际操作和反馈指导，使学生掌握形体练习和形象塑造管理的方法。

在内容上，本书不仅关注外在形象的打造，更注重核心素养的培养。通过对形体美和形象塑造管理的探究，我们致力于帮助学生树立正确的审美观，养成良好习惯，从而在职场、社交及日常生活中展现最佳状态。

在形式上，本书运用通俗易懂的语言，并结合大量案例分析，让抽象概念变得具体生动。本书还精心设计了丰富的思考题和实践活动，引导学生在实践中不断巩固认知、提升能力，实现知识的融会贯通，增强实际应用能力。

在培养核心素养方面，本书注重培养学生的团队协作精神，提升学生的自信心和审美能力。通过欣赏作品、参与练习、创编作品等活动，学生能更好地认识自己、挑战自己、完善自我，激发乐观精神，树立勇于担当、积极向上的人生态度。本书鼓励学生创编作品，这既能让学生追求自己喜欢的风格和方式，也是团队协作的成果，旨在帮助学生将看似不可能变为可能，积极挖掘自身潜力和探索精神，提升自信心，发挥创造力。此外，通过作品欣赏和创编等方式对学生进行思想政治教育，能够激发学生的爱国情怀，传承和弘扬承中华优秀传统文化。

在形体训练方面，本书提供丰富多样的锻炼方法和技巧，包括姿态、把杆、核心力量、柔韧性、平衡性、轻器械和协调性练习等，旨在帮助学生塑造健美的体形，改善身体姿态，提升身体的协调性和平衡能力。另外，本书还设计了体能训练方案，详细介绍常见运动损伤的处理方法及预防措施，帮助学生掌握科学的锻炼方法。同时，本书倡导学生树立终身体育观，让学生认识到体育锻炼的重要性，将体育活动自然地融入日常生活，全方位、多维度塑造体质健康、体态完美、人格健全的新时代大学生。

在形象塑造方面，本书关注内在美与外在美的结合，着重提升个人气质，展现独特魅力，涵盖仪容仪表、着装搭配、妆容技巧、色彩认知及礼仪常识等多方面内容，并为学生提供一系列实用建议。

在个人形象管理方面，我们强调个性化和差异化，鼓励学生根据自身特点和兴趣进行形象设计，充分展现个人魅力。此外，我们还教授学生根据不同场合选择适宜着装风格与妆容的技巧，让学生在不同场景中展现独特的个人魅力，助力他们在社会交往和职业生涯中取得成功。

形体训练和形象塑造管理相辅相成。形体训练通过各种锻炼方法和技巧，提高个体的身体素质、肌肉力量和柔韧性，为形象塑造管理提供更多可能；而形象塑造管理则通过合理的服饰搭配、仪容仪表修饰以及优雅适宜的举止等方式，提升个体的整体形象，使其在社会生活中更具吸引力。本书从形体训练和个人形象塑造管理两方面入手，引导学生有效学习塑造优美形体和良好形象的基本原理与方法，并将这些方法运用到日常生活和社会交往中，逐渐养成良好的行为习惯。

本书是一本在形体训练和形象塑造管理方面实用且全面的工具书，旨在帮助广大学生提高自身形象和气质，增强自信心和竞争力。通过学习，学生不仅能提升外在形象和气质，还能培养积极向上的人生态度和价值观，为未来做好准备。

由于编者水平有限，书中难免存在疏漏和不妥之处，敬请读者批评指正。

编　者

目　　录

第一章　概　　述

美并不仅仅是外在的表现，更是内在气质和修养的体现。形体训练与形象塑造管理是对身体和灵魂的深度雕琢，是一种美的语言，它用力量和智慧，塑造出一个个独特而魅力四射的形象。它让我们明白，美并不是一种天赋，而是一种选择、一种态度、一种生活方式。因此，让我们一起来学习美的语言，用它来塑造我们的形象，照亮我们的生活。因为，只有真正理解和掌握美的语言，我们才能真正地拥有美，真正地享受生活。

课程思政要求

● 培养学生正确的价值观。

● 弘扬社会主义核心价值观。

● 提高思想政治素质。

● 培养学生的爱国主义精神。

● 传承和弘扬中华优秀传统文化。

● 培养良好的道德品质。

● 增强法治观念。

● 培养国际视野。

形体训练和形象塑造管理相辅相成、互为补充。良好的形体状态是美好形象的基础，而美好的形象又是形体训练的结果。通过形体训练，不仅可以改善和塑造身体形态，使个体拥有更好的体力和精神状态，更好地应对各种压力和挑战，还能提高身体的健康水平，从而塑造良好的形象。通过形象塑造管理，可以进一步提升自身的形象，使其更加符合自己的理想和要求。二者相互促进，共同构建了一个完整而有力的形象提升体系。

本章主要讲授的内容有形体训练、形象塑造管理、形体训练与形象塑造管理的相互关系。在教学中，教师应注意以下几个方面。

(1) 理论与实践相结合：教师在教授形体训练与形象塑造管理时，应注重理论与实践的结合，让学生通过实际操作来理解和掌握理论知识。

(2) 讲解清晰：教师需要清晰、准确地讲解理论知识，避免因为表述不清导致学生理解错误。

(3) 互动教学：教师应鼓励学生积极参与课堂讨论，提出自己的问题和观点，以提高学生的学习兴趣和主动性。

(4) 案例分析：教师可以通过分析实际案例，帮助学生更好地理解和运用理论知识。

(5) 更新知识：教师需要不断更新自己的知识，以便给学生提供最新的理论信息。

(6) 注意学生的反馈：教师应注意学生的反馈，了解他们对理论部分的理解程度，以便及时调整教学方法和教学内容。

(7) 培养学生的批判性思维：教师应鼓励学生对所学理论进行批判性思考，培养他们的独立思考能力。

(8) 评估学生的学习效果：教师应定期对学生的学习效果进行评估，以便了解他们的学习进度和存在的问题，及时进行教学调整。

第一节　形　体　训　练

形体训练是通过芭蕾基础训练、轻器械训练、身体素质训练等方法，改善身体的原始状态，提高身体的综合素质，以改善和纠正不良姿态的训练。形体训练的主要目标是提高个体的身体素质，包括力量、速度、灵敏度、耐力和柔韧性等。形体训练在塑造优美形体，增强身体素质，培养优雅气质，增强身体协调性，改善不良姿势，提高表现力与自信，增强内在修养等方面都具有重要的意义。通过积极参与形体训练，我们可以更好地认识自己，提高自身素质，展现最佳状态，让自己变得更加健康和美丽。

一、健康形象

在学习形体训练之前，我们先来了解什么是健康形象。积极乐观、热爱运动、注重饮食、保持良好社交关系的人，通常会给人留下健康的形象。反之，如果一个人身体状况不佳，经常熬夜，饮食不规律，缺乏运动，那么他的形象就不是健康的形象。健康形象是指一个人在他人眼中的整体印象，它涵盖了一个人的身体、心理和社会健康状况，是一个人在公众心目中形成的良好印象和积极评价。健康的形象不仅体现在外在的体态上，也体现在精神状态和社交行为上。因此，保持健康的形象对个人的身心健康和社会交往都有着重要的影响。

从身体健康的角度来看，健康的个人形象应该是体态匀称，肌肉发达，面色红润，眼睛有神，拥有强壮的体魄和良好的体能，能轻松地进行各种体力运动，如跑步、游泳、爬山等。

从心理健康的角度来看，健康的个人形象应该是乐观开朗、积极进取，有强烈的生活热情和对生活的热爱。这意味着他具有良好的心理素质，能够积极面对生活中的挑战和困难，有足够的抗压能力，能够在压力下保持冷静和理智。同时，他还应该有丰富的社交经验，善于与人沟通和交流，能够建立和维护良好的人际关系。

从社会健康的角度来看，健康的个人形象应该是遵纪守法，尊重他人，有良好的公民素质和社会责任感。这意味着他具有良好的道德品质，能遵守社会规则和法律，尊重他人的权利，对社会有所贡献。同时，他还应该具有广泛的知识和技能，能适应各种环境并应对自如。

健康的个人形象是一个人在身体、心理和社会三个方面都达到良好状态的表现，需要我们在日常生活中注重身体健康，保持良好的心理状态，积极参与社会活动，不断提高自己的素质和能力。

二、形体训练的定义及作用

形体训练主要通过系统专门的身体练习及科学的运动计划，改善、塑造身体形态和健康状况，使我们的身体更加健康，形态更加匀称且具有线条感。形体训练主要包括芭蕾基本形体训练、轻器械形体训练、身体素质专门训练等多种练习形式，旨在提高我们的身体素质，增强身体的力量和耐力，改善身体的柔韧性、协调性和体态姿势，提高身体的平衡性和灵活性，塑造良好的身体线条，保持良好的身体状态。形体训练不仅有助于塑造健美的身材，还能培养自律性和毅力，使我们在工作和生活中更加坚韧和自信。

(一)形体训练的定义

形体训练是通过科学的方法和系统的训练，进行有计划、有目的的体育锻炼，旨在提高身体素质，塑造美好体态的一种训练方法。形体训练是一种综合性的健身美体方式，通过系统性的身体练习和训练，能让我们拥有健康、优美的身体形态，还能提升我们的身体素质，培养优雅气质和良好的心理素质，提高我们的艺术修养和审美水平。它涵盖了多种运动形式，如舞蹈、体操、轻器械练习等，以培养我们的身体协调性、柔韧性、力量、耐力等方面的能力。形体训练不仅仅是为了追求外在的美，更重要的是通过锻炼提升内在气质和自信心。

(二)形体训练的作用

形体训练是一种综合性的身体锻炼方法，也是一种全面的身心休养方式。它通过提高身体各部位的柔韧性、力量和协调性，来塑造优美体形，增强身体素质，提升气质等。

1. 改善身体形态

形体训练的首要特点是其对身体形态的塑造。通过一系列针对性的形体训练，我们可以改善身体的基本姿态，使身体的各个部位变得更加匀称和协调。例如，形体训练可以让腿型更直，肩膀更平，腹部更紧实，从而让整个身体形态看起来更加优美和健康。

2. 提高身体素质

形体训练是一种全身性的运动，可以全面提高身体素质。通过形体训练，我们可以提高身体的耐力、力量和柔韧性，促进血液循环，增强心肺功能，从而全面提升身体素质。此外，形体训练还可以帮助我们提高身体的自愈能力，预防一些常见的身体问题，如颈椎问题、关节问题等。

3. 提升艺术表现力

形体训练是一种身体锻炼的方法，也是一种提高艺术表现力的方式。通过形体训练，我们可以学习舞蹈、戏剧等艺术形式的基本知识和技巧，从而对艺术有更深入的了解和认识。

4. 增强自信心

形体训练可以帮助人们增强自信心。通过改善身体形态和动作习惯，人们能更好地应对日常生活中的挑战。这种自信不仅可以在日常生活中发挥作用，还可以在工作中帮助我们更好地完成工作任务。此外，优美的体形和优雅的气质可以增强个人魅力，使我们在社交场合中更加自信和得体。

5. 提高社交能力

形体训练可以提高社交能力。在形体训练的过程中，我们需要与教练和同伴进行交流和合作，这有助于提高社交能力。

三、形体训练的基本原则

(一)个性化原则

每个人的身体健康状况和性格特征都是独一无二的。在制订形体训练计划时，必须考虑到个体的差异性，根据每个人的体质、运动史、目标、时间安排等因素制定适合的个性化训练方案。

(二)全面性原则

形体训练不仅要注重形态的塑造，还要注重身体素质和心理素质的培养。要综合考虑个人的身体部位、肌肉群、关节等方面的训练，确保身体的全面发展。同时，要注重培养身体的柔韧性、力量、耐力等素质，以促进身体的健康和形体的优美。

(三)循序渐进原则

形体训练不能一蹴而就，必须遵循由易到难、由简到繁的循序渐进原则。要根据个人的身体素质和承受能力来选择适当的训练内容和训练强度，逐步提高训练难度和训练要求。同时，要根据个人在训练过程中的表现和反馈进行调整，确保训练的科学性和有效性。

(四)安全性原则

在进行形体训练时，必须注意安全问题。训练前要进行适当的热身活动，避免突然进行高强度或高难度的动作。同时，训练时要遵循指导和正确的训练方式，避免因错误的动作或过度用力导致身体不适甚至受伤。在训练过程中，要随时关注身体状况，避免因过度疲劳而影响训练效果。

四、形体训练的方法

通过合理的形体训练，能有效地改善身体的柔韧性、力量、耐力和协调性，从而提高身体的整体素质水平。长期坚持形体训练，可以改善身体形态和健康状况，增强自信心，提高生活质量。通过科学合理的形体训练方法和技术，可以塑造优美的体态，增强身体素质和提升气质。

(一)基础体能训练

基础体能训练是形体训练的基础，包括力量、耐力、平衡和柔韧性等方面的训练。这些方面的训练可以提升身体的基本素质，为后续的形体训练打下坚实的基础。

力量训练：通过针对性的力量训练，可以提高肌肉的力量和稳定性，使身体在运动过程中更加有力。

耐力训练：耐力训练可以增强肌肉的耐力和持久性，提高身体的耐受力，使身体在长时间的训练中不易疲劳。

平衡训练：平衡训练可以增强身体的平衡能力和稳定性，避免在运动中因失去平衡导致的意外伤害。

柔韧性训练：柔韧性训练可以提高身体的柔韧性，使身体在运动过程中更加灵活和舒适，同时也可以减少运动过程中的受伤风险。

(二)均衡发展

在形体训练中，均衡发展非常重要。只有身体的各个部位都得到适当的训练，才能达到更好的整体效果。

身体姿势：正确的身体姿势是形体训练的基础。保持抬头、挺胸、收腹、大小腿内侧紧张等良好体态，使身体的各个部位处于正确的位置，避免出现不良的身体姿势。

塑造良好体态：通过长期针对性的形体训练，可以塑造出自然且美观的体态，展现出个人的气质和风貌。

(三)适度负荷

在形体训练中，适度负荷是必须要注意的一个原则。过度的训练容易导致身体受伤，而训练不足则无法达到预期的训练效果。

肌肉力量：适当的肌肉力量训练可以增强肌肉层，提高身体的健康水平。但是过度的训练容易导致肌肉拉伤等问题。

呼吸控制：正确的呼吸方法可以提高身体的协调性和稳定性，避免呼吸不当导致的身体不适等问题。

(四)持久性

形体训练需要持之以恒地进行，只有坚持长期训练，才能获得最佳的效果。持久性的训练可以帮助人们培养良好的运动习惯，提高身体素质，塑造优美的体态。

(五)柔韧性

柔韧性是形体训练中非常重要的一个环节。只有具备良好柔韧性的肌肉才能更好地完成动作，减少运动过程中产生的压力和紧张感。柔韧性训练可以通过伸展和瑜伽等练习来完成。

(六)肌肉力量

肌肉力量是形体训练中不可或缺的一部分。强壮的肌肉能够更好地保护关节并支撑身体动作。肌肉力量训练可以通过重量训练、健身操等练习来实现。

(七)身体姿势

正确的身体姿势是形体训练的基础。正确的身体姿势可以提高身体的稳定性和运动能力，减少不良姿势导致的肌肉紧张和疼痛。正确的身体姿势需要在平时的生活和训练中不断调整和纠正。

(八)塑造良好体态

良好的体态不仅能够在日常生活中展现出自信和美丽，也能够预防一些常见的身体问题，如背痛、颈椎痛等。

(九)呼吸控制

正确的呼吸方法对形体训练至关重要。呼吸可以影响身体姿势和紧张程度，控制呼吸可以更好地控制身体的动作和姿态。在练习时，应该掌握正确的呼吸方法，通过鼻子深呼吸，使呼吸与动作相互配合，达到更好的练习效果。

五、健康形象与形体训练的关系

健康形象与形体训练的关系是密不可分的。现在，人们越来越注重健康和形象，而形体训练作为一种有效的健身方式，对于塑造健康的体形和保持良好的形象起着至关重要的作用。

形体训练可以有效地改善身体的形态和线条。通过科学的训练方法和技术，可以有针对性地锻炼肌肉群，使身体各部位的曲线更加匀称、流畅，提升个人的自信心和魅力，并在日常生活中感到更加舒适自在。

形体训练有助于增强身体的柔韧性和协调性。通过拉伸等练习，可以增加肌肉的伸展性和关节的活动范围，提高身体的灵活性。这对于预防运动损伤、改善姿势及减少日常生活中的不适感都非常有益。

形体训练还有助于调节身体的代谢系统和内分泌系统。通过有氧运动和力量训练的结合，可以促进脂肪燃烧，增加肌肉量，从而帮助个体控制体重，维持良好的体脂比例。适度的运动还能够维持内分泌系统的正常运作，提高身体的免疫力和抵抗力。

形体训练对心理健康也有积极的影响。运动可以释放身体中的压力和紧张情绪，促进大脑内多巴胺等神经递质的分泌，使人感到愉悦和放松。长期坚持形体训练可以改善睡眠质量，减轻焦虑和抑郁症状，提升生活的整体质量。

健康形象与形体训练之间存在着密切的联系。通过形体训练，我们可以改善身体的形态和线条，增强身体的柔韧性和协调性，调节身体的代谢系统和内分泌系统，同时也能够保持心理健康。因此，将形体训练纳入日常生活的健康计划中，对于实现全面的身心健康具有重要意义。

讨论与思考

1. 形体训练是什么？有哪些作用？
2. 健康形象的标准是什么？如何塑造健康形象？
3. 形体训练的基本原则有哪些？如何正确进行形体训练？
4. 形体训练对身体健康有哪些意义？

5. 形体训练的方法有哪些？如何选择适合自己的方法？

6. 举例说明形体训练和其他运动的区别是什么？

7. 形体训练可以改善哪些身体问题？

8. 形体训练需要多长时间才能看到效果？

9. 形体训练的注意事项有哪些？

10. 形体训练与其他健身方式相比有什么不同之处？

第二节　形象塑造管理

在日常生活中，个人形象无处不在。无论是社交场合、职场，还是面试，甚至是日常生活中的行为举止，都在塑造自己的个人形象。我们需要通过塑造一个积极健康的形象来展示自己的魅力和实力。因此，我们首先需要明确什么是个人形象。个人形象是一个人给他人的印象和感觉，它包括一个人的外表、言行举止、性格特点、职业能力等多个方面。好的个人形象在社交场合中可以帮助我们赢得他人的好感，提升自己的社会地位；在职场中，可以帮助我们获得更多的机会和资源，提高自己的工作效率和质量。

个人形象塑造管理是至关重要的一环，它关乎我们的外在表现，影响我们的内在感受和他人对我们的评价。因此，对个人形象的管理尤为重要。那么什么是个人形象管理呢？简单来说，个人形象管理是指通过一系列的策略和技巧，提升个人在他人眼中的整体印象和吸引力，其中包括外表、言行举止、社交技巧，甚至是思维方式和价值观。

形象塑造管理通过服装搭配、化妆技巧、基本礼仪规范等手段，对个人的形象进行精心规划和塑造，使其在职场和社交场合中展现出最佳的个人形象，从而提升社会影响力和竞争力。形象塑造管理强调的是整体形象的统一性和协调性，不仅注重外在形象的修饰，还关注内在气质的提升。良好的形象可以赢得他人的尊重，提升竞争力和影响力。同时，良好的形象也可以增强个人的自信心和自尊心，使我们在面对生活和工作中的挑战时能更加坚定和自信。

一、个人形象塑造的重要性

日常生活中，无论是在职场还是在社交场合，个人形象都发挥着至关重要的作用。个人形象不仅是外在表现，还是内在品质的反映。它包括我们的言行举止、穿着打扮、社交技巧等方面。良好的个人形象不仅能够提升自我认知和自尊心，也能够影响他人对我们的看法。在职场中，一个积极、专业的形象可以帮助我们在竞争激烈的环境中脱颖而出。在社交场合，一个吸引人的个人形象则有助于建立良好的人际关系和增强影响力。

(一)塑造良好的第一印象

通常在初次接触陌生人时，我们会基于对方的形象快速做出判断，第一印象往往影响我们对对方的长期看法。印象是认知主体头脑中有关认知客体的形象，而形象是一种真实的体现，是我们通过视觉、听觉、触觉、味觉等各种感觉器官在大脑中形成的关于某种事物的整体印象，这也就是心理学中的首因效应。首因效应是指交往双方形成的第一次印象对今后交往关系的影响，也可以是"先入为主"带来的效应。这些第一印象并非总是正确的，却是最鲜明、最牢固的，并且决定着以后双方交往的进程。

在形成第一印象后，人们会倾向于根据这个初步认知来评价对方，而不再考虑其他因素。如果对方给人们留下了良好的第一印象，那么在之后的交往中，人们更愿意和对方交朋友，并且能较快地取得相互了解。相反，如果对方给人们留下的第一印象极其糟糕，那么在之后的交往中，人们会对其避之不及，很抗拒与对方打交道。

首因效应的产生与个体的社会经历及社交经验的丰富程度有关。如果个体的社会经历丰富，社会阅历深厚，社会知识充实，则会将首因效应的作用控制在最低限度。通过学习，我们可以在理智的层面上认识首因效应，明确首因效应获得的评价一般只是在对象的一些表面的、非本质的特征基础上做出的评价，这种评价应当在以后的进一步交往认知中不断地予以修正和完善。

在交友、招聘、求职等社交活动中，我们可以利用首因效应给对方展示一种良好的形象，为以后的交流打下基础。但需要注意的是，这只是一个暂时的行为，更深层次的交往则需要加强在谈吐、举止、修养、礼节等各方面的素质。

因此，良好的个人形象可以帮助我们在初次与他人接触时赢得他人的好感和信任。无论是在日常生活、职场还是社交场合中，我们的形象都是他人对我们的第一印象。这种印象可能会影响到我们的人际关系、职业发展，甚至是自我认知。

(二)塑造自我认知

形象不仅影响我们对他人的看法，也影响自我认知。一个积极、专业的形象可以帮助我们建立自信，而一个消极、不专业的形象则可能导致自尊心受损。良好的个人形象能够提高我们的自我认同感和自尊心。当我们花时间和精力去打理自己的形象时，实际上是在照顾自己，提升自己的价值感。这种感觉会让我们更加自信，更有动力去追求自己的目标。通过塑造个人形象，可以更好地了解自己的优点与不足，并有针对性地进行改进。同时，良好的个人形象也可以增强自信心，使我们在面对挑战时更加从容。

(三)塑造积极的自我形象

个人形象管理可以帮助我们塑造积极的自我形象。通过关注自己的形象，我们可以更好地了解自己的想法和感受，从而更好地了解自己。而一个积极、健康的形象不仅能提高生活质量，还能让我们更加快乐和满足。

(四)提升自信心

良好的个人形象可以提升自信心。当我们对自己的外在形象满意时，会感到更加自信，更愿意去尝试新的事物，去面对生活中的挑战。反之，如果我们对自己的形象不满意，那么我们可能会缺乏自信，甚至产生逃避现实的想法。

(五)提升职业竞争力

良好的个人形象对于我们的职业发展也有着重要的影响。在职场上，个人形象不仅代表自己，也代表了单位或组织。在竞争激烈的职业环境中，单位往往更愿意投资具有良好形象的员工。专业、自信且有责任感的特质都会使我们在工作中表现得更加出色。一个专业、有魅力、可信赖的形象可以让我们在工作中更受欢迎，获得更多的机会和资源，帮助我们在职场上建立良好的人际关系，从而提升我们的职业地位。

综上所述，个人形象塑造的重要性不言而喻。我们应该重视个人形象管理，投入必要的时间和精力去维护和提升自己的形象，让我们在各种场合都能展现出最好的自己，赢得他人的尊重和认可。

二、个人形象管理策略

个人形象已经成为生活和工作中不可忽视的一部分。它不仅是外表，更是个性、态度、行为和价值观的综合体现。一个良好的个人形象能够帮助我们在职场中取得成功，建立自信，并赢得他人的尊重和信任。个人形象管理策略是一种综合性的方法，目的是塑造和维护一个人在各种场合下的形象。它涵盖了从外表、着装到言谈举止等方方面面，旨在展现一个自信、专业且有吸引力的个人形象。个人形象管理是一个涉及多个方面的过程，需要投入时间和精力去维护和提升。只有通过有效的个人形象管理，我们才能在各种场合中展现最好的自己，赢得他人的尊重和认可。

(一)自我认知与定位

良好的形象首先需要对自己有一个清晰的认知和定位。这包括个人优点、缺点、兴趣、价值观以及想要展现给他人的形象。通过深入的自我反思和分析，我们可以更好地理解自己，明确自己的目标，从而制定出更符合自己实际情况的个人形象管理策略。

(二)外在形象的塑造

外在形象是留给他人的第一印象，也是个人形象的重要组成部分，虽然我们知道"人不可貌相"，但在现实生活中，我们往往会从外表来判断其内在品质。因此，保持良好的外在形象非常重要。我们需要保持良好的生活习惯，比如，保持整洁的外表、健康的饮食和规律的运动；当然也需要注重服装的选择和搭配，以及适宜的妆容和发型，以展现出个人的风格和品位。我们需要明确自己的形象目标，并制订实现这些目标的计划，包括改变我们的穿着风格，提升沟通技巧或者改变行为习惯等。

(三)内在素质的提升

除了外在形象，包括知识、技能、态度、道德品质等的内在素质也同样重要。我们可以通过阅读、学习、实践等方式不断提升自己的内在素质，使自己成为一个有内涵的人。另外，我们还需要注重培养良好的沟通技巧和人际关系处理能力，这是影响形象的重要因素。言谈举止自然也是个人形象管理中不可忽视的一环。礼貌待人、清晰表达、准确用词是展现自己修养和素质的重要方面。同时，善于倾听，善于沟通和表达也是建立良好人际关系的关键，通过适当的语言表达和肢体动作，个人形象可以得到进一步的提升。

(四)情绪管理和压力应对

在生活中，我们会遇到各种压力和挑战。如何有效地管理和应对这些压力，保持积极乐观的心态，也是个人形象管理的重要一环。我们可以通过运动、唱歌、跳舞等健康的方式来放松身心、释放压力，也可以寻求专业的心理咨询帮助，还能学习更有效的压力管理技巧，这些都是很好的方法。

(五)持续改进和反馈调整

定期对自己的形象进行评估和调整是个人形象管理的关键步骤。我们可以向他人寻求反馈，了解自己在他人眼中的形象；也可以定期回顾自己的形象管理策略，检查哪些地方做得好，哪些地方需要改进，通过持续的改进和调整来更加完善个人形象。

总之，个人形象管理是一个持续的过程，需要在认识自我、塑造外在形象、提升内在素质、管理情绪和持续改进等多个方面下功夫，这样才能打造出一个独特且吸引人的个人形象，在职场和生活中取得成功。

三、个人形象塑造管理的方法

个人形象塑造管理是一个既复杂又重要的过程。只有深入地了解自己，明确目标，注意行为，制定出有效的策略并持续地及时调整策略，才能有效地塑造和管理自己的个人形象，实现我们的职业目标和社交目标。

(一)外在形象的塑造

在形象塑造中，着装打扮是一个重要方面。一个人的穿着打扮可以体现出他的审美观和品位。因此，在进行形象塑造时，我们应该根据自己的身材、肤色、气质等特点，选择适合自己风格和气质的服装与饰品，充分展现自己的个性和品位。例如，对于身材高挑的人，选择合体且修身的衣服可以突出身材优势；而对于肤色较暗的人，选择适合自己肤色的衣服可以显得更有活力。适宜的妆容、合适的配饰也可以为整体形象增色不少，比如佩戴一款精致的手表或项链等。

外在形象只是个人形象的一部分，更重要的是内在素质的提升。一个有内涵、有修养的人更容易给人留下深刻的印象。我们应该注重自己的内在修养和素质的提升。我们要不断学习新知识，提高自己的文化素养和综合素质；要培养良好的道德品质，做一个诚实守信、乐于助人的人；还要注重心理素质的培养，学会调整自己的心态，在面对挫折和困难时能够保持积极向上的态度。

(二)得体的行为举止

除了着装打扮外，行为举止也是个人形象的重要体现。得体的举止可以给人留下良好的印象。在形象塑造中，我们应该学会如何优雅地行走、端坐、站立等，展现自己的修养和气质。例如，行走时保持挺胸抬头的姿势可以让人看起来更加自信；而在坐姿上，需要避免不良习惯，如跷二郎腿或者驼背等。另外，行为举止的礼貌和文雅也是塑造良好形象的关键之一。

社交礼仪是一个人在日常生活中与他人交往时应遵守的基本规范。一个懂得社交礼仪的人，可以在人际交往中给人留下良好的印象。在形象塑造管理中，学会如何礼貌与他人交往，遵守社交礼仪的规范，包括尊重他人的个人空间，注重礼节性问候，懂得适时感谢和道歉等，能让我们更好地融入社交场合中，与他人建立起互信和友好的关系。

(三)社交能力的提升

社交能力是衡量一个人综合素质的重要标准之一。擅长沟通交流的人往往更容易获得他人的信任和尊重。注重提升社交能力、学会倾听他人的意见和需求，善于与他人沟通和交流在社交场合显得尤为重要。

社交中的另一个重要方面是语言的表达。清晰、流畅的语言表达能给人留下深刻的印象。在形象塑造中，我们应该学会如何用简洁、有力的语言表达自己的观点和想法，提高自己的沟通能力，包括掌握一定的演讲技巧和沟通技巧，能够清晰地表达自己的想法，并且善于倾听他人的意见和观点。语言表达能力的提升能让我们更好地与他人交流，建立良好的人际关系；团队协作能力的培养能让我们在团队中发挥自己的作用；公共演讲能力的提高能让我们在各种场合自信地表达观点和看法。

(四)健康生活方式的养成

健康的生活方式对于个人形象的塑造至关重要。身体健康、精神饱满的人往往给人一种阳光、积极的印象。因此，我们应该养成健康的生活方式，保证充足的睡眠，让身体得到充分的休息和恢复；注意饮食的合理搭配，保持良好的饮食习惯；注重身体锻炼，增强体质，提高免疫力。

个人形象塑造是一个长期的过程，从外在形象、行为举止、语言表达、社交礼仪、生活方式等多个方面进行考虑和管理，对服装和饰品的合理选择、礼仪举止的规范、语言的清晰表达以及社交礼仪的规范遵守，在外貌、内在素质、社交能力和生活方式等方面进行全面的提升，并树立积极、健康、有吸引力的良好形象，是提升竞争力和个人魅力的有力保障。

四、健康形象与形象塑造管理的关系

现在，人们越来越重视个人形象的塑造与管理，良好的个人形象能提升个人的自信心和魅力。健康形象与形象塑造管理是密切相关的，它们相互影响，相互促进。要建立和维护健康的形象，就要重视并有效地进行系统性的形象塑造管理，并通过一系列的策略和方法提升个人的正面形象，从而提升健康形象。

健康形象是形象塑造管理的基础，能为形象塑造管理提供更多的素材和机会。健康形象反映了一个人的整体素质和内在修养，拥有健康的形象往往给人以积极向上的感觉，容易获得他人的认可和喜爱。相反，不健康的形象可能会给人留下负面印象，影响个人的社交和发展。因此，在形象塑造管理过程中，保持健康的体魄和积极的心态非常重要。

健康形象对于形象塑造管理的长远发展具有重要意义。拥有健康形象的人更容易在职场和社会中获得成功，因为他们通常具备良好的沟通能力、团队合作精神和自我管理能力，这些都是形象塑造管理所需要的重要素质。此外，健康形象还可以让人在面对挑战和困难时保持乐观的心态，从而更好地面对各种压力和困境。

形象塑造管理能促进个体的健康发展。一个成功的管理者需要具备良好的形象和气质，这需要他们在日常生活和工作中注重自己的言行举止，保持良好的生活习惯和心态。通过形象塑造管理，个体可以提高自信心和自尊心，更加关注身心健康情况，这对于维护个人的健康形象具有积极的推动作用。

健康形象与形象塑造管理之间的关系还体现在社会层面。一个国家和社会的健康发展离不开每个人的健康形象。拥有了健康形象的社会成员更有利于良好社会风气的形成，更能促进社会的和谐稳定。

健康形象可以促进形象塑造管理的顺利进行；形象塑造管理的有效性也会反过来影响人们对于健康形象的认知和评价。让我们行动起来，加强健康形象的管理和维护，提高个体和社会的综合素质，共同迈向更加美好的未来。

讨论与思考

1. 谈谈你对形象塑造的理解。
2. 你认为行为举止会对个人形象造成影响吗？为什么？
3. 请谈谈你对健康形象与形象塑造管理内在联系的看法。
4. 请简要描述个人形象塑造管理的方法。
5. 请结合个人形象管理策略为自己设计一个个人形象改进计划。
6. 首因效应是指什么？请谈谈你将如何运用首因效应原理塑造良好的第一印象。
7. 请结合自己谈谈个人形象塑造的重要性。
8. 你觉得自己的外在形象还可以有哪些方面的提升？
9. 你计划如何提升自己的职业竞争力？
10. 在面对情绪和压力时你会怎么做？

第三节　形体训练与形象塑造管理的相互关系

随着社会经济的发展，人们对美的追求和理解在不断地深化和拓展。无论在职场、社交场合，还是在公众视野中，形象已经成为人们评价和认识他人的重要依据。形体训练与形象塑造管理在现代职场和社交场合中扮演着重要的角色，它们既是两个至关重要的概念，又是紧密相关的两个环节；它们是个人形象气质和自信心的重要组成部分；它们犹如一对黄金搭档，共同构成了一个完整的形象提升体系。在个人职业生涯中，良好的形体素质和出色的形象设计可以赢得更多的信任和尊重，在职场和社交场合中更加自信、大方地展现自己的魅力和价值。

一、形体训练对形象塑造管理的促进作用

形体训练可以通过各种动作的训练，帮助个体改善身体姿态和肌肉线条，增强肌肉力

量和柔韧性，使身体更加健康、优美。在形象塑造管理中，良好的身体姿态和肌肉线条可以为服装搭配、发型、妆容等提供有益的参考，使个人形象能更好地适应各种场合的需求。例如，通过训练改善身体姿态，可以在穿着服装时更加自信大方，更好地展现自己的身材优势。

形体训练可以增强个人的自信心和自我认知，提高个人在职场和社交场合中的表达能力和应变能力。良好的体态可以让人看起来更加精神饱满、自信大方，并给人留下深刻的印象。通过不断的形体训练，个体能更好地认识到自己的身体特点和潜力，更加有信心地面对各种挑战和机遇。在形象塑造管理中，自信心和自我认知能力的提升可以让人更好地选择适合自己的服装搭配和发型、妆容，展现自己独特的个性和魅力。

二、形象塑造管理对形体训练的影响

形象塑造管理可以通过合理选择服装和妆容来凸显个体的身体线条和形态美，从而为形体训练提供有益的指导。例如，在训练前选择合适的运动服装和鞋子，可以让个体更加专注于训练过程，避免穿着不合适而影响训练效果。同时，在训练后选择合身的休闲服装和营养适合的饮食搭配，可以帮助个体更好地保护身体，促进训练效果的实现。

形象塑造管理还可以引导个体提高对身体语言和表情的注意，从而更好地表现自己的内在情感和态度。例如，在演讲或谈判过程中，适当运用肢体语言和面部表情可以增强自己的说服力和影响力。身体语言的表现需要建立在良好的体态上，而形象塑造管理可以为形体训练提供有益的指导。

在形象塑造管理中，良好的服装搭配和发型、妆容可以让个体更加自信、大方地展示自己的形象。这种自信和大方的态度可以促进形体训练效果的提升，改善身体素质和形态美。

讨论与思考

1. 形体训练是一种通过特定的体育锻炼和指导，旨在改善和塑造个体身体形态的活动。请问你对形体训练有哪些疑问或关注点？

2. 你打算如何有效地进行形体训练？

3. 你会如何选择适合自己的形体训练内容？

4. 你认为怎样才能塑造一个健康的个人形象？

5. 如何在保持健康的同时，也能保持良好的个人形象？

6. 你打算如何有效地管理自己的形象塑造过程？

7. 在不同场合下你将如何维护和提升自己的个人形象？

第二章 姿态训练

美的肢体语言是优雅、流畅、和谐的外在艺术表现，是一种内在的修养。它是对身体的雕琢与打磨、呵护与关爱，是对身体的艺术创作，是无声的沟通、心灵的交流，是力与美、速度与节奏、坚韧与柔美的完美融合。美的肢体语言是无言的诗，无声的歌；是独特的语言，无须文字表述；是无法言喻的享受，无法抗拒的魅力；是生命的赞歌，艺术的象征。

在繁忙的世界里，我们常常忽略了身体的姿态，忘记了它承载着我们的生命力。然而，姿态训练却是一种让我们重新审视自己，感受生命韵律的方式。它是对身体的深度挖掘，让我们学会如何倾听身体的声音；它是对美的追求，让我们不断挑战和突破自己的极限；它是对生命的尊重，让我们学会了如何去欣赏别人的美好。

课程思政要求

- 进行社会主义核心价值观教育。
- 进行爱国主义教育。
- 培养团队协作精神。
- 培养学生核心素养，促进学生全面发展。
- 提升学生自信，提升审美观。
- 激发学生树立乐观、积极的人生态度。
- 树立终身体育观。

形体美由体形匀称、肌肉丰满、体态优美、举止稳健、肤色健康、精神饱满等方面组成，它是人类热切追求的目标之一。

姿态训练是形体训练的重要组成部分。姿态训练是通过一系列严谨而有序的动作和姿势来提升身体力量、柔韧性和协调性的过程。它是一种运动方式，也是一种生活方式，更是一种对身体的尊重和热爱。姿态训练是指在音乐的伴奏下，以对身体形态进行系统的专门练习为基本手段，以塑造优美体形为目的，以芭蕾基本练习为基础，结合古典舞、现代舞、艺术体操等内容使练习者改善、提升原始的形体状态，提高身体的柔韧性、灵活性、控制能力、协调性和平衡能力，增强可塑性和形态美，使肢体具有语言美。

姿态训练是对练习者的体态雕琢、呵护以及在艺术创作下进行不断认知、练习和调整的过程。我们通过姿态训练塑造优美的形体，用肢体语言表达对美的诠释，以形动人，以情感人，展现属于练习者自己的魅力、自信和精神风貌。

本章内容包括基本姿态、基本身体素质、把杆、地面动作、波浪等。在课堂教学中，教师应注意以下几个方面。

(1) 安全：在进行姿态训练时，教师应确保学生的安全，避免因训练不当导致的伤害。

(2) 正确的姿势：教师应教授学生正确的手位、脚位和基本身体练习等，避免因姿势不准确导致的健康问题。

(3) 适当的强度：教师应根据学生的身体状况，控制训练的强度，避免过度训练导致的伤害。

(4) 热身和拉伸：教师应强调运动前的热身和运动后的拉伸，以减少运动损伤的风险。

(5) 个体差异：每个学生的身体状况和运动能力都不同，教师应根据学生的个体差异，制订合适的训练计划。

(6) 提供反馈：教师应及时给予学生反馈，帮助他们了解自己的训练效果，调整训练计划。

(7) 培养习惯：教师应通过各种方式帮助学生养成良好的姿态习惯，使他们能够在日常生活中自觉保持正确的姿势。

(8) 鼓励学生休息和恢复：教师应鼓励学生在训练后充分休息，给身体足够的时间恢复。

第一节　基本姿态

姿态是身体呈现的外在形态。从中国传统审美角度来看，相比容貌之美，人们更推崇姿态之美。通过基本姿态训练，练习者身体各部位的肌肉得到锻炼，从而达到改善身体姿态，提高身体协调性，使身体外在形态更加匀称的目的。基本姿态训练还可以提高练习者的自信心和气质，使之更加优美、高雅。

一、站姿

站姿是人的一种本能姿态，是一个人站立的姿势。它是人们平时所采用的一种静态的身体造型，同时又是其他动态身体造型的基础和起点，最易表现人的姿势特征。站姿是基本姿态训练中最基础的动作之一，它对于塑造优美的身姿，提高身体的协调性和稳定性都具有重要意义。

站姿的基本要领：两脚并拢，头正，双目平视前方，双肩放平并下沉，胸挺起，紧收腹，背直立，臀部收紧，双臂放松自然下垂于身体两侧，双腿内侧收紧。

站姿的基本要求如下。

1. 头

抬头，颈挺直，下颌微收。

2. 肩

双肩自然下沉，放平，避免高低肩。

3. 臂

双臂自然下垂于身体两侧，虎口向前，手指伸直。

4. 躯干

脊柱拉长向上延伸，胸骨向斜上方挺，小腹收紧。

5. 腿

双腿内侧收紧，双膝和脚跟靠紧，脚尖分开呈 V 字形，身体重量平均分布在两条腿上。

二、手型与手位

手型的基本要求：五指自然松弛地相互靠拢，大拇指和中指的第二关节靠近，保持手型线条的同时，尽量伸长手指尖。

手臂动作的基本要求：手臂、肘关节微微抬起，手臂从肩、肘到指尖呈圆弧形。

准备姿势：抬头、挺胸、收腹、立腰、臀部收紧、大小腿内侧收紧。

1. 一位

双手臂呈椭圆形垂于体前，两手之间距离为一拳，手与腿之间距离为一拳，手臂与身体之间距离为一拳(见图 2-1)。

2. 二位

双手臂呈椭圆形向上抬起至与肚脐平行的位置，肩、肘、腕呈一条斜线，两手之间保持一拳距离(见图 2-2)。

3. 三位

双手臂呈椭圆形向上抬起至额前斜上方，手肘外展，两手之间保持一拳距离(见图 2-3)。

4. 四位

右手臂向下切，至二位手的位置停住，左手臂不动保持三位手的位置(见图 2-4)。

图 2-1　一位　　　　图 2-2　二位　　　　图 2-3　三位　　　　图 2-4　四位

5. 五位

右手臂向右侧打开至身体斜侧方，肩、肘、腕呈一条斜线，肘关节不超过肩，左手臂保持三位手的位置(见图 2-5)。

6. 六位

右手臂不动，左手臂向下切，至二位手的位置停住(见图 2-6)。

7. 七位

右手臂不动，左手臂向左侧打开至身体斜侧方，肩、肘、腕呈一条斜线，肘关节不超过肩，与右手臂动作对称(见图 2-7)。

图 2-5　五位　　　　　图 2-6　六位　　　　　图 2-7　七位

三、脚位

在学习脚位之前，我们先了解两个概念。在动作过程中，主力腿(脚)和动力腿(脚)在运动中起着不同的作用，正确区分两者可以帮助我们更好地掌握动作技巧，提高运动效率。主力腿(脚)通常是指在进行运动时，主要起到支撑和稳定作用的那条腿(脚)。例如，在把杆、旋转动作中，我们通常会将身体的重心放在主力腿(脚)上，以保持身体的平衡和稳定。主力腿(脚)的肌肉力量和关节活动范围也往往更大，能够承受更大的身体压力。而动力腿(脚)则是指在进行运动时，提供推动力和速度的那条腿(脚)。例如，在踢腿动作中，我们会用动力腿(脚)快速地推动身体前进或者改变方向。动力腿(脚)通常能提供更强的肌肉力量和爆发力，能够在短时间内产生大量的动力。

脚位练习中，脚位间的变换通过擦地动作进行过渡。在动作的全过程中，需注意膝盖始终保持伸直状态。擦地动作的过程分别是：擦出时，由脚跟、脚心至脚掌依次离开地面，呈脚尖点地；收回时，按原路线脚掌、脚心、脚跟依次收回原位。

脚位站位的要求：注意脚位的摆放和腿部旋转要同步进行。将身体重量平均地放在由大脚趾、小脚趾对应的跖骨(或称脚掌)和脚后跟形成的三角支撑架上。

1. 一位

两脚外开，脚跟相对，脚尖向外 180°，呈"一"字站立(见图 2-8)。

2. 二位

由一位脚开始，动力脚向旁，经擦地后脚跟落地，两脚跟相对，重心在两腿中间，两脚呈"一"字站立，两脚跟之间的距离约为自己一只脚的长度(见图 2-9)。

3. 三位

由二位脚开始,动力脚由旁擦地后收回至主力脚前 1/2 处,两脚前后靠拢并尽量平行站立,两脚尖向外(见图 2-10)。

4. 四位

由三位脚开始,动力脚向前擦地,前脚脚尖和后脚脚跟在一条直线上,动力脚脚跟落地,双脚前后平行站立,前脚脚尖与后脚脚跟呈一条直线,前后脚间的距离约为自己一只脚的长度,身体重心在两脚中间(见图 2-11)。

5. 五位

由四位脚开始,动力脚经擦地直线收回至主力脚前,两脚尖外开并完全重叠,两腿外旋 180°(见图 2-12)。

图 2-8 一位　　　　图 2-9 二位　　　　图 2-10 三位　　　　图 2-11 四位　　　　图 2-12 五位

四、方位

在形体训练中经常使用到舞台或教室的八个方位,以舞台或教室的正前方为 1 点,按顺时针方向排列,每 45°为一个方位,即右前角为 2 点,右方为 3 点,右后角为 4 点,正后方为 5 点,左后角为 6 点,左方为 7 点,左前角为 8 点。

五、手位组合动作解析

准备姿势:小八字站立,双腿向内收紧,一位手,微微抬头,挺胸、收腹、立腰,双目平视前方(见图 2-13)。

手位组合.MOV

动作:1×8 拍

1-2 拍:身向 1 点,右腿直立成支撑腿,左腿绷直向左擦地至脚尖点地,右腿为支撑腿,同时右手经二位手打开至七位手,手臂转动掌心朝上,左手保持一位手,目视前方(见图 2-14)。

3-4 拍：左腿绷直，脚尖向后划至点地，同时左手经二位手打开至七位手，手臂转动掌心朝上，右手保持七位手，目视前方(见图 2-15)。

5-8 拍：左腿并右腿呈丁字步，同时双臂肘微提，掌心朝下，缓慢放下回到一位手(见图 2-16)。

图 2-13　准备姿势　　　　图 2-14　1-2 拍　　　　图 2-15　3-4 拍　　　　图 2-16　5-8 拍

动作：2×8 拍

1-2 拍：身向 1 点，丁字步站立，一位手，目视前方(见图 2-17)。

3-4 拍：丁字步站立，由一位手至二位手，目视前方(见图 2-18)。

5-6 拍：丁字步站立，由二位手至三位手，目视前方(见图 2-19)。

7-8 拍：丁字步站立，由三位手至四位手，微偏头，眼睛看向二位手内侧(见图 2-20)。

图 2-17　1-2 拍　　　　图 2-18　3-4 拍　　　　图 2-19　5-6 拍　　　　图 2-20　7-8 拍

动作：3×8 拍

1-2 拍：身向 1 点，丁字步站立，由四位手至五位手，头部跟随手臂转动，目视手指尖(见图 2-21)。

3-4 拍：丁字步站立，由五位手至六位手，头转回 1 点，目视左手指尖(见图 2-22)。

5-6 拍：丁字步站立，由六位手至七位手，头部跟随手臂转动，目视手指尖(见图 2-23)。

7-8 拍：丁字步站立，双臂肘微提，变掌心朝下，缓慢放下回到一位手(见图 2-24)。

图 2-21　1-2 拍　　　图 2-22　3-4 拍　　　图 2-23　5-6 拍　　　图 2-24　7-8 拍

动作：4×8 拍

与 2×8 拍动作相同。

动作：5×8 拍

与 3×8 拍动作相同。

动作：6×8 拍

1-2 拍：身向 1 点，左腿屈膝半蹲，右腿绷直向前擦地至脚尖点地，同时左手举至一位手，右手举至七位手，下巴微收，目视左手指尖(见图 2-25)。

3-4 拍：左腿直立成支撑腿，右腿侧吸腿，同时双手举至三位手，目视前方(见图 2-26)。

5-6 拍：左腿直立成支撑腿，右腿绷直，脚尖侧点地，同时双手由三位手打开成七位手(见图 2-27)。

7-8 拍：左腿直立成支撑腿，右腿绷直擦地收回，双腿并拢，双臂肘微提，掌心朝下，缓慢放下回到一位手(见图 2-28)。

动作：7×8 拍

与 6×8 拍动作相同，方向相反。

动作：8×8 拍

1-2 拍：身向 1 点，左腿屈膝半蹲，右腿直腿向前擦地至脚尖点地，同时左手举至一位手，右手举至七位手，下巴微收，目视左手指尖(见图 2-29)。

3-4 拍：左腿直立成支撑腿，右腿绷直，脚尖经前向右侧划至侧点地，同时左手经前向左侧打开至七位手，右手保持七位手，微抬头，目视前方(见图 2-30)。

5-6 拍：左腿直立为支撑腿，右腿绷直，脚尖由右侧向后划至后点地，同时右手经一位手至二位手再到三位手，左手保持七位手(见图 2-31)。

图 2-25　1-2 拍　　　　图 2-26　3-4 拍　　　　图 2-27　5-6 拍　　　　图 2-28　7-8 拍

7-8 拍：左腿直立为支撑腿，右腿擦地收回，双腿并拢，同时双臂肘微提，掌心朝下，缓慢放下回到一位手(见图 2-32)。

图 2-29　1-2 拍　　　　图 2-30　3-4 拍　　　　图 2-31　5-6 拍　　　　图 2-32　7-8 拍

动作：9×8 拍

与 8×8 拍动作相同，方向相反。

动作：10×8 拍

1-4 拍：身向 1 点，五位脚起踵小碎步向后转体至 5 点，同时双手经一位手举至三位手，头部微向左转(见图 2-33、图 2-34)。

5-6 拍：身向 5 点，五位脚起踵小碎步向右转至 7 点，同时右手向下切呈四位手(见图 2-35)。

7-8 拍：身向 7 点，五位脚起踵小碎步向右转至 1 点，同时右手打开至五位手，头部跟随手臂动作转动，目视右手指尖(见图 2-36)。

图 2-33　1-4 拍(1)　　图 2-34　1-4 拍(2)　　　图 2-35　5-6 拍　　　　　图 2-36　7-8 拍

动作：11×8 拍

1-2 拍：身向 1 点，五位脚起踵原地碎步，同时左手下至六位手，目视左手指尖(见图 2-37)。

3-4 拍：五位脚起踵原地碎步，同时左手打开至七位手，头部跟随手臂动作转动，目视左手指尖(见图 2-38)。

5-8 拍：脚后跟落呈五位脚站立，同时双臂肘微提，掌心朝下，缓慢放下回到一位手(见图 2-39)。

图 2-37　1-2 拍　　　　　　图 2-38　3-4 拍　　　　　　图 2-39　5-8 拍

动作：12×8 拍

1-2 拍：身向 1 点，右腿经屈腿向前迈步，重心前移成支撑腿站立，左腿绷直，脚尖后点地，同时双手由一位手经二位手，上到三位手，微抬头，目视前方(见图 2-40)。

3-4 拍：左腿经屈腿向前迈步，重心前移成支撑腿站立，右腿绷直，脚尖后点地，同时双手由三位手向侧打开至侧平举(见图2-41)。

5-6拍：右腿经屈腿向前迈步移动重心前移成支撑腿站立，左腿绷直，脚尖后点地，同时双手肘微提，掌心朝下侧平举(见图2-42)。

7-8拍：左腿直腿擦地收回，五位脚站立，同时双手缓慢放下回到一位手(见图2-43)。

图2-40　1-2拍　　　　　图2-41　3-4拍　　　　　图2-42　5-6拍

结束动作：五位脚站立，挺胸、收腹、立腰，双目平视前方。结束动作需停顿三秒。

六、移动重心

移动重心练习主要以下肢练习为主，旨在锻炼腿部力量与协调性，同时控制身体重心的稳定，要借助身体各部位的密切配合。加固躯干部位的稳定，能使上身的重力竖直通过盆骨传送到腿部，有利于下肢肌肉对身体重心的调整和控制。合理的重心移动可以使肢体动作更加流畅、优美。

(一)向前移动重心

(1) 两脚前后开立，重心在后侧支撑腿上，前侧腿绷直，脚尖前点地。后侧腿屈膝下蹲，向前移动，重心由后向前移动过程中双腿屈膝下蹲，重心经过两腿之间后继续向前移动至前侧腿成为支撑腿，后侧腿绷直，脚尖后点地。

图2-43　7-8拍

(2) 向前移动重心时要有明显的向前推动感。

(3) 向前移动重心完成时身体会有些许前倾。

(二)向侧移动重心

(1) 两脚开立，重心在右侧支撑腿上，左腿绷直，脚尖侧点地。右侧腿屈膝下蹲，重心由右侧向左侧移动过程中双腿屈膝下蹲，重心经过双腿之间后继续向左侧推动重心至左腿成为支撑腿，右腿绷直，脚尖侧点地。

(2) 当向侧移动重心时需双腿同时下蹲，保证重心是同时移动到双腿之间的。

(3) 当重心在双腿之间时需保持身体直立，身体可根据左右侧移的幅度适度向支撑腿方向倾斜。

(三)向后移动重心

(1) 两脚前后开立，重心在前侧支撑腿上，后侧腿绷直，脚尖后点地。前侧腿屈膝下蹲，重心由前向后移动过程中双腿屈膝下蹲，重心经过两腿之间后继续向后移动重心至后侧腿成为支撑腿，前侧腿绷直，脚尖前点地。

(2) 向后移动重心时要有明显的后推感。

(四)左右腿交换重心

(1) 左右腿交换重心时需核心收紧，完成单腿站立。

(2) 左右腿交换重心时要有明显的停顿感，准确地感受重心在支撑腿上。

(3) 左右腿交换重心时身体需保持直立，不能左右晃动。

(五)难点及易错动作

(1) 移动重心时未经过双腿下蹲。

(2) 移动重心时未有明显的重心移动，重心一直保持在双腿之间。

(3) 移动重心时核心未收紧，易造成无法完成完整动作。

(六)练习方法

(1) 两人辅助练习：向前、向后移动重心时，一人在稍微远端站立，练习者需要背靠墙壁站立准备，向前移动时，尽可能触碰到同伴。触碰后再回到起始动作。

需要注意的是：移动时，身体保持直立，不可前弓或后弯。

(2) 向侧移动：可找两根能直立的杆子，调整好距离，在完成左右移动重心时，手轻触杆子，身体保持直立，避免大幅度的倾斜。通过练习，感受左右移动。

七、移动重心组合动作解析

准备姿势：丁字步站立，双腿内侧收紧，一位手，微微抬头，挺胸、收腹、立腰，双目平视前方(见图 2-44)。

动作：1×8 拍

1-2 拍：身向 1 点，左腿为支撑腿站立，右腿绷直，向前擦地至脚尖点地，保持一位手(见图 2-45)。

3-4 拍：左腿为支撑腿站立，右腿绷直向后擦地收回至丁字步，

图 2-44　准备姿势

保持一位手(见图 2-46)。

　　5-6 拍：左腿直立，右腿绷直向前擦地，左腿屈膝下蹲，重心由后向前移动至四位脚半蹲，保持一位手(见图 2-47)。

　　7 拍：重心由四位脚半蹲向前移动至右腿直腿站立，左腿绷直，脚尖后点地(见图 2-48)。

移动重心组合.MOV

　　8 拍：接第 7 拍动作，左腿向前擦地收回至丁字步，保持一位手(见图 2-49)。

图 2-45　1-2 拍　　　图 2-46　3-4 拍　　　图 2-47　5-6 拍　　　图 2-48　7 拍　　　图 2-49　8 拍

　　动作：2×8 拍

　　1-2 拍：身向 1 点，右腿为支撑腿站立，左腿绷直向后擦地至脚尖点地，保持一位手(见图 2-50)。

　　3-4 拍：右腿为支撑腿站立，左腿绷直向前擦地收回至丁字步，保持一位手(见图 2-51)。

　　5-6 拍：右腿直立，左腿绷直向后擦地，右腿屈膝下蹲，重心由前向后移动至四位脚半蹲，保持一位手(见图 2-52)。

　　7 拍：重心由四位脚半蹲向后移动至左腿直腿站立，右腿绷直，脚尖前点地(见图 2-53)。

　　8 拍：接第 7 拍动作，右腿向后擦地收回丁字步，保持一位手(见图 2-54)。

图 2-50　1-2 拍　　　图 2-51　3-4 拍　　　图 2-52　5-6 拍　　　图 2-53　7 拍　　　图 2-54　8 拍

动作：3×8 拍

1-2 拍：身向 1 点，左腿为支撑腿站立，右腿绷直向右侧擦地至脚尖点地，同时双手由一位手向两侧打开至七位手，向右转头，目视右手指尖(见图 2-55)。

3-4 拍：左腿为支撑腿站立，右腿绷直，左腿经右侧擦地收回至丁字步，保持七位手，向右转头，目视右手指尖(见图 2-56)。

图 2-55　1-2 拍　　　　　　　　　图 2-56　3-4 拍

5-6 拍：左腿直立，右腿绷直向右侧擦地，左腿屈膝下蹲，重心由左腿向右腿移动至二位脚半蹲，保持七位手，向右转头，目视右手指尖(见图 2-57)。

7 拍：重心由二位脚半蹲向右移动至右腿直腿站立，左腿绷直，脚尖侧点地(见图 2-58)。

8 拍：接第 7 拍动作，左腿经左侧擦地收回至丁字步，左脚在前，保持七位手，向左转头，目视左手指尖(见图 2-59)。

图 2-57　5-6 拍　　　　　图 2-58　7 拍　　　　　图 2-59　8 拍

动作：4×8 拍

1-2 拍：身向 1 点，右腿为支撑腿站立，左腿绷直向左侧擦地至脚尖点地，保持七位手，向左转头，目视左手指尖(见图 2-60)。

3-4 拍：右腿为支撑腿站立，左腿绷直经左侧擦地收回至丁字步，保持七位手，向左转头，目视左手指尖(见图 2-61)。

图 2-60　1-2 拍　　　　　　　　　　图 2-61　3-4 拍

5-6 拍：右腿直立，左腿绷直向左侧擦地，右腿屈膝下蹲，重心由右腿向左腿移动至二位脚半蹲，保持七位手，头转回 1 点，目视前方(见图 2-62、图 2-63)。

7-8 拍：重心由二位脚半蹲向左移动至左腿直腿站立，同时向右转体至面向 2 点，右腿绷直，脚尖前点地，向后擦地收回至丁字步，右手保持七位手，左手由七位手向下划至一位手，微低头，目视左手指尖(见图 2-64、图 2-65)。

图 2-62　5-6 拍(1)　　　图 2-63　5-6 拍(2)　　　图 2-64 7-8 拍(1)　　图 2-65　7-8 拍(2)

动作：5×8 拍

1-2 拍：身向 2 点，左腿为支撑腿站立，右腿绷直向前擦地至脚尖点地，向后擦地收回至丁字步，保持右手七位手，左手一位手，微低头，目视左手指尖(见图 2-66、图 2-67)。

3-4 拍：与 1-2 拍动作相同，重复一遍。

5-6 拍：左腿直立，右腿绷直向前擦地，左腿屈膝下蹲，重心由后向前移动至四位脚半蹲，保持右手七位手，左手一位手，微低头，目视左手指尖(见图 2-68)。

7-8 拍：重心由四位脚半蹲向前移动至右腿直腿站立，左腿绷直，脚尖后点地向前擦地收回至丁字步，同时右手由七位手变至侧平举，左手由一位手举至前斜上举，微抬头，目视前方(见图 2-69、图 2-70)。

图 2-66　1-2 拍(1)　图 2-67　1-2 拍(2)　图 2-68　5-6 拍　图 2-69　7-8 拍(1)　图 2-70　7-8 拍(2)

动作：6×8 拍

1-2 拍：身向 2 点，右腿为支撑腿站立，左腿绷直向后擦地至脚尖点地，向前擦地收回至丁字步，保持右手侧平举，左手前斜上举，微抬头，目视前方(见图 2-71、图 2-72)。

3-4 拍：与 1-2 拍动作相同，重复一遍。

5-6 拍：右腿直立，左腿绷直向后擦地，右腿屈膝下蹲，重心由前向后移动至四位脚半蹲，同时右手由侧平举变回七位手，左手由前斜上举向下放至一位手，微低头，目视左手指尖(见图 2-73)。

7-8 拍：重心由四位脚半蹲向后移动至左腿直腿站立，右腿绷直，脚尖前点地，向后擦地收回至丁字步，同时左转至身向 1 点，右手保持七位手，左手由一位手向侧展开至七位手，微抬头，目视前方(见图 2-74、图 2-75)。

图 2-71　1-2 拍(1)　　　图 2-72　1-2 拍(2)　　　图 2-73　5-6 拍

动作：7×8 拍

1-2 拍：身向 1 点，左腿为支撑腿站立，右腿绷直向右侧擦地至脚尖点地，擦地收回至丁字步，保持七位手，向右转头，目视右手指尖(见图 2-76、图 2-77)。

3-4 拍：与 1-2 拍动作相同，重复一遍。

5-6 拍：左腿直立，右腿绷直向右侧擦地，左腿屈膝下蹲，重心由左腿向右腿移动至二位脚半蹲，保持七位手，头转回 1 点，目视前方(见图 2-78)。

图 2-74　7-8 拍(1)

图 2-75　7-8 拍(2)

图 2-76　1-2 拍(1)

图 2-77　1-2 拍(2)

图 2-78　5-6 拍

7-8 拍：重心由二位脚半蹲向右移动至右腿直腿站立，左腿绷直，脚尖侧点地，经左侧擦地收回至丁字步，保持七位手，向左转头，目视左手指尖(见图 2-79、图 2-80)。

图 2-79　7-8 拍(1)

图 2-80　7-8 拍(2)

动作：8×8 拍

1-2 拍：身向 1 点，右腿为支撑腿站立，左腿绷直向左侧擦地至脚尖点地，经左侧擦地收回至丁字步，保持七位手，向左转头，目视左手指尖(见图 2-81、图 2-82)。

3-4 拍：与 1-2 拍动作相同，重复一遍。

图 2-81　1-2 拍(1)　　　　　　　　　图 2-82　1-2 拍(2)

5-6 拍：右腿直立，左腿绷直向左侧擦地，右腿屈膝下蹲，重心由右腿向左腿移动至二位脚半蹲，保持七位手，头转回 1 点，目视前方(见图 2-83)。

7-8 拍：重心由二位脚半蹲向左移动至左腿直腿站立，右腿绷直，脚尖侧点地后，经右侧擦地收回至丁字步，同时双手由七位手收回至一位手(见图 2-84、图 2-85)。

图 2-83　5-6 拍　　　　　图 2-84　7-8 拍(1)　　　　　图 2-85　7-8 拍(2)

动作：9×8 拍

1-2 拍：身向 1 点，左腿为支撑腿站立，右腿绷直向右侧擦地至脚尖点地，经右侧擦地收回至丁字步，同时双手由一位手直臂向两侧展开至侧平举，向右转头，目视右手指尖(见图 2-86、图 2-87)。

3-4 拍：右腿为支撑腿站立，左腿绷直向左侧擦地至脚尖点地，经左侧擦地收回至丁字步，同时双臂保持侧平举，头向左转，目视左手指尖(见图 2-88、图 2-89)。

5-6 拍：左腿为支撑腿站立，右腿绷直向右侧擦地至脚尖点地，经右侧擦地收回至丁字步，同时双手由侧平举至上举，掌心朝外，向右转头，目视右侧斜下方(见图 2-90、图 2-91)。

7-8 拍：右腿为支撑腿站立，左腿绷直向左侧擦地至脚尖点地，经左侧擦地收回至丁字步，同时屈臂掌心向内，向下划至小臂胸前交叉后回至一位手，头向左转后回至正前方(见图 2-92、图 2-93)。

图 2-86　1-2 拍(1)

图 2-87　1-2 拍(2)

图 2-88　3-4 拍(1)

图 2-89　3-4 拍(2)

图 2-90　5-6 拍(1)

图 2-91　5-6 拍(2)

图 2-92　7-8 拍(1)　　　　　图 2-93　7-8 拍(2)

动作：10×8 拍

1-2 拍：身向 1 点，左腿为支撑腿站立，右腿绷直向右侧擦地至脚尖点地，经右侧擦地收回至丁字步，同时双手直臂经一位手向两侧展开至侧平举，展开时向右转头，目视右手指尖，收回时头回正，目视前方(见图 2-94)。

3-4 拍：丁字步站立，双手由侧平举向下收回至一位手，头跟随手臂放下动作微低头后再抬起，目视前方(见图 2-95)。

5-8 拍：丁字步站立，保持一位手(见图 2-96)。

图 2-94　1-2 拍　　　　　图 2-95　3-4 拍　　　　　图 2-96　5-8 拍

动作：11×8 拍

1-2 拍：身向 1 点，右腿绷直向右侧迈步，左腿屈膝下蹲，重心向右经二位脚半蹲后移动至右腿直腿站立，左腿绷直，脚尖侧点地，同时双手向两侧展开至七位手，向右转头至 2 点，目视前方(见图 2-97、图 2-98)。

3-4 拍：右腿屈膝下蹲，重心由右向左经二位脚半蹲后移动至左腿直腿站立，右腿绷直，脚尖侧点地，保持七位手，向左转头至 8 点，目视前方(见图 2-99、图 2-100)。

5-6 拍：重心由左腿经二位脚半蹲移动至右腿，左腿并右腿，起踵立，保持七位手，头转回 1 点，目视前方(见图 2-101、图 2-102)。

图 2-97　1-2 拍(1)

图 2-98　1-2 拍(2)

图 2-99　3-4 拍(1)

图 2-100　3-4 拍(2).

图 2-101　5-6 拍(1)

图 2-102　5-6 拍(2)

　　7-8 拍：右腿绷直向右侧迈步后落脚跟站立，左腿并右腿，双腿并拢站立，保持七位手(见图 2-103、图 2-104)。

　　动作：12×8 拍

　　1-6 拍：与 11×8 拍里的 1-6 拍动作相同，方向相反。

　　7-8 拍：左腿绷直向左侧迈步后落脚跟站立，右腿并左腿的同时屈膝下蹲，右脚收回至左脚前方呈五位脚半蹲，同时双手由七位手放下收回至一位手(见图 2-105、图 2-106)。

图 2-103　7-8 拍(1)　　　　图 2-104　7-8 拍(2)

图 2-105　7-8 拍(1)　　　　图 2-106　7-8 拍(2)

动作：13×8 拍

1 拍：身向 1 点，右腿经五位脚半蹲，直腿向上起踵立，左腿膝关节向左侧展开，屈膝吸腿至右腿踝关节处，双手保持一位手，微抬头，目视前方(见图 2-107)。

2 拍：双腿同时向下落脚跟，左脚在前，屈膝至五位脚半蹲，双手保持一位手(见图 2-108)。

3 拍：左腿经五位脚半蹲，直腿向上起踵立，右腿膝关节向右侧展开，屈膝吸腿至左腿踝关节处，双手保持一位手(见图 2-109)。

4 拍：双腿同时向下落脚跟，右脚在前，屈膝至五位脚半蹲，双手保持一位手(见图 2-110)。

5 拍：双腿经五位脚半蹲，直腿向两侧展开至二位脚起踵立，同时双手由一位手向侧展开至侧斜下方，微抬头，目视前方(见图 2-111)。

6 拍：双腿同时向内收回至五位脚，左脚在前，落脚跟屈膝下蹲，双手保持两侧斜下举(见图 2-112)。

7 拍：双腿经五位脚半蹲，直腿向两侧展开至二位脚起踵立，双手保持两侧斜下举(见图 2-113)。

8 拍：双腿同时向内收回至五位脚，右脚在前，落脚跟屈膝下蹲，同时双手经两侧斜下，收回到一位手(见图 2-114)。

图 2-107　1 拍　　　　图 2-108　2 拍　　　　图 2-109　3 拍　　　　图 2-110　4 拍

图 2-111　5 拍　　　　图 2-112　6 拍　　　　图 2-113　7 拍　　　　图 2-114　8 拍

动作：14×8 拍

与 13×8 拍动作相同，重复做一遍。

动作：15×8 拍

1-2 拍：面向 2 点，右腿绷直向前迈步，经向上小跳后，落地屈膝半蹲，左腿跟随右腿小跳动作，直腿向后抬起 45°后，并右腿收回五位脚半蹲，同时右手经一位手向前展开至前斜下方，左手经一位手向后展开至后斜下方后，再收回至一位手，目视前方(见图 2-115、图 2-116、图 2-117)。

3-4 拍：与 1-2 拍动作相同。

5-7 拍：左腿向后踢腿，至 45°保持不动，重心移至右腿屈膝半蹲后，做三次小跳，同时右手经一位手向上举至前斜上方，左手经一位手向后展开至平举，躯干跟随左腿踢腿动作微微前倾，目视前方(见图 2-118)。

8 拍：左腿并右腿，起踵立，同时双手收回至一位手(见图 2-119)。

动作：16×8 拍

与 15×8 拍动作相同，方向相反。

动作：17×8 拍、18×8 拍

与 13×8 拍动作相同，重复做两遍。

结束动作：五位脚站立，挺胸、收腹、立腰，一位手，目视前方。结束动作时需要停顿三秒(见图 2-120)。

图 2-115　1-2 拍(1)

图 2-116　1-2 拍(2)

图 2-117　1-2 拍(3)

图 2-118　5-7 拍

图 2-119　8 拍

图 2-120　结束动作

八、练习方法

(一)靠墙法

背墙站立，脚跟、小腿、臀部、双肩和头部靠着墙壁，头、肩、臀、腿保持一条直线，使变形的脊柱回到正位，两膝之间可夹纸进行辅助练习，训练整个身体的稳定性。

(二)对镜训练

站立者面对镜面，检查自己的站姿及整体形象，注意是否有歪头、斜肩、含胸、驼背、弯腿等问题，并及时调整。

(三)踮起脚尖

双脚并拢，然后慢慢抬起脚跟，再放下，以锻炼小腿肌肉和脚踝关节。

(四)借助器械

可借助矿泉水瓶或小哑铃等进行手臂控制力辅助练习。

九、难点及易错动作

(一)站姿

脖子前倾、高低肩、驼背、骨盆前倾、两腿放松未并拢。

(二)手型

五指过于僵硬、大拇指上翘、五指张开。

(三)手位

双臂超直、三拳不准确、手肘放松下塌。

> **素质小练** ▶

加强背部肌肉力量，可使站姿看起来更挺拔。

锻炼计划：根据学生实际情况，选择以下 1～2 项内容进行练习，每周锻炼 3～5 次，每次 15～30 分钟。

弹力带站姿划船.MOV

1) 弹力带站姿划船(视频)

适用场景：健身房、寝室、书房、室外等。

所需器械：弹力带。

动作要点：用一条适合自己力量的弹力带，双脚踩在弹力带中部，双手握住弹力带两端，使弹力带始终保持张力。双脚与肩同宽，双膝微屈，身体前倾 45°左右，保持腰背伸直，手臂自然下垂为起始姿势。发力时呼气，大臂伸展，小臂弯曲，手臂贴紧身体，肘关节往后伸展，往回时吸气，缓慢回到初始位置。

在家中或健身房使用弹力带进行俯身划船。选择一根适当的弹力带，固定在稳固的物体上，如门把手、柱子或床框上。握住弹力带的两端，保持身体直立，然后模仿划船动作，将手臂拉向身体，并向后伸。重复进行一定次数或时间的划船动作。

建议：每组做 15～30 次，组间休息 1 分钟，进行 3～6 组。

温馨提示：完成动作的过程中核心肌肉收紧，始终保持腰背部呈一条直线。

2) 跪姿 "X" 高位下拉

适用场景：健身房。

所需器械：拉力器。

动作要点：将瑜伽垫放置在拉力器之间，单膝跪在瑜伽垫上，将拉力器的高度调节到合适位置，双手握住对侧的绳索，背部发力，做大臂内收的动作，使大臂贴近身体，然后再按原路返回，绳索轨迹呈"X"状。注意始终保持腰腹部收紧，减少身体的晃动，抬头挺胸，肩胛骨收紧，肩膀下沉。发力向下时呼气，向上时吸气。

建议：每组做 15~30 次，组间休息 1 分钟，进行 3~6 组。

温馨提示：完成动作的过程中始终保持核心肌肉收紧，抬头挺胸，背部挺直。选择适合自己的负重，并且最好能对着镜子完成，以观察自己的动作是否正确。

3) 俯卧"I""T""W""Y""L"字

适用场景：健身房、寝室、书房、室外等。

所需器械：瑜伽垫。

动作要点：身体俯卧在瑜伽垫上，手臂从头顶上方伸直，双手与肩同宽，大拇指朝上形成"I"字。双手在"I"字的基础上打开 45° 形成"Y"字；再打开 45°，双手侧平在身体两侧形成"T"字；然后大臂不动，小臂往回收至与大臂呈 90° 夹角形成"L"字；最后大臂内收至与身体呈 30° 夹角，小臂与大臂呈 30° 夹角形成"W"字。每个动作都保持大拇指朝上，大拇指带动手臂向上发力，使整个手臂离开地面，整个过程中保持均匀呼吸。

建议：每个字母每组进行 10~15 次，组间休息 1 分钟，进行 3~6 组。

温馨提示：完成动作的过程中减少身体的晃动，感受背部肌肉的参与。

4) 引体向上

适用场景：健身房、室外、寝室等。

所需器械：单杠或能承受身体重量的手抓着力点。

动作要点：双手握住单杠，与肩同宽。发力时呼气使锁骨靠近单杠，放松时吸气至手臂伸直。若无法独立完成此动作可采用斜身引体或者在同伴帮助下进行。

建议：每组完成 6~12 个，组间休息 1 分钟，进行 3~6 组。

温馨提示：完成动作的过程中核心肌肉要收紧，减少身体的晃动，感受背部肌肉的参与。

5) 哑铃划船

适用场景：健身房、室外、寝室、书房等。

所需器械：哑铃或能单手抓起的重物，如水瓶等。

动作要点：单手拿起哑铃，另一只手扶在与腰的高度差不多的地方，使身体尽量与地面平行，手臂垂直向下，身体呈一条直线。发力时呼气，大臂向后伸，直至哑铃贴近身体；放松时吸气，手臂缓慢落回。

建议：每组完成 15~30 个，组间休息 1 分钟，进行 3~6 组。

温馨提示：完成动作时上半身呈一条直线，身体核心肌肉收紧，不能塌腰弓背，以免造成运动损伤。

讨论与思考

1. 站姿的基本要求是什么？

2. 如何保持正确的脚位？

3. 不同的站姿对人体有哪些影响？

4. 如何根据不同目的选择适合的基本姿态练习方法？

5. 在进行脚位练习时，容易出现哪些错误？如何纠正这些错误？

6. 如何通过手位组合练习来提高身体的协调性和平衡感？

7. 站姿练习对于改善不良生活习惯(驼背、久坐等)有哪些帮助？

8. 如何将站姿练习融入日常生活中，形成良好的习惯？

9. 移动重心练习过程中，如何保持手位与身体姿态之间的关系？

10. 如何做到手位动作的延展？

11. 动作是否优美和身体重心的准确掌握相关吗？

第二节 基本身体素质

具体内容见下方二维码。

第三节 把 杆

  把杆练习是形体训练中常用的科学系统的训练方法，主要针对下肢控制力，能加强腿部肌肉的开度、直立度、柔韧度，以及身体、头部、手与脚的协调配合能力。把杆练习对于形体训练起着至关重要的作用，是身体肌肉控制力的基石，是气息、力量、稳定性及柔韧性的结合，是全方位综合训练的基础。

  把杆练习，可以培养练习者良好的身体控制力、平衡感和肌肉力量，为后续的技巧和表现打下坚实的基础，对于提升练习者的肢体灵活性和柔韧性至关重要。在把杆上进行各种动作的练习，可以使练习者的肌肉得到充分的拉伸和舒展，提高身体的柔韧性和协调性。只有具备良好的柔韧性，练习者才能更好地完成各种复杂的动作。

  把杆练习有助于培养练习者的平衡感和身体控制力。把杆练习通过各种平衡动作的训练，可以使练习者的身体逐渐适应并掌握平衡的技巧。同时，把杆练习经过不断地调整身体的姿势和重心，可以培养练习者良好的身体控制力，使其能够自如地掌控自己的身体动作，从而展现出更加流畅、优美的舞蹈姿态。

  把杆练习还对练习者的肌肉力量有着显著的提升效果。各种力量训练动作，可以使练习者的肌肉得到锻炼和增强。在扶把练习过程中，常使用由易到难循序渐进交替的方式进行组合训练。值得注意的是，其重点不应完全放在动力腿上，更要放在支撑腿和身体的重心上，同时不能过于依赖把杆，应该认识到，把杆只是一种辅助性的练习工具。

  把杆练习的要求如下。

(1) 目视前方，下颌微抬，双肩放平。

(2) 手肘自然下垂贴于体侧，身体与把杆的距离以保证手肘位于腰侧为宜，双手扶把距离与肩同宽。

(3) 收腹，提臀，脊柱向上延伸。

一、下蹲

(一)准备动作

双手扶把，下蹲时身体保持直立，膝盖向两侧脚尖方向展开，尾椎骨与地面垂直。

(二)一位蹲

(1) 半蹲：一位脚站立，缓慢向下蹲至膝盖与脚尖相对垂直后，双腿向上缓慢蹬地至站立位。

(2) 全蹲：全蹲时，缓慢向下蹲至双脚跟被迫抬起后，先落脚跟，再缓慢向上至站立位。

(三)二位蹲

(1) 半蹲：二位脚站立，半蹲与一位蹲要求一致，身体重心保持在两腿中间。

(2) 全蹲：缓慢向下蹲至双腿与大腿平行后再缓缓向上至站立位。

(四)四位蹲

(1) 半蹲：四位脚站立，半蹲与一位蹲要求一致，髋关节转向正前方，身体重心保持在两腿中间。

(2) 全蹲：缓慢向下蹲至脚跟被迫抬起后，先落脚跟再缓慢站直，髋关节保持向正前方，身体重心在双腿中间。

(五)五位蹲

(1) 半蹲：五位脚站立，与一位半蹲要求一致，回到站立位时，双腿膝盖伸直。

(2) 全蹲：与一位全蹲要求一致，髋关节转向正前方。

二、擦地

(一)准备动作

双手扶把，身体直立，保持基本身体姿态，双腿外开，膝盖伸直，练习时重心在主力腿上。

(二)前擦地

脚跟向前顶，由脚跟、脚心、脚掌依次离开地面直线向前擦出，至脚尖点地。收回时由脚掌、脚心、脚跟依次直线收回至原位。

(三)旁擦地

依次由全脚、脚跟、脚心、脚掌离开地面直线向旁擦出，脚背向外用力绷直，至脚尖点地。收回时由脚掌、脚心、脚跟、全脚依次直线收回至原位。

(四)后擦地

脚尖向后推出，依次由脚跟、脚心、脚掌离开地面，至脚尖点地，与主力腿呈一条直线。收回时由脚跟带动，经脚掌、脚心、脚跟依次落地收回至原位。

三、小踢腿

(一)准备动作

双手扶把，身体直立，保持基本身体姿态，双腿外开，膝盖伸直，练习时重心在主力腿上。

(二)向前小踢腿

向前擦地至脚尖点地，同时快速向上抬起，在斜前下方约 25°位置停住，随后脚尖点地擦地收回。小踢腿位置为正前方，正对鼻尖。

(三)向旁小踢腿

向旁擦地至脚尖点地，同时快速向上抬起，在侧下方约 25°位置停住，随后脚尖点地擦地收回。小踢腿位置为正侧方，与肩平行。

(四)向后小踢腿

向后擦地至脚尖点地，同时快速向上抬起，在斜后下方的 25°位置停住，随后脚尖点地擦地收回。小踢腿位置为正后方。

四、划圈

(一)准备动作

双手扶把，身体直立，保持基本身体姿态，双腿外开，膝盖伸直，练习时重心在主力腿上，脚尖绷直，脚趾轻触地完成划圈动作。

(二)直立向前划圈

(1) 半圈动作。向前擦地至脚尖点地，继续向侧面划动至与肩平行，再从旁点地的位置经擦地收回；向侧面擦地至脚尖点地，继续向后划至正后方，然后从后点地的位置经擦地收回。

(2) 整圈动作。向前擦地至脚尖点地，之后经侧面划至正后方，完成一个完整的划圈动作，最后从后点地的位置经擦地收回。

(三)直立向后划圈

与直立向前划圈的动作一致，方向相反。

(四)半蹲划圈

在向前擦地的同时主力腿半蹲,擦地收回的同时主力腿站直。划圈动作要求与直立向前向后划圈一致。

五、把杆组合动作解析

准备姿势:一位脚站立,右手扶把,手肘下沉垂至体侧,左手为一位手,挺胸、收腹、立腰,头正,目视前方(见图2-121)。

把杆组合.MOV

图 2-121　准备姿势

(一)第一节　脚位

动作:1×8 拍

1-8 拍:一位脚站立,右手扶把,左手经二位手打开至七位手(见图2-122)。

动作:2×8 拍

1-4 拍:保持一位脚,左手七位手。

5-6 拍:右腿为支撑腿保持一位脚站立,左腿直腿向侧擦地至脚尖点地(见图2-123)。

7-8 拍:左脚落脚跟,移动重心至双腿之间,呈二位脚站立(见图2-124)。

图 2-122　1-8 拍

图 2-123　5-6 拍

图 2-124　7-8 拍

动作：3×8 拍

保持二位脚站立。

动作：4×8 拍

1-4 拍：保持二位脚站立。

5-6 拍：移动重心至右腿，左脚尖点地由侧向前划圈至前方(见图 2-125、图 2-126)。

7-8 拍：左脚落脚跟，重心向前移动至双腿之间，呈四位脚站立(见图 2-127)。

图 2-125　5-6 拍(1)　　　　　图 2-126　5-6 拍(2)　　　　　图 2-127　7-8 拍

动作：5×8 拍

1-8 拍：保持四位脚站立。

动作：6×8 拍

1-4 拍：保持四位脚站立。

5-6 拍：重心向后移至右腿，左脚尖前点地(见图 2-128)。

7-8 拍：左腿直腿擦地收回呈五位脚站立(见图 2-129)。

图 2-128　5-6 拍　　　　　　　　图 2-129　7-8 拍

动作：7×8 拍

1-8 拍：保持五位脚站立。

动作：8×8 拍

1-4 拍：保持五位脚站立(见图 2-129)。

5-6 拍：左脚向侧擦地至脚尖点地(见图 2-130)。

7-8 拍：左腿直腿擦地收回呈一位脚站立(见图 2-131)。

图 2-130　5-6 拍　　　　　　　　图 2-131　7-8 拍

(二)第二节　蹲

动作：1×8 拍

1-2 拍：一位脚站立，屈膝向下至半蹲，保持右手扶把杆，手肘下沉垂至体侧，左手七位手，挺胸、收腹、立腰，头正，目视前方(见图 2-132)。

3-4 拍：双腿由屈膝半蹲慢慢伸直膝关节，回到一位脚站立(见图 2-133)。

5-8 拍：与 1-4 拍动作相同，重复做一遍。

图 2-132　1-2 拍　　　　　　　　图 2-133　3-4 拍

动作：2×8 拍

1-4 拍：由一位脚站立屈膝向下蹲至双脚脚跟被迫抬起呈全蹲，躯干保持直立，目视前方(见图 2-134)。

5-8 拍：双脚落脚跟后慢慢伸直膝关节，回到一位脚站立(见图 2-135)。

动作：3×8 拍

1-2 拍：左脚侧方位擦地至脚尖点地(见图 2-136)。

3-4 拍：左脚落脚跟，移动重心至双腿之间，呈二位脚站立(见图 2-137)。

5-8 拍：保持二位脚站立。

图 2-134　1-4 拍

图 2-135　5-8 拍

图 2-136　1-2 拍

图 2-137　3-4 拍，5-8 拍

动作：4×8 拍

1-2 拍：双腿屈膝向下至半蹲(见图 2-138)。

3-4 拍：双腿由屈膝半蹲慢慢伸直膝关节，回到二位脚站立(见图 2-139)。

图 2-138　1-2 拍

图 2-139　3-4 拍

5-8 拍：与 1-4 拍动作相同，重复做一遍。

动作：5×8 拍

1-4 拍：屈膝向下至两侧大腿平行呈全蹲，脚跟不离地，右手扶把，手肘下沉垂至体侧，左手七位手(见图 2-140)。

5-8 拍：双腿由屈膝全蹲慢慢伸直膝关节，回到二位脚站立(见图 2-141)。

图 2-140　1-4 拍

图 2-141　5-8 拍

动作：6×8 拍

1-2 拍：移动重心至右腿，左腿直腿脚尖点地由左侧向前划圈至前方位脚尖点地(见图 2-142)。

3-4 拍：左脚跟向前顶的同时落脚跟，向前移动重心至双腿之间，呈四位脚站立(见图 2-143)。

5-8 拍：双腿膝关节伸直，双脚外开前后站立，前脚脚尖与后脚脚跟相对，呈四位脚站立，同时右手扶把，手肘下沉垂至体侧，左手七位手(见图 2-144)。

图 2-142　1-2 拍

图 2-143　3-4 拍

图 2-144　5-8 拍

动作：7×8 拍

1-2 拍：双腿直腿四位脚站立，重心在双腿之间，屈膝向下至半蹲(见图 2-145)。

3-4 拍：双腿由屈膝半蹲慢慢伸直膝关节，回到四位脚站立(见图 2-146)。

5-8 拍：与 1-4 拍动作相同，重复做一遍。

动作：8×8 拍

1-4 拍：屈膝向下蹲至双脚脚跟被迫抬起呈全蹲，重心保持在双腿之间，躯干保持直立，目视前方(见图 2-147)。

5-8 拍：双脚落脚跟后慢慢伸直膝关节，回到四位脚站立(见图 2-148)。

动作：9×8 拍

1-2 拍：向后移动重心至右腿，左脚前方位脚尖点地(见图 2-149)。

3-4 拍：左腿直腿擦地收回，呈五位脚站立(见图 2-150)。

5-8 拍：保持五位脚站立。

图 2-145　1-2 拍

图 2-146　3-4 拍

图 2-147　1-4 拍

图 2-148　5-8 拍

图 2-149　1-2 拍

图 2-150　3-4 拍，5-8 拍

动作：10×8 拍

1-2 拍：屈膝向下至半蹲(见图 2-151)。

3-4 拍：双腿由屈膝半蹲慢慢伸直膝关节，回到五位脚站立(见图 2-152)。

5-8 拍：与 1-4 拍动作相同，重复做一遍。

图 2-151　1-2 拍

图 2-152　3-4 拍

动作：11×8 拍

1-4 拍：屈膝向下蹲至双脚脚跟被迫抬起呈全蹲，躯干保持直立，目视前方(见图 2-153)。

5-8 拍：双脚落脚跟后慢慢伸直膝关节，回到五位脚站立(见图 2-154)。

图 2-153　1-4 拍

图 2-154　5-8 拍

(三)第三节　擦地

动作：1×8 拍

1-2 拍：左脚向前擦地至脚尖点地，保持右手扶把，手肘下沉垂至体侧，左手七位手，挺胸、收腹、立腰，头正，目视前方(见图 2-155、图 2-156)。

3-4 拍：左腿直腿由脚尖带动擦地收回到一位脚(见图 2-157)。

5-8 拍：与 1-4 拍动作相同，重复做一遍。

动作：2×8 拍

与 1×8 拍动作相同，一拍一动。

动作：3×8 拍

1-2 拍：左腿直腿向左侧擦地至脚尖点地，保持右手扶把，左手七位手(见图 2-158、图 2-159)。

3-4 拍：左腿直腿由脚尖带动擦地收回到一位脚(见图 2-160)。

5-8 拍：与 1-4 拍动作相同，重复做一遍。

动作：4×8 拍

与 3×8 拍动作相同，一拍一动。

图 2-155　1-2 拍(1)

图 2-156　1-2 拍(2)

图 2-157　3-4 拍

图 2-158　1-2 拍(1)

图 2-159　1-2 拍(2)

图 2-160　3-4 拍

动作：5×8 拍

1-2 拍：左腿直腿由脚尖带动向后擦地至脚尖点地，保持右手扶把，左手七位手(见图 2-161、图 2-162)。

3-4 拍：左腿直腿由脚尖带动擦地收回到一位脚(见图 2-163)。

5-8 拍：与 1-4 拍动作相同，重复做一遍。

图 2-161　1-2 拍(1)

图 2-162　1-2 拍(2)

图 2-163　3-4 拍

动作：6×8 拍

与 4×8 拍动作相同，一拍一动。

动作：7×8 拍

与 3×8 拍动作相同。

动作：8×8 拍

与 4×8 拍动作相同，一拍一动。

(四)第四节 小踢腿

动作：1×8 拍

1-2 拍：左腿直腿经向前擦地后快速抬起至斜前方约 25°停住，保持右手扶把，手肘下沉垂至体侧，左手七位手，挺胸、收腹、立腰，头正，目视前方(见图 2-164)。

3-4 拍：左腿直腿由脚尖点地，经擦地收回到五位脚(见图 2-165)。

5-8 拍：与 1-4 拍动作相同，重复做一遍。

图 2-164　1-2 拍　　　　　　　　　　图 2-165　3-4 拍

动作：2×8 拍

与 1×8 拍动作相同，一拍一动。

动作：3×8 拍

1-2 拍：左腿直腿经向左侧擦地后，快速抬起至侧下方约 25°停住，保持右手扶把，左手七位手(见图 2-166)。

3-4 拍：左腿直腿由脚尖点地后，经擦地收回到五位脚，注意收回时左脚收至右脚后方(见图 2-167)。

5-8 拍：与 1-4 拍动作相同，重复做一遍，注意收回时左脚收至右脚前方(见图 2-168)。

图 2-166　1-2 拍　　　　　图 2-167　3-4 拍　　　　　图 2-168　5-8 拍

动作：4×8 拍

与 3×8 拍动作相同，一拍一动。注意左脚依次收回右脚的后方、前方和后方。

动作：5×8 拍

1-2 拍：左腿直腿由脚尖带动向后擦地后，快速抬起至斜后方约 25°停住，保持右手扶把，左手七位手(见图 2-169)。

3-4 拍：左腿直腿由脚尖带动，经擦地收回到五位脚(见图 2-170)。

5-8 拍：与 1-4 拍动作相同，重复做一遍。

图 2-169　1-2 拍　　　　　　　　　图 2-170　3-4 拍

动作：6×8 拍

与 5×8 拍动作相同，一拍一动。

动作：7×8 拍

与 3×8 拍动作相同。

动作：8×8 拍

与 4×8 拍动作相同，一拍一动。

(五)第五节 划圈

动作：1×8 拍

1-2 拍：左腿直腿经向前擦地至脚尖点地后，由前向侧划至侧方位脚尖点地，同时右手扶把，左手七位手保持不动，挺胸、收腹、立腰，头正，目视前方(见图 2-171、图 2-172、图 2-173)。

图 2-171　1-2 拍(1)　　　　图 2-172　1-2 拍(2)　　　　图 2-173　1-2 拍(3)

3-4 拍：左腿直腿经擦地收回至一位脚(见图 2-174)。

5-8 拍：与 1-4 拍动作相同，重复做一遍。

图 2-174　3-4 拍

动作：2×8 拍

1-2 拍：左腿直腿经向侧擦地至脚尖点地后，由侧向后划至后方位脚尖点地，右手扶把，左手保持七位手(见图 2-175、图 2-176、图 2-177)。

3-4 拍：左腿直腿经擦地收回至一位脚(见图 2-178)。

5-8 拍：与 1-4 拍动作相同，重复做一遍。

图 2-175　1-2 拍(1)

图 2-176　1-2 拍(2)

图 2-177　1-2 拍(3)

图 2-178　3-4 拍

动作：3×8 拍

1-4 拍：左腿直腿经前擦地至脚尖点地后，由前经侧划至后方位脚尖点地。同时右手扶把，左手七位手保持不动，身体跟随向后划圈的动作，略微向前倾斜(见图 2-179、图 2-180、图 2-181)。

图 2-179　1-4 拍(1)　　　　图 2-180　1-4 拍(2)　　　　图 2-181　1-4 拍(3)

5-8 拍：左腿直腿经擦地收回至一位脚，身体回到直立，头转回，目视前方(见图 2-182)。

图 2-182　5-8 拍

动作：4×8 拍

1-4 拍：右腿屈膝下蹲，同时左腿直腿经前擦地至脚尖点地后，由前经侧划至后方位脚尖点地，右手扶把，左手七位手保持不动，身体跟随向后划圈的动作略微向前倾斜(见图 2-183、图 2-184、图 2-185)。

图 2-183　1-4 拍(1)　　　　图 2-184　1-4 拍(2)　　　　图 2-185　1-4 拍(3)

5-8 拍：右腿伸直膝关节，同时左腿直腿经擦地收回至一位脚，身体回到直立，头转回，目视前方(见图 2-186)。

图 2-186　5-8 拍

动作：5×8 拍

1-2 拍：左腿直腿经后擦地至脚尖点地后，由后向侧划至侧方位脚尖点地，同时右手扶把，左手七位手保持不动(见图 2-187、图 2-188、图 2-189)。

图 2-187　　1-2 拍(1)　　　　　图 2-188　　1-2 拍(2)　　　　　图 2-189　　1-2 拍(3)

3-4 拍：左腿直腿经擦地收回至一位脚(见图 2-190)。

5-8 拍：与 1-4 拍动作相同，重复做一遍。

图 2-190　3-4 拍

动作：6×8 拍

1-2 拍：左腿直腿向左侧擦地至脚尖点地后，由后侧向前划至前方位脚尖点地，同时右手扶把，左手七位手保持不动(见图 2-191、图 2-192、图 2-193)。

图 2-191　1-2 拍(1)　　　图 2-192　1-2 拍(2)　　　图 2-193　1-2 拍(3)

3-4 拍：左腿直腿经擦地收回至一位脚(见图 2-194)。

5-8 拍：与 1-4 拍动作相同，重复做一遍。

图 2-194　3-4 拍

动作：7×8 拍

1-4 拍：左腿直腿经后擦地至脚尖点地后，由后经侧划至前方位脚尖点地。同时右手扶把，左手七位手保持不动。身体略微向前倾斜，跟随向前划圈的动作回到直立位(见图 2-195、图 2-196、图 2-197)。

图 2-195　1-4 拍(1)　　　图 2-196　1-4 拍(2)　　　图 2-197　1-4 拍(3)

5-8 拍：左腿直腿经前点地擦地收回至一位脚(见图 2-198)。

图 2-198　5-8 拍

动作：8×8 拍

1-4 拍：右腿屈膝下蹲，同时左腿直腿经后擦地至脚尖点地后，由后经侧划至前方位脚尖点地，右手扶把，左手七位手保持不动，身体略微向前倾斜，跟随向前划圈的动作回到直立位(见图 2-199、图 2-200、图 2-201)。

图 2-199　1-4 拍(1)

图 2-200　1-4 拍(2)

图 2-201　1-4 拍(3)

5-8 拍：右腿伸直膝关节，同时左腿直腿经前点地擦地收回至一位脚(见图 2-202)。

结束动作：一位脚站立，右手扶把，左手由七位手放下收回至一位手，挺胸、收腹、立腰、头正、目视前方(见图 2-203)。

图 2-202　5-8 拍

图 2-203　结束动作

注：所有把杆组合左腿做完以后，须向后转身换左手扶把，右腿重复一遍，动作相同，方向相反。

六、练习方法

(1) 面对墙面站立，双脚外开，脚跟与脚内侧尽量贴墙，感受脚与腿的外开，背后可请老师或者同学辅助站立。

(2) 借助小沙袋固定于小腿部进行负重练习，以增强身体控制力。

七、难点及易错动作

(1) 四位脚站立时，前后脚未相对，身体重心在后脚。

(2) 下蹲时身体前倾，臀部上翘，全蹲时脚跟主动抬起。

(3) 擦地时臀部外翻，脚面内扣。

(4) 小踢腿时未保持斜下方约 25°的动力腿定型。

(5) 用脚掌踩地完成划圈动作。

> ✍ **素质小练** ▶

强化核心力量，更有利于把杆练习时做动作的稳定性。

锻炼计划：根据学生的实际情况，选择以下 1～2 项内容进行练习，每周锻炼 3～5 次，每次 15~30 分钟。

1) 六点支撑交替抬手

适用场景：健身房、寝室、书房、室外等。

所需器械：瑜伽垫或柔软的草坪上。

动作要点：六点支撑于瑜伽垫上，双手掌间的距离与肩同宽，双膝、双脚的距离与髋同宽，使手臂和大腿垂直于地面，勾脚尖。过程中下颌微收，眼睛看向地面，腰腹部收紧，减少身体的晃动，不要塌腰，双手交替向前抬起收回，手臂向前抬起时呼气，收回时吸气。

建议：每组 15～30 次，组间休息 1 分钟，进行 3～6 组。

温馨提示：完成动作时注意保持身体稳定，手臂伸直时肘关节不要锁死，以免造成肘关节的损伤。

2) 仰卧同手同脚对抗

适用场景：健身房、寝室、书房、室外等。

所需器械：瑜伽垫或柔软的草坪上。

动作要点：仰卧同手同脚对抗要求练习者仰卧在瑜伽垫上，大腿与地面、小腿和大腿分别呈 90°夹角，双腿间的距离与髋同宽。双手伸直，手掌自然放于膝盖上，头部放松放在瑜伽垫上。发力的时候呼气，手掌与膝盖发力对抗持续 2～4 秒，然后吸气放松，结束对抗为完成一次。整个过程采用腹式呼吸。

建议：每组 15～30 次，组间休息 1 分钟，进行 3～6 组。

温馨提示：注意在整个过程中感受核心肌群的参与发力。

3) 动态肘支撑

适用场景：健身房、寝室、书房、室外等。

所需器械：瑜伽垫或柔软的草坪上。

动作要点：起始动作为标准的平板支撑，双脚并拢，勾脚尖，肘撑使大臂垂直于地面，身体呈一条直线。动作开始时一侧手先由肘撑变换为掌撑，然后另一侧手再由肘撑变换为掌撑。接着刚开始变为掌撑的一侧再变为肘撑，另一侧同样如此，就回到了最开始的位置，这就完成了一次完整的动态肘支撑。整个过程中要减少身体的晃动，腰腹部收紧，臀部夹紧，均匀呼吸。

建议：每组 15～30 次，组间休息 1 分钟，进行 3~6 组。

温馨提示：完成动作时注意保持身体呈一条直线，手臂伸直时肘关节不要锁死，以免造成肘关节的损伤。

4) 坐姿直腿抬起

适用场景：健身房、寝室、书房、室外等。

所需器械：椅子或有一定高度的平台。

动作要点：坐在椅子边缘，双腿伸直并保持脚离地。双手放在椅子两侧，保持身体平衡。

将双腿同时抬起，使膝盖靠近胸部，然后缓慢放下。重复动作多次，可以逐渐增加重复次数和组数。

建议：每组 15～30 次，组间休息 1 分钟，进行 3~6 组。

温馨提示：完成动作时保持身体的稳定，不要晃动，选择高度合适的椅子，避免从椅子上摔下来。

5) 书桌、台面平板支撑

适用场景：健身房、寝室、书房等。

所需器械：书桌或有一定高度的台面。

动作要点：将手掌放在书桌上，与肩膀同宽。伸直双腿，使身体呈一条直线。保持这个姿势，使核心肌群保持稳定。尽量保持这个姿势，逐渐增加持续时间。

温馨提示：完成动作时保持身体的稳定，不要晃动，选择高度合适的台面，避免手从台面上滑落造成损伤。

讨论与思考

1. 把杆练习对身体有哪些好处？

2. 把杆练习应该如何进行？有哪些注意事项？

3. 把杆练习中如何保持正确的姿势？

4. 把杆练习中如何避免受伤？

5. 把杆练习和其他形式的形体训练有什么区别？

6. 把杆练习对于提高身体协调性和平衡能力有多大的帮助？

7. 把杆练习是否适合所有人？有没有不适合的人群？

8. 把杆练习的频率和强度应该如何控制？

9. 把杆练习中如何保持呼吸顺畅？

10. 把杆练习中你认为最大的挑战是什么？你还需要得到老师哪些方面的帮助？

第四节 地 面 动 作

地面练习主要是对练习者全身肌肉进行张力的系统训练，使练习者的肌肉线条修长，避免肌肉横向发展或形成"块"状形态。地面练习主要训练下肢的开度和柔韧性，提高练习者从脚尖到髋关节的外开能力，加大下肢各关节的活动范围及肌肉、韧带、肌腱等组织的伸展与收缩能力，使肌肉的张力得到均衡发展，腿形修长，肌肉线条优美。

地面练习是使人体在没有重力负担的状态下，对身体的局部进行分解和集中的强化训练，其重心相对较稳定，能够使练习者更好地控制自己的身体，提高形体练习者的身体协调性和平衡能力。

形体训练中的地面练习是指通过身体接触地面所进行的练习，对各个关节的灵活性、延续性、控制性等进行动作练习，使学生在单一动作及连贯动作中形成训练环境，为后面的训练做好准备。地面训练包括坐在地上做勾脚背、盘脚压胯、仰卧吸腿、侧卧旁吸腿、俯卧后吸腿、腰部训练和仰卧前大踢腿等练习动作。这些动作可以打开肩部和胯部关节韧带，加强腰部的柔韧性，增强腿部和后背肌群的弹性和力量。形体训练中的地面练习可以帮助塑造优美的体态，培养高雅的气质。

地面练习的要求如下。

(1) 目视前方，下颌微抬，双肩放平。

(2) 收腹、立腰。

(3) 坐立时双臂伸直放于身体两侧，手指尖轻点于地面。

(4) 半躺地时，肘关节支撑，手指伸直放于身体两侧。

(5) 躺地时，手臂侧平举，手指伸直掌心朝下。

一、勾绷脚尖练习

(一)绷脚

双腿并拢，膝盖伸直，脚尖最大限度向下绷。

(二)勾脚

勾脚趾：在绷脚的基础上保持脚背绷紧状态，将脚趾回勾。

勾全脚：在勾脚趾的基础上继续将脚尖回勾指向鼻尖。脚后跟最大限度地向外蹬出，保持膝盖伸直的情况下脚后跟可以自然离开地面。返回时先回到勾脚趾，再回到绷脚背。

(三)脚绕环

勾脚后由内向外绕环后绷脚尖，再由外向内完成一次绕环动作。

二、屈膝伸腿

(一)单吸腿

绷脚屈膝吸腿，脚跟尽可能贴近臀部，大腿垂直，小腿向上伸直。返回时大腿不动，小腿回到吸腿位置后，再向下伸直。

(二)双吸腿

双吸腿的动作要求与单吸腿一致，完成动作时双腿始终保持并拢。

三、交叉分腿

(一)交叉腿

双腿垂直，臀部贴地，膝盖伸直，绷脚，大腿内侧发力。

(二)分腿

双腿垂直，臀部贴地，膝盖伸直，绷脚。分腿时，髋部放松，双腿向两侧打开，尽量使脚尖触地；并腿时，大腿内侧用力，双腿同时收回至垂直后轻落于地面。

四、踢腿

(一)向前踢腿

力量从大腿根部贯穿到脚尖，脚尖带动腿部向远延伸，朝额头方向踢出，膝盖伸直，绷脚尖。动作要快上慢下，具有爆发力，髋正，踢出和收回时腿部需要保持一条线直上直下。踢腿时，髋放正，另一条腿保持贴紧地面。

(二)向旁踢腿

右侧卧位，右手沿身体方向伸直，左手放置胸前，髋要立起，与身体保持水平线，膝盖伸直绷脚尖。踢腿时，整条腿外旋，腿面朝正上方，脚尖带动大腿并快速踢向耳朵后方，保持快上慢下，具有爆发力。

(三)向后踢腿

目视前方，双手撑地与肩同宽，单膝跪地，脚背贴地绷脚尖，重心保持在双手与跪地腿之间，动力腿伸直，脚尖点地。踢腿时，脚尖带动大腿并快速踢向后脑勺方向。动作要快踢慢落，不可塌腰翘臀，髋部摆正。

五、地面组合动作解析

准备姿势：坐于地面，双腿并腿，膝关节伸直绷脚尖，躯干直立，挺胸、收腹、立腰，双手直臂放于身体两侧，指尖轻点于地面，头正，目视前方(见图2-204)。

地面组合.MOV

图 2-204 准备姿势

动作：1×8 拍

1-2 拍：右脚向上勾脚尖，左脚绷脚尖，双手直臂放于身体两侧，指尖轻点于地面，头正，目视前方(见图2-205)。

3-4 拍：右脚由勾脚尖变为绷脚尖，左脚保持绷脚尖，躯干与手臂动作保持不动(见图2-206)。

5-8 拍：与1-4拍动作相同，重复做一遍。

图 2-205 1-2 拍

图 2-206 3-4 拍

动作：2×8 拍

1-2 拍：左脚向上勾脚尖，右脚绷脚尖，双手直臂放于身体两侧，指尖轻点于地面，头正，目视前方(见图2-207)。

3-4 拍：左脚由勾脚尖变为绷脚尖，右脚保持绷脚尖，躯干与手臂动作保持不动(见图2-208)。

图 2-207 1-2 拍

图 2-208 3-4 拍

5-8 拍：与 1-4 拍动作相同，重复做一遍。

动作：3×8 拍

1-4 拍：双脚绷脚尖由外向内经勾脚再回到绷脚尖，做一次绕圈动作，双手直臂放于身体两侧，指尖轻点于地面，头正，目视前方(见图 2-209、图 2-210、图 2-211)。

图 2-209　1-4 拍(1)　　　　图 2-210　1-4 拍(2)　　　　图 2-211　1-4 拍(3)

5-8 拍：双脚绷脚尖由内向外经勾脚再回到绷脚尖，做一次绕圈动作，躯干与手臂动作保持不动(见图 2-212、图 2-213、图 2-214)。

动作：4×8 拍

与 3×8 拍动作相同，重复做一遍。

图 2-212　5-8 拍(1)　　　　图 2-213　5-8 拍(2)　　　　图 2-214　5-8 拍(3)

动作：5×8 拍

1-2 拍：向后半躺于地面，双手肘关节支撑，小臂放于地面，指尖贴于体侧，同时右腿屈膝吸腿，吸腿时右脚绷脚尖，脚跟贴近臀部，左腿直腿绷脚尖放于地面(见图 2-215)。

3-4 拍：右腿由吸腿动作向上伸直腿至与地面垂直，左腿直腿绷脚尖放于地面，躯干与手臂动作保持不动(见图 2-216)。

图 2-215　1-2 拍　　　　　　　图 2-216　3-4 拍

5-6 拍：右腿绷脚尖屈膝回到吸腿动作，左腿直腿绷脚尖放于地面，躯干与手臂动作保持不动(见图2-217)。

7-8 拍：右腿绷脚尖向地面伸直腿，并回左腿，左腿直腿绷脚尖放于地面，躯干与手臂动作保持不动(见图2-218)。

图2-217　5-6 拍

图2-218　7-8 拍

动作：6×8 拍

与5×8 拍动作相同，换左腿重复做一遍。

动作：7×8 拍

1-2 拍：向后半躺于地面，双手肘关节支撑，小臂放于地面，指尖贴于体侧，同时屈膝吸腿，吸腿时双脚绷脚尖，脚跟贴近臀部(见图2-219)。

3-4 拍：双腿由吸腿动作向上伸直腿至与地面垂直，躯干与手臂动作保持不动(见图2-220)。

图2-219　1-2 拍

图2-220　3-4 拍

5-6 拍：双腿并腿，绷脚尖，屈膝回到吸腿动作，躯干与手臂动作保持不动(见图2-221)。

7-8 拍：双腿并腿，绷脚尖，向地面伸直腿，躯干与手臂动作保持不动(见图2-222)。

图2-221　5-6 拍

图2-222　7-8 拍

动作：8×8 拍

1-6 拍：与7×8 拍里的1-6 拍动作相同，重复做一遍。

7-8 拍：双腿并腿，绷脚尖，向地面伸直腿，同时向后平躺于地面，双手向侧展开至侧平举，掌心朝下贴于地面(见图2-223)。

图 2-223　7-8 拍

动作：9×8 拍

1-2 拍：平躺于地面，双手侧平举，掌心朝下贴于地面，同时屈膝吸腿，吸腿时双脚绷脚尖，脚跟贴近臀部(见图 2-224)。

3-4 拍：双腿由吸腿动作向上伸直腿至与地面垂直，躯干与手臂动作保持不动(见图 2-225)。

图 2-224　1-2 拍

图 2-225　3-4 拍

5 拍：双腿直腿，绷脚尖，微微向两侧分开后收回，左腿在前，右腿在后，做一次交叉腿，躯干与手臂动作保持不动(见图 2-226)。

6 拍：双腿直腿，绷脚尖，微微向两侧分开后收回，右腿在前，左腿在后，做一次交叉腿，躯干与手臂动作保持不动(见图 2-227)。

图 2-226　5 拍

图 2-227　6 拍

7 拍：双腿直腿向两侧地面展开，尽量使双腿脚尖触碰地面，躯干与手臂动作保持不动(见图 2-228)。

8 拍：双腿直腿由两侧向内收回至双腿并拢，举至与地面垂直，躯干与手臂动作保持不动(见图 2-229)。

动作：10×8 拍

1-4 拍：与 9×8 拍里的 5-8 拍动作相同，重复做一遍。

图2-228　7拍

图2-229　8拍

5-8拍：直腿绷脚尖，同时放下至地面，躯干与手臂动作保持不动(见图2-230)。

图2-230　5-8拍

动作：11×8拍

与9×8拍动作相同，重复做一遍。

动作：12×8拍

与10×8拍动作相同，重复做一遍。

动作：13×8拍

1-2拍：平躺于地面，双手侧平举，掌心朝下贴于地面，右腿直腿绷脚尖，向上踢腿至最大幅度，左腿直腿绷脚尖放于地面(见图2-231)。

图2-231　1-2拍

3-4拍：右腿直腿绷脚尖放下并左腿，双腿直腿绷脚尖放于地面，躯干与手臂动作保持不动(见图2-232)。

图2-232　3-4拍

5-8 拍：与 1-4 拍动作相同，重复做一遍。

动作：14×8 拍

1-4 拍：与 13×8 拍里的 1-4 拍动作相同，换左腿重复做一遍。

5-8 拍：与 1-4 拍动作相同，重复做一遍。

动作：15×8 拍

1-2 拍：向侧转身至侧躺地，左手直臂上举与头平行，手臂、躯干、腿呈一条直线，右手屈臂掌心朝下撑地放于胸前方，同时右腿直腿绷脚尖向上踢腿至最大幅度，左腿直腿绷脚尖放于地面(见图 2-233)。

图 2-233　1-2 拍

3-4 拍：右腿直腿绷脚尖放下并回左腿，左腿直腿绷脚尖放于地面，躯干与手臂动作保持不动(见图 2-234)。

图 2-234　3-4 拍

5-8 拍：与 1-4 拍动作相同，重复做一遍。

动作：16×8 拍

1-4 拍：与 15×8 拍里的 1-4 拍动作相同，换左腿重复做一遍。

5-8 拍：与 1-4 拍动作相同，重复做一遍。

动作：17×8 拍

1-2 拍：向前转身至趴于地面，双臂直臂上举至耳侧，掌心朝下贴于地面，直腿绷脚尖(见图 2-235)。

图 2-235　1-2 拍

3-4 拍：双手屈臂放于胸部两侧，掌心朝下撑地向后推起躯干，绷脚尖屈膝(见图 2-236、图 2-237)。

5-6 拍：掌心朝下向后推至双臂伸直，双腿弯曲绷脚尖，双膝跪地，臀部贴于双脚脚跟，躯干与大腿折叠，低头，额头贴于地面(见图 2-238)。

图 2-236　　3-4 拍(1)

图 2-237　　3-4 拍(2)

7-8 拍：双膝跪地，重心前移，臀部向上推起大腿使其与地面垂直，躯干向前推起，掌心朝下撑地，直臂，双臂与地面垂直，目视地面(见图 2-239)。

图 2-238　　5-6 拍

图 2-239　　7-8 拍

动作：18×8 拍

1-2 拍：双膝跪地大腿与地面垂直，掌心朝下撑地，直臂，双臂与地面垂直，抬头，目视前方，左腿直腿绷脚尖，向上踢腿至最大幅度(见图 2-240)。

3-4 拍：左腿直腿绷脚尖放下至脚尖点地，右腿保持跪地，躯干与手臂动作保持不动(见图 2-241)。

图 2-240　　1-2 拍，5-6 拍

图 2-241　　3-4 拍

5-6 拍：左腿直腿绷脚尖向上踢腿至最大幅度，右腿保持跪地，躯干与手臂动作保持不动(见图 2-240)。

7-8 拍：左腿直腿绷脚尖放下并回右腿，跪地，躯干与手臂动作保持不动(见图 2-242)。

动作：19×8 拍

与 18×8 拍动作相同，换右腿重复做一遍。

动作：20×8 拍

1-8 拍：绷脚尖，双膝跪地，重心向后移动至臀部，臀部贴于双脚脚跟呈跪坐姿势，躯干直立，挺胸、收腹、立腰，双手直臂垂于体侧(见图 2-243)。

结束动作：与 20×8 拍动作相同，目视前方，动作需停留三秒。

图 2-242　7-8 拍　　　　　　　　　图 2-243　1-8 拍

六、练习方法

(1) 使用弹力带进行腿部力量练习，以增加腿部控制力。

(2) 形体训练中的地面练习有很多种，包括侧卧举腿、俯卧撑、仰卧起坐、平板支撑等。这些动作可以帮助练习者更好地控制自己的身体，提高练习者的身体协调性和平衡能力。

七、难点及易错动作

(1) 勾脚不完全，脚趾未发力。

(2) 吸腿后未伸直就继续下一个动作。

(3) 分腿时未同时发力。

(4) 踢腿时未向远延伸，屈膝，髋不正，腿内旋。向后踢腿时重心后移，未在双手与跪地腿之间。

✎ 素质小练 ▶

加强下肢肌肉力量，提高动作的准确性。

锻炼计划：根据学生的实际情况，选择以下 1～2 项内容进行练习，每周锻炼 3～5 次，每次 15～30 分钟。

1) 哑铃高脚杯深蹲(视频)。

适用场景：健身房、寝室、书房、室外等。

所需器械：哑铃或书本等物品。

动作要点：选择一个合适重量的哑铃或重物，双手握住哑铃置于胸前，手肘内收，小臂紧贴哑铃，整个过程使哑铃的上半部紧贴胸部。双脚略比肩宽，脚尖自然外开，身体保持直立。向下蹲时膝盖与脚尖方向一致，臀部向下方移动，上半身尽量保持挺直，蹲至大腿与地面平行时，下肢发力蹲起回到初始位置。整个过程腰腹部收紧，减少身体的晃动，向下时吸气，向上发力时呼气。

建议：每组 15～30 次，组间休息 1 分钟，进行 3～6 组。

温馨提示：完成动作时要始终保持膝盖与脚尖方向一致，避免出现内扣或外翻，从而造成运动损伤。整个过程腰背部要挺直，不可弯腰驼背。

2）提踵

适用场景：健身房、寝室、书房、室外等。

所需器械：哑铃或书本等物品。

动作要点：两脚开立，与肩同宽，双手握住哑铃置于身体两侧，慢慢踮起脚尖，然后将重心由脚尖落到前脚掌至放下脚后跟，脚跟轻撞地面。动作重复多次，保持身体平衡，整个过程均匀呼吸。

建议：每组 15～30 次，组间休息 1 分钟，进行 3～6 组。

温馨提示：完成动作时核心收紧，身体不要晃动，必要时双手可扶住旁边的固定物，以免摔落。

3）步行或慢跑上坡

适用场景：健身房、室外等。

所需器械：自重或沙袋。

动作要点：寻找一个有坡度的路线，在上坡时或步行或慢跑。上坡运动可以增加下肢肌肉的负荷，提高力量和耐力。

建议：每组 15～30 米，组间休息 1 分钟，进行 3～6 组。

温馨提示：根据自身心肺能力选择速度，运动完成后可进行一定距离的慢走，不可马上坐在地上休息。

4）跳跃

适用场景：健身房、寝室、书房、室外等。

所需器械：自重或跳箱等。

动作要点：跳跃可以增强下肢肌肉力量和爆发力，可以尝试垂直跳跃、蹲跳或者跳箱等动作。注意落地时要保持正确的缓冲姿势，以减少对关节的冲击。

建议：每组 15～30 次，组间休息 1 分钟，进行 3～6 组。

温馨提示：完成动作时要始终保持膝盖与脚尖方向一致，避免出现内扣或外翻，从而造成运动损伤。

5）椅子蹲起

适用场景：健身房、寝室、书房、室外等。

所需器械：椅子或有一定高度的台阶。

动作要点：双脚与肩同宽，然后慢慢蹲下，将臀部轻触椅子，然后再慢慢站起来。这个动作可以锻炼大腿和臀部的肌肉。

建议：每组 15～30 次，组间休息 1 分钟，进行 3～6 组。

温馨提示：要将椅子固定好，避免椅子在运动过程中滑动，以防摔倒。

讨论与思考

1. 地面练习在形体训练中的作用是什么？

2. 地面练习对提高身体的柔韧性和平衡能力有哪些帮助？

3. 如何根据个人的身体条件和需求选择合适的地面练习？

4. 在进行地面练习时，如何避免因错误动作导致的运动损伤？

5. 如何通过地面练习来改善身体姿态和塑造优美的线条？

6. 形体训练中地面练习的目的是什么？

7. 在进行地面练习时，如何确保动作的正确性和安全性？

8. 地面练习与其他形式的形体训练相比有哪些优势和不足？

9. 在地面练习过程中，如何调整呼吸和放松身体以减轻肌肉疲劳？

10. 针对不同的运动目标，如何选择和安排合适的地面练习动作？

11. 如何在地面练习中保持正确的姿势和姿态，以提高训练效果？

第五节　波　　浪

波浪练习是形体训练中不可或缺的一部分，对练习者的身体素质和技能水平的提升具有重要意义。波浪练习通过模仿自然界中的波浪运动，帮助练习者提高身体的柔韧性、协调性和力量控制能力。

首先，波浪练习通过伸展和弯曲的动作，使练习者的肌肉得到充分的拉伸和放松，从而增加身体的柔韧性。良好的柔韧性是形体训练的基本素质之一，它能够使练习者更加灵活自如地完成各种动作，展现优雅的身姿和流畅的线条。其次，波浪练习中的一些动作需要练习者用力推动身体或维持平衡，这有助于增强肌肉的力量。肌肉力量的提升不仅能使练习者表现出更强有力的动作，还能够减少练习者受伤的风险，提高其动作的质量和持久力。再次，波浪练习需要练习者在执行各种动作时保持身体的平衡和协调性。通过不断的练习和调整，练习者的协调能力会得到显著提升，使他们能够更好地掌握节奏感和动作的连贯性，展现出优雅与和谐的统一。最后，波浪练习注重练习者的姿势和姿态的塑造。通过反复练习，练习者能够逐渐纠正不良的姿势习惯，形成正确的站姿和坐姿等基本姿势。

一、手臂波浪

(一)手臂波浪

由肘关节发力经小臂、手腕到指尖依次向上抬起，再由肘关节发力经小臂、手腕到指尖依次放下。整个过程注意肩部放松，不要耸肩。

(二)屈臂波浪

屈臂、提腕，手指尖自然放松，然后掌心向外推出至手臂伸直，指尖向远延伸。

二、身体波浪

(一)身体侧波浪

(1) 身体侧波浪时，应由膝、髋、腰、胸、头、手臂依次向侧推起。

(2) 身体侧波浪应经过半蹲向侧划一个半圆。

(二)身体后波浪

(1) 两臂经后下绕至前举，绕臂至前时两臂保持与肩同宽。

(2) 身体后波浪时，抬头下腰，膝开始经髋、腰、胸、颈各关节依次向前弯曲，直至低头含胸使背部呈弓形。

(三)身体螺旋波浪

(1) 身体螺旋波浪时，需要扭转脊柱，以身体为轴，带动手臂做绕环动作。

(2) 身体螺旋波浪时，应身体与手臂依次做动作。

波浪组合.MOV

三、波浪组合动作解析

准备姿势：丁字步站立，双腿向内收紧，一位手，微微抬头，挺胸、收腹、立腰，双目平视前方(见图 2-244)。

动作：1×8 拍

1-2 拍：身向 1 点，丁字步站立，右手肘关节带动手臂向上抬起，至侧斜下举，左手保持一位手，手臂抬起的同时向右转头，目视右手指尖(见图 2-245)。

图 2-244　准备姿势

3-4 拍：右手肘关节带动手臂缓慢放下至一位手，左手保持一位手，手臂放下的同时头转回 1 点，目视前方(见图 2-246)。

5-8 拍：与 1-4 拍动作相同，换另一只手臂做动作。

图 2-245　1-2 拍

图 2-246　3-4 拍

动作：2×8 拍

1-4 拍：身向 1 点，丁字步站立，双手肘关节带动手臂，同时向上抬起至侧平举，头部跟随手臂抬起的动作微微向上抬起，目视前方(见图 2-247)。

5-8 拍：双手肘关节带动手臂，同时缓慢放下，回到一位手(见图 2-248)。

动作：3×8 拍

1-2 拍：身向 1 点，丁字步站立，右手肘关节带动手臂，由下经侧向上抬起，举至耳侧，最后手臂需直臂掌心朝外，左手保持一位手，头部跟随手臂抬起动作，微微向上抬起，目视前方(见图 2-249)。

图 2-247　1-4 拍

图 2-248　5-8 拍

3-4 拍：右手肘关节带动手臂，由上经侧缓慢放下至一位手，左手保持一位手，头部跟随手臂放下，回到原位，目视前方(见图 2-250)。

5-8 拍：与 1-4 拍动作相同，换另一只手臂做动作。

图 2-249　1-2 拍

图 2-250　3-4 拍

动作：4×8 拍

1-4 拍：五位脚起踵立，由 1 点向右后方碎步转体至 5 点，同时双手肘关节带动手臂，由下经侧向上抬起，举至耳侧，向左转头，目视斜下方(见图 2-251、图 2-252、图 2-253)。

5-8 拍：五位脚起踵立，由 5 点向右后方碎步转体回到 1 点，落脚跟呈丁字步站立，同时双手肘关节带动手臂，由上经侧缓慢放下至一位手，头转回 1 点，目视前方(见图 2-254、图 2-255、图 2-256)。

动作：5×8 拍

1-2 拍：身向 1 点，丁字步站立，右手肘关节带动手臂，由下经侧向上抬起，呈直臂举至耳侧，掌心朝外，左手保持一位手，目视前方(见图 2-257)。

3-4 拍：右手屈臂、提腕、手指尖自然放松至肩部后，掌心向外推出至手臂伸直呈侧平举，指尖向远延伸，左手保持一位手，目视前方(见图 2-258、图 2-259、图 2-260)。

图 2-251　1-4 拍(1)

图 2-252　1-4 拍(2)

图 2-253　1-4 拍(3)

图 2-254　5-8 拍(1)

图 2-255　5-8 拍(2)

图 2-256　5-8 拍(3)

图 2-257　1-2 拍

图 2-258　3-4 拍(1)　　　图 2-259　3-4 拍(2)　　　图 2-260　3-4 拍(3)

5-6 拍：丁字步屈膝半蹲，右手由侧平举向上抬起至三位手，手臂上举的同时向左侧下旁腰，左手保持一位手，向左侧头，目视前方(见图 2-261)。

7-8 拍：丁字步，由屈膝半蹲成直腿站立，右手由三位手经侧向下划至一位手，手臂收回的同时躯干由下旁腰回正，左手保持一位手，头回正，目视前方(见图 2-262)。

动作：6×8 拍

与 5×8 拍动作相同，重复做一遍，方向相反。

图 2-261　5-6 拍　　　　　图 2-262　7-8 拍

动作：7×8 拍

1-2 拍：身向 1 点，丁字步站立，右手肘关节带动手臂，由下经侧向上抬起，呈直臂举至耳侧，掌心朝外，左手保持一位手，目视前方(与图 2-257 动作相同)。

3-4 拍：右手屈臂、提腕、手指尖自然放松至肩部后，掌心向外推出至手臂伸直呈侧平举，指尖向远延伸，左手保持一位手，目视前方(与图 2-258、图 2-259、图 2-260 动作相同)。

5-6 拍：左腿屈膝半蹲，右腿直腿向侧方位擦出，呈脚尖侧点地，右手由侧平举向上抬起至三位手，手臂上举的同时向左侧下旁腰，左手保持一位手，向左侧头，目视前方(见图 2-263)。

7-8 拍：左腿由屈膝半蹲至伸直腿站立，右腿直腿收回并左腿，呈丁字步站立，右手由三位手经侧向下划呈一位手，同时躯干由下旁腰回至直立位，头回正，目视前方(见图 2-264)。

图 2-263　5-6 拍

图 2-264　7-8 拍

动作：8×8 拍

与 7×8 拍动作相同，重复做一遍，方向相反。

动作：9×8 拍

1-4 拍：身向 1 点，右腿直腿向前迈步，左腿并右腿，呈并腿五位脚起踵立，同时双手直臂由一位手向后摆动，再经下至前斜上举，掌心朝下，右手高于左手，微抬头，目视前方(见图 2-265、图 2-266)。

图 2-265　1-4 拍(1)

图 2-266　1-4 拍(2)

5-6 拍：五位脚起踵立，双手屈臂、提腕，手指尖自然放松至肩部，然后掌心向前推出至手臂伸直，斜上举，指尖向远延伸，掌心朝下，右手略高于左手(见图 2-267、图 2-268、图 2-269)。

7-8 拍：与 5-6 拍动作相同，重复做一遍。

动作：10×8 拍

1-4 拍：身向 1 点，左腿经屈膝向后退步，右腿并左腿，呈五位脚起踵立，同时双手直臂由前斜上举，经下划至双侧侧平举，掌心朝下，微抬头，目视前方(见图 2-270、图 2-271)。

5-6 拍：五位脚起踵立，双手屈臂、提腕，手指尖自然放松至肩部，然后掌心向外推出至手臂伸直回到侧平举，指尖向远延伸，掌心朝下(见图 2-272、图 2-273、图 2-274)。

图 2-267(侧面示范)　5-6 拍(1)　　图 2-268(侧面示范)　5-6 拍(2)　　图 2-269(侧面示范)　5-6 拍(3)

图 2-270　1-4 拍(1)　　　　　　　　图 2-271　1-4 拍(2)

图 2-272　5-6 拍(1)　　　　图 2-273　5-6 拍(2)　　　　图 2-274　5-6(3)

7-8 拍：双腿由并腿五位脚起踵立，落脚跟成丁字步站立，同时双手屈臂、提腕，手指尖自然放松至肩部，然后掌心向外推出，至手臂伸直，回到侧平举，指尖向远延伸，掌心朝下，然后缓慢放下，收回一位手(见图 2-275)。

动作：11×8 拍

1-2 拍：身体转向 3 点，右腿直腿站立，左腿直腿绷脚尖，向后踢腿至 45°，同时双手直臂，经前向上举至斜上方，掌心朝下，右手高于左手，微抬头，目视前方(见图 2-276)。

图 2-275　7-8 拍

图 2-276　1-2 拍

3-4 拍：左腿落地，双腿屈膝，经二位蹲移动重心至左腿直腿站立，右腿直腿向后，脚尖点地，同时双手直臂由斜上方依次经前至下，再划至另一侧斜上方，掌心朝下，左手高于右手，身体方向根据手臂动作由 3 点转至 1 点再到 8 点(见图 2-277、图 2-278)。

图 2-277　3-4 拍(1)

图 2-278　3-4 拍(2)

5-6 拍：身向 8 点，左腿直腿站立，右腿直腿向后脚尖点地，同时双手屈臂、提腕，手指尖自然放松至肩部，然后掌心向前推出，至手臂伸直斜上举，指尖向远延伸，掌心朝下，左手高于右手(见图 2-279、图 2-280、图 2-281)。

7-8 拍：右腿并左腿，呈双腿直腿站立，同时双手由斜上举向上举至三位手，微抬头，目视前方(见图 2-282)。

动作：12×8 拍

1-2 拍：身向 8 点站立，双手直臂，由三位手，掌心朝上向两侧打开，划至体侧，同时抬头向后下胸腰(见图 2-283)。

3-4 拍：双腿并拢，屈膝下蹲，同时双手直臂转动，手臂呈掌心朝后，经向后摆动再向前，划至双腿两侧，身体根据手臂动作，由向后下胸腰经髋、腰、胸、颈各关节依次向前弯曲，至低头含胸使背部呈弓形(见图 2-284、图 2-285)。

图 2-279　5-6 拍(1)

图 2-280　5-6 拍(2)

图 2-281　5-6 拍(3)

图 2-282　7-8 拍

图 2-283　1-2 拍

图 2-284　3-4 拍(1)

图 2-285　3-4 拍(2)

5-6 拍：左腿直腿站立，右腿直腿绷脚尖，向后踢腿至 90°，同时双手直臂，由下经前划至斜上举，掌心朝下，左手高于右手，微抬头，目视前方(见图 2-286)。

7-8 拍：右腿并左腿，呈双腿直腿站立，双手保持前斜上举，掌心朝下，左手高于右手(见图 2-287)。

图 2-286　5-6 拍

图 2-287　7-8 拍

动作：13×8 拍

与 11×8 拍动作相同，方向相反。

动作：14×8 拍

1-6 拍：与 12×8 拍中的 1-6 拍动作相同，方向相反。

7-8 拍：左腿并右腿，呈双腿直腿站立，双手直臂，由前斜上举放下至体侧(见图 2-288)。

动作：15×8 拍

1-2 拍：身向 1 点，左腿向侧迈步后，移动重心成支撑腿站立，右腿直腿侧方位脚尖点地，同时左手直臂平举，掌心朝上由前经侧划至后方，右手直臂掌心朝上，由侧平举划至前平举，划手的同时身体需跟随手臂动作转腰侧身(见图 2-289、图 2-290)。

图 2-288　7-8 拍

图 2-289　1-2 拍(1)

图 2-290　1-2 拍(2)

3-4 拍：右腿并左腿，屈臂下蹲，同时左手微屈臂，保持掌心朝上，由后经右肩划至前，再直臂划至左侧后，屈臂转动小臂，使小臂在体侧划一个小圈，右手保持掌心朝上，由前平举划至左肩处后，微屈臂，向下经小腹划至体侧，划手的同时身体需跟随手臂动作腰转回，低头含胸弓背(见图 2-291、图 2-292)。

5-6 拍：伸直腿站立，同时双手直臂向两侧展开至斜上方，身体跟随手臂动作呈直立姿势，抬头挺胸，目视前方(见图 2-293)。

图 2-291　3-4 拍(1)　　　　　　图 2-292　3-4 拍(2)

7-8 拍：站立，双手直臂，由两侧斜上举放下收回到体侧(见图 2-294)。

图 2-293　5-6 拍　　　　　　图 2-294　7-8 拍

动作：16×8 拍

与 15×8 拍动作相同，重复做一遍，方向相反。

动作：17×8 拍

1-2 拍：身向 1 点，右腿向前迈步，左腿并右腿呈五位脚起踵立，同时双手体前交叉后由下经侧举至头顶，掌心朝外，微抬头，目视前方(见图 2-295、图 2-296、图 2-297)。

3-4 拍：五位脚起踵原地碎步，同时双手由头顶经侧向下划至体前交叉(见图 2-298、图 2-299)。

5-6 拍：右腿向侧迈步后屈膝下蹲，重心移至右腿，左腿直腿侧方位脚尖点地，同时右手经体前直臂划至侧平举，掌心朝下，左手放至一位手，身体跟随手臂动作微向右侧腰，头转向右，目视右手指尖(见图 2-300)。

7-8 拍：重心由右腿移至左腿，呈直腿站立，右腿直腿侧方位脚尖点地，同时左手由一位手经体前直臂划至侧平举，掌心朝下，右手保持侧平举，身体跟随手臂动作微向左侧腰，头转向左，目视左手指尖(见图 2-301)。

图 2-295　1-2 拍(1)　　　　图 2-296　1-2 拍(2)　　　　图 2-297　1-2 拍(3)

图 2-298　3-4 拍(1)　　　　　　　　图 2-299　3-4 拍(2)

图 2-300　5-6 拍　　　　　　　　图 2-301　7-8 拍

动作：18×8 拍

1-2 拍：身向 1 点，右腿并左腿呈起踵立，同时双手由侧平举放下，经体前举至三位手，头转回 1 点，微微抬起，目视前方(见图 2-302、图 2-303)。

图 2-302　1-2 拍(1)　　　　　　　图 2-303　1-2 拍(2)

3-4 拍：起踵碎步向后退，同时双手由三位手向两侧展开后，再划至体前交叉(见图 2-304、图 2-305、图 2-306)。

图 2-304　3-4 拍(1)　　　　图 2-305　3-4 拍(2)　　　　图 2-306　3-4 拍(3)

5-6 拍：右腿向侧迈步后屈膝下蹲，重心移至右腿，左腿直腿侧方位脚尖点地，同时右手经体前直臂划至侧平举，掌心朝下，左手放至一位手，身体跟随手臂动作微向右侧腰，头转向右，目视右手指尖(见图 2-307)。

7-8 拍：重心由右腿移至左腿呈直腿站立，右腿直腿侧方位脚尖点地，同时左手由一位手经体前直臂划至侧平举，掌心朝下，右手保持侧平举，身体跟随手臂动作，微向左侧腰，头转向左，目视左手指尖(见图 2-308)。

动作：19×8 拍

1-2 拍：身向 1 点，右腿经屈膝向前迈步，重心前移至右腿直腿站立，左腿直腿向后脚尖点地，同时双手由侧平举放下，经体侧至体前交叉(见图 2-309)。

3-8 拍：右腿在前为支撑腿站立，左腿在后直腿脚尖点地，双手经体前上举交叉后，缓慢打开至斜上举，掌心朝上，微抬头，目视前方(见图 2-310、图 2-311)。

图 2-307　5-6 拍

图 2-308　7-8 拍

图 2-309　1-2 拍

图 2-310　3-8 拍(1)

　　结束动作：右腿在前为支撑腿站立，左腿在后直腿脚尖点地，双手直臂掌心朝上，在两侧斜上举，收腹、立腰、挺胸、抬头，目视前方，结束动作需保持三秒(见图 2-312)。

图 2-311　3-8 拍(2)

图 2-312　结束动作

四、练习方法

(1) 可借助推门方式，感受屈臂波浪掌心推动指尖。

(2) 可扶把杆练习身体波浪，感受依次推起与扭转脊柱动作。

五、难点及易错动作

(1) 手臂波浪时手臂过于僵硬，发力点不正确，推出后没有延伸感。

(2) 身体侧波浪时没有依次向侧推起。

(3) 身体后波浪时两臂与身体未同时完成动作，配合不协调。

(4) 身体螺旋波浪时没有以身体为轴进行扭转。

素质小练

提升肌肉的延展性可以改善关节的灵活度。

锻炼计划：根据学生的实际情况，选择以下 1~2 项内容进行练习，每周锻炼 3~5次，每次 15~30 分钟。

1) 拉伸腹直肌(视频)。

适用场景：健身房、寝室、书房、室外等。

所需器械：瑜伽垫。

动作要点：身体俯卧于瑜伽垫上，手掌放在胸部两侧，手臂伸直将

拉伸腹直肌.MOV

上半身撑起，其余部位保持不动，15~30 秒后缓慢落回。

建议：每组 10~30 秒，间歇 1 分钟，进行 3~6 组。

温馨提示：进行拉伸时肌肉有拉扯感即可，不可盲目用力导致肌肉拉伤。

2) 拉伸竖脊肌

适用场景：健身房、寝室、书房、室外等。

所需器械：瑜伽垫。

动作要点：跪坐于脚后跟上，身体往前趴在垫子上，手臂尽可能向前伸，保持 15~30秒，整个过程保证臀部不离开脚后跟。

建议：每组 10~30 秒，间歇 1 分钟，进行 3~6 组。

温馨提示：进行拉伸时肌肉有拉扯感即可，不可盲目用力导致肌肉拉伤。

3) 拉伸三角肌

适用场景：健身房、寝室、书房、室外等。

所需器械：瑜伽垫、毛巾等。

动作要点：①三角肌后束拉伸。以右侧为例，拉伸一侧手臂置于体前，另一只手屈肘固定在右侧后方，用力将右臂向左侧拉伸，保持动作 10~30 秒；②三角肌中束拉伸。需要在拉伸侧放置支撑物，如塑料软球、毛巾等，拉伸一侧手臂置于体后，另一只手抓住拉伸侧手臂的手腕拉伸，保持这个动作 10~30 秒；③双手伸直置于体后，五指相扣向后伸展即可，保持这个动作 10~30 秒。

建议：每组 10～30 秒，间歇 1 分钟，进行 3～6 组。

温馨提示：进行拉伸时肌肉有拉扯感即可，不可盲目用力导致肌肉拉伤。

4) 拉伸背阔肌(视频)。

适用场景：健身房、寝室、书房、室外等。

所需器械：与髋同高的固定物。

动作要点：双手抓住与髋差不多高度的固定物，手臂伸直，屈膝，臀部往后下方坐，使上半身尽可能地伸展，同时转动腰部，感受背阔肌的拉伸。

拉伸背阔肌.MOV

建议：每组 10～30 秒，间歇 1 分钟，进行 3～6 组。

温馨提示：进行拉伸时肌肉有拉扯感即可，不可盲目用力导致肌肉拉伤。

5) 拉伸胸大肌(视频)。

适用场景：健身房、寝室、书房、室外等。

所需器械：与胸同高的固定物。

动作要点：一侧大臂与地面平行，将肘关节靠在固定物上，身体前倾，并且身体朝对侧外旋，感受胸大肌的拉伸。

拉伸胸大肌.MOV

建议：每组 10～30 秒，间歇 1 分钟，进行 3～6 组。

温馨提示：进行拉伸时肌肉有拉扯感即可，不可盲目用力导致肌肉拉伤。

讨论与思考

1. 波浪练习的基本动作要领是什么？
2. 在进行波浪练习时，我们需要注意哪些关键的动作细节？
3. 波浪练习对身体有哪些益处？
4. 你在学习波浪练习的过程中遇到了哪些困难，有什么解决方法？
5. 波浪练习的主要特点和作用是什么？
6. 除了锻炼力量、柔韧性和协调性外，波浪练习还有哪些其他的健康效益？
7. 在进行波浪练习时，我们应该如何保护自己避免受伤？
8. 在学习波浪练习中，你希望得到老师哪些帮助？

第三章　轻器械训练

在艺术体操的世界里，每一个动作都是一种无声的诗篇，是优雅与力量的完美融合。轻盈地跃起，如同蝴蝶破茧而出；流畅而优雅的动作，仿佛是一首首旋律美妙的乐曲，让人陶醉其中。它是一场对身体极限的挑战与突破；是一种对美的追求与传承；是一种独特的艺术表达，诠释着生命的美丽与力量，传递着对美好生活的向往与追求。

课程思政要求

- 强调体育精神，培养学生坚韧不拔的精神。
- 培养学生学会尊重和理解他人，形成良好的集体主义精神。
- 培养良好的道德品质。
- 强调我国的艺术体操传统和特色，让学生了解和热爱自己的民族文化，弘扬爱国主义精神。
- 提高法治意识。
- 引导学生树立正确的价值观，培养他们的社会责任感。

艺术体操是一种融合了舞蹈、音乐和力量训练的体育项目，它强调练习者的身体协调性、柔韧性、灵活性和力量。轻器械训练是艺术体操训练的重要组成部分，它主要包括使用轻质的、易于操控的器械，如纱巾、扇、绳、圈、球、棒、带等进行的训练。轻器械的使用需要练习者具备良好的身体协调性和控制力。

在艺术体操中，轻器械训练通常包括各种手部和足部的动作，如抛接、摆动、旋转等。这些动作需要练习者有很高的身体协调性和控制力，同时也需要他们有足够的力量来支撑这些动作的完成。因此，轻器械训练对于提高练习者的运动技能和身体素质有着重要的作用。轻器械训练的过程中，练习者需要掌握正确的动作技巧，这需要通过反复的练习和教练的指导来实现。同时，练习者也需要学会如何控制自己的身体，以便在执行动作时能保持稳定和准确。

本章主要讲授扇操、扇操组合难点与易错动作、球操、球操组合难点与易错动作的内容。在课堂教学中，教师应注意以下几个方面。

(1) 安全：在进行轻器械训练时，教师应确保学生的安全，避免因训练不当导致的伤害。

(2) 正确的使用技巧：教师应教授学生正确的轻器械使用方法和技巧，避免因使用不当导致的运动损伤。

(3) 适当的强度：教师应根据学生的身体状况，控制训练的强度，避免过度训练导致的伤害。

(4) 热身和拉伸：教师应强调运动前的热身和运动后的拉伸，以减少运动损伤的风险。

(5) 个体差异：每个学生的身体状况和运动能力都不同，教师应根据学生的个体差异，制订合适的训练计划。

(6) 提供反馈：教师应及时给予学生反馈，帮助他们了解自己的训练效果，调整训练计划。

(7) 培养兴趣：教师应通过各种方式激发和培养学生对轻器械训练的兴趣，使他们能够主动参与和享受训练过程。

(8) 鼓励休息和恢复：教师应鼓励学生在训练后充分休息，给身体足够的时间恢复。

第一节 扇 操

在我国，扇子有着悠久的历史，相关文献记载可以追溯到夏代之前或虞舜时期。早期流行的长柄扇主要是贵族出行的用具，而自持的短柄扇才具有今日扇子的含义。

扇子舞是中国传统舞蹈形式之一，汉族、哈尼族、朝鲜族等民族在长期的历史过程中，都形成了各自风格不同的扇子舞。新中国成立后，表演性质的扇子舞已经开始在民间出现；20世纪50年代以后，朝鲜族扇子舞全面发展，自娱性舞蹈、舞台表演性扇子舞同步发展，专业的舞蹈工作者对扇子舞进行了改编与创编，这使扇子舞的发展较为迅速；进入21世纪后，扇子舞在全国范围内得到了广泛的推广和发展。

扇操是以民族民间传统扇舞为基础，以扇子为器械，结合身体难度动作适合初学者学习的艺术体操。扇操基本技术动作有绕环、摆动、开合扇、8字绕环等，结合艺术体操的各种舞蹈步、身体波浪、跳步、转体及平衡等身体难度动作，培养练习者身体协调能力，提升艺术表现力，体会、传承我国民族民间传统文化。

扇操的优点如下。

(1) 改善身体柔韧性。扇子是一种很好的训练工具，可以帮助我们更好地掌握身体的平衡和协调性，提高身体的柔韧性。

(2) 增强肌肉力量。扇子可以帮助我们锻炼手臂、背部、腹部等部位的肌肉力量，增强身体的稳定性和支撑能力。

(3) 改善呼吸方式。扇子可以帮助我们改善呼吸方式，让氧气充分进入肺部，有助于放松身心。

(4) 提高身体协调性。扇子可以让我们更好地掌握身体的平衡和协调性，提高身体的灵敏度和反应能力。

(5) 增加动作的美感。扇子可以增加动作的美感，让动作更加优美、柔和、优雅。

(6) 增加动作的难度。扇子对练习者来说非常熟悉，不仅容易上手，还能帮助我们增加动作的幅度和难度，提高身体的协调性和平衡能力。

(7) 增加动作的多样性变化。扇子可以帮助我们增加动作的多样性变化，让动作更加丰富多彩。

一、扇操的基本动作

(一)握扇的方法

扇骨尾部放于掌心，拇指与小指用力按压住扇骨两端，其他手指轻握扇骨，使扇子始终保持完全展开状态。

(二)开扇、合扇的方法

开扇时，拇指与食指握住扇骨一端，手腕向小臂方向用力将扇子完全展开的同时，其他手指快速握住扇骨。合扇时，拇指与食指握住扇骨一端，手腕向小臂反方向用力将扇子完全闭合的同时，其他手指快速握住扇骨。

(三)摆动

手臂伸直，以肩为轴，由下至上向前或向侧摆动。扇子闭合时扇子与手臂呈一条直线，扇子展开时，一侧扇骨贴于小臂，另一侧呈手臂延长线。

(四)绕环

手臂伸直，以肩为轴，由下经前至上经后至下回到原点，完成一次 360°的绕环。动作要求与摆动相同。

(五)"8"字绕

直臂侧平举，持扇手从侧方朝前，经过另一侧至后方，再回到侧平举的位置，做一次头上的平面划圈动作，扇面保持平面不要翻转，接着持扇手继续向前划至正前方后，弯曲肘关节，向内在小腹处划一个平面的小圈，当扇的运动轨迹形成"8"字的同时身体微前倾，最后手臂回到侧平举，完成一次向上向下的"8"字绕环动作。

二、扇操组合动作解析

扇操组合 1.MOV

(一)扇操组合 1

准备姿势：丁字步站立，右手持扇，扇面展开，屈臂放于小腹处，左手屈臂放于背后腰部，双目平视前方，挺胸、收腹、立腰(见图 3-1)。

动作：1×8 拍

1-2 拍：右脚向 8 点上步，重心前移，左脚尖点地，上身保持右手持扇屈臂放于小腹处，左手屈臂放于背后腰部(见图 3-2)。

3-4 拍：左腿收回同时向 2 点上步，重心前移，右脚尖点地，上身与 1-2 拍动作相同(见图 3-3)。

5-8 拍：身向 2 点，右脚并左脚双腿屈膝半蹲，同时右手持扇伸直手臂经前至上向后抡臂划圈，当右手抡臂至上方时，左手伸直经前至上向后抡臂到后侧斜下方停住，右手侧斜前上方停住，两手抡臂划圈时应保持一条直线(见图 3-4、图 3-5、图 3-6、图 3-7)。

动作：2×8 拍

1-2 拍：左腿前吸腿，左脚绷脚贴于右腿膝关节内侧，同时右手持扇、左手合扇(见图 3-8)。

图 3-1　准备姿势

图 3-2 1-2 拍

图 3-3 3-4 拍

图 3-4 5-8 拍(1)

图 3-5 5-8 拍(2)

图 3-6 5-8 拍(3)

图 3-7 5-8 拍(4)

3 拍：左脚伸向 3 点，脚尖点地，右腿半蹲呈侧弓步，身向 1 点，同时右手持扇手臂伸直斜上举，左手臂经前至下划至左侧斜下方(见图 3-9)。

4 拍：向左移动重心呈左侧弓步，右脚尖点地，同时左手臂经侧上举至耳侧，右手持扇经侧划至正下方，两手呈一条直线(见图 3-10)。

5-6 拍：右脚并左脚起踵立，同时左手掌心向下经体前下压，右手持扇屈臂，扇头朝上经体前向上穿，身向 8 点(见图 3-11、图 3-12)。

7-8 拍：双脚落脚跟半蹲，同时右手上举持扇，手腕用力打开扇子，左手垂直放于体侧。身向 8 点(见图 3-13)。

动作：3×8 拍

1-2 拍：身向 5 点，左脚向 3 点迈步，右脚脚尖点地，同时右手持扇经前向后划，在腰后停住，左手握住右手，头看右脚脚尖(见图 3-14)。

3-4 拍：向右移动重心，左脚脚尖点地，手部动作保持不动，目视左脚脚尖(见图 3-15)。

图 3-8　1-2 拍

图 3-9　3 拍

图 3-10　4 拍

图 3-11　5-6 拍(1)

图 3-12　5-6 拍(2)

图 3-13　7-8 拍

5-6 拍：左脚前脚掌踩地，靠在右脚外侧呈前交叉，同时双臂直臂交叉于体前，左手在下，右手持扇在上，目视前方(见图 3-16)。

7-8 拍：双脚起踵，向右转体至 2 点落脚跟，同时右手持扇沿左手臂慢慢向上拉起至头顶，右手手腕下压，扇面与地面垂直，左手垂于体侧，头看 1 点(见图 3-17、图 3-18)。

动作：4×8 拍

1-2 拍：左脚向 2 点迈步后经四位脚半蹲，同时左手微向后摆动，右手持扇，扇面与地面垂直(见图 3-19、图 3-20)。

图 3-14　1-2 拍

图 3-15　3-4 拍

图 3-16　5-6 拍

图 3-17　7-8 拍(1)

图 3-18　7-8 拍(2)

3-4 拍：身体重心移至左腿呈直腿站立，右脚后方前脚掌踩地，同时左手直臂由下至上慢慢抬起到头顶，保持扇面与地面垂直，身向 2 点(见图 3-21、图 3-22)。

5-7 拍：向下深蹲，重心移至两腿之间，右脚前脚掌踩地，上身直立，同时保持扇面与地面垂直，左手屈臂由上缓慢放下(见图 3-23、图 3-24)。

8 拍：快速站直，重心移至左腿，右脚前脚掌踩地，右手持扇，扇面保持与地面垂直，左手垂于体侧(见图 3-25)。

动作：5×8 拍

1-8 拍：身向 2 点，右脚与左脚交替经绷脚向前迈步，走 4 步，停至左腿在前，右脚前脚掌踩地，行进的同时右手持扇经前至上向后匀速打开，直臂停在后侧平举，持扇手掌心朝上使扇骨一侧贴于小臂，扇面与地面平行，左手保持垂于体侧，目视前方(见图 3-26、图 3-27、图 3-28、图 3-29)。

图 3-19　1-2 拍(1)　　　图 3-20　1-2 拍(2)　　　图 3-21　3-4 拍(1)　　　图 3-22　3-4 拍(2)

图 3-23　5-7 拍(1)　　　　　图 3-24　5-7 拍(2)　　　　　图 3-25　8 拍

图 3-26　1-8 拍(1)　　　图 3-27　1-8 拍(2)　　　图 3-28　1-8 拍(3)　　　图 3-29　1-8 拍(4)

动作：6×8 拍

1-2 拍：身向 1 点，右脚前脚掌踩地贴于左脚外侧，呈前交叉，同时右手持扇由后平举划至侧平举，持扇手掌心朝上使扇骨一侧贴于小臂，扇面与地面平行，左手垂于体侧(见图 3-30)。

3-4 拍：双脚起踵向左转体至 5 点落脚跟，保持 1-2 拍的手部动作(见图 3-31)。

5-6 拍：身向 5 点，双脚起踵碎步向前跑，同时右手持扇合扇，双臂由下垂向上至前平举，身体由低头含胸至直立(见图 3-32、图 3-33)。

图 3-30　1-2 拍　　图 3-31　3-4 拍　　图 3-32 5-6 拍(1)　图 3-33　5-6 拍(2)

7 拍：身向 5 点，右腿向 7 点迈步，左脚并右脚，双脚起踵，双手直臂上举，右手持扇，扇面保持闭合(见图 3-34)。

8 拍：左脚向 1 点伸出，脚尖点地，右腿半蹲呈弓步，身体转向 3 点，同时右手持扇举至斜上方，手腕用力打开扇面，左手由上至下打开停在斜下方，目视持扇手(见图 3-35)。

图 3-34　7 拍　　　　图 3-35　8 拍　　　　图 3-35(侧面示范)

动作：7×8 拍

1-2 拍：向左转身，面向 1 点，双脚起踵碎步向前跑，同时合扇，右手持扇，双臂由下经前至上慢慢抬起，身体根据手臂动作由低头含胸前屈慢慢立直(见图 3-36、图 3-37)。

3 拍：右脚迈向 1 点，左脚并右脚起踵立，双手直臂举至耳侧停住，右手持扇，扇面保持闭合(见图 3-38)。

4 拍：左脚后点地，右腿半蹲呈弓步，身体转向 7 点，同时右手持扇举至斜上方，手腕用力打开扇，左手由上至下打开停在斜下方，抬头，目视持扇手(见图 3-39)。

图 3-36　1-2 拍(1)　　　　图 3-37　1-2 拍(2)　　　　图 3-38　3 拍

图 3-39　4 拍　　　　　　　图 3-39(侧面示范)

5-6 拍：身向 7 点，移动重心至左腿，右脚尖点地，同时右手持扇下划合扇，扇骨拍右腿，左手垂于体侧，头转向 1 点，目视前方(见图 3-40)。

7-8 拍：右脚前脚掌踩地，贴于左脚外侧呈前交叉，双脚起踵，向左转体至 1 点，落脚跟，双手垂于体侧(见图 3-41、图 3-42)。

图 3-40　5-6 拍　　　　图 3-41　7-8 拍(1)　　　　图 3-42　7-8 拍(2)

(二)扇操组合 2

准备姿势：小八字脚并腿站立，右手持扇，扇子闭合，双臂垂于体侧，双目平视前方，挺胸、收腹、立腰(见图 3-43)。

扇操组合 2.MOV

动作：1×8 拍

1-2 拍：左脚起踵立，左脚前脚掌踩地，右腿吸腿的同时右手持扇顺势向后摆动，扇子保持闭合状态，左手垂于体侧，身体面向 1 点(见图 3-44、图 3-45)。

3-4 拍：右脚向 8 点迈步，双腿屈膝半蹲，右脚在前，左脚在后，左脚前脚掌踩地，重心在两腿之间，右手持扇，双臂直臂由侧平举划至前平举(见图 3-46、图 3-47)。

5 拍：重心移至右腿，左腿向左侧伸直，脚尖点地，同时右手持扇直臂向下放于右腿处，左手上举至斜上方，向右转低头，目视持扇手(见图 3-48)。

6 拍：移动重心至左腿，右腿直腿，脚尖点地，同时右手持扇直臂由下至上抬起，顺势打开扇子，左手由斜上方下压至斜下方，手臂伸直，抬头，目视持扇手(见图 3-49)。

图 3-43　准备姿势

7-8 拍：右脚向 3 点迈步，左脚尖点地，转身面向 3 点，同时右手持扇直臂由上经前至下停在右腿处，扇面保持展开状态，左手垂于体侧(见图 3-50)。

动作：2×8 拍

1-2 拍：左腿向前踢腿至 90°同时转身呈后控腿，腿部保持伸直，同时右脚起踵、后跟前推转体 180°半蹲，面向 3 点，右手持扇由前至上再到前做一次绕环至前平举，左手呈侧平举(见图 3-51)。

图 3-44　1-2 拍(1)　　　　图 3-45　1-2 拍(2)　　　　图 3-46　3-4 拍(1)

图 3-47　3-4 拍(2)　　　　图 3-48　5 拍　　　　图 3-49　6 拍　　　　图 3-50　7-8 拍

3-4 拍：左脚并右脚，半蹲，身体转向 2 点，同时双手向下划动，放于双膝处，右手持扇盖于左手上，低头含胸，身体微微前倾(见图 3-52)。

5-7 拍：右脚迈向 3 点，半蹲，将重心移至右腿，左腿伸直，脚尖侧点地，身体转向 1 点，同时，右手持扇，双臂在胸前交叉后，由上经后方至侧面再到前方做一次平面的划圈动作(见图 3-53、图 3-54、图 3-55)。

8 拍：左脚并右脚，半蹲，同时双手回到双膝处，右手持扇盖于左手上，扇面保持张开状态，低头含胸，身体微微前倾(见图 3-56)。

图 3-51　1-2 拍

图 3-52　3-4 拍

图 3-53　5-7 拍(1)

图 3-54　5-7 拍(2)

图 3-55　5-7 拍(3)

图 3-56　8 拍

动作：3×8 拍

1 拍：向左转体至 5 点，双手臂屈放于背后腰部，右手持扇，左手握于右手(见图 3-57)。

2-4 拍：身体直立，面向 5 点起踵碎步跑，手臂动作与 1 拍相同(见图 3-58)。

5-6 拍：落脚跟，手臂动作与 1-2 拍相同(见图 3-59)。

7 拍：左脚前脚掌踩地，贴于右脚外侧呈前交叉，同时右手持扇至体前斜下方屈小臂向内划圈，左手直臂举至斜上方，头向右转微低，目视持扇手(见图 3-60)。

8 拍：双脚起踵向右蹬地转体至 2 点，同时右手持扇经下至侧向斜上方，左手经上至侧向斜下方，两臂呈一条斜线，向右转抬头，目视持扇手(见图 3-61、图 3-62)。

动作：4×8 拍

1-2 拍：右脚向右侧擦地至脚尖点地，左腿半蹲，同时右手持扇由斜上方向下划经体前至另一侧平举，掌心朝上使扇头朝上，扇面展开，扇骨一侧贴于小臂，左手臂屈放至背后腰部，身体微向后侧腰，面朝 1 点，目视前方(见图 3-63)。

3 拍：向右移动重心至右腿，左腿伸直，脚尖点地，同时右手持扇，双手手臂经胸前向两侧展开至斜上方，掌心朝上，微抬头(见图 3-64、图 3-65)。

图 3-57 1 拍

图 3-58 2-4 拍(侧面示范)

图 3-59 5-6 拍

图 3-60 7 拍

图 3-61 8 拍(1)

图 3-62 8 拍(2)

图 3-63 1-2 拍

图 3-64 3 拍(1)

图 3-65 3 拍(2)

4 拍：左脚并右脚，半蹲，双手直臂由两侧向下划至体前双膝处，扇面盖于左手上，低头含胸，身体前倾(见图 3-66)。

5-6 拍：右脚向右侧迈步，左脚并右脚，起踵立，同时双手直臂向两侧展开呈侧平举，掌心朝下，扇头朝下，扇骨一侧贴于小臂，抬头挺胸，目视前方(见图 3-67)。

7 拍：向左移动重心，落脚跟，右腿伸直，脚尖点地，同时右手持扇直臂由侧至上，掌心向下，手腕由内向外转动至掌心朝上，扇子在头顶上划一个平面小圈。左手臂屈放于背后腰部(见图 3-68、图 3-69)。

8 拍：右腿并左腿，半蹲，同时右手持扇由上至下屈臂缓慢放下至胸前，扇面保持展开，扇头朝上，左手屈臂放于背后腰部(见图 3-70、3-71)。

图 3-66　4 拍

图 3-67　5-6 拍

图 3-68　7 拍(1)

图 3-69　7 拍(2)

图 3-70　8 拍(1)

图 3-71　8 拍(2)

动作：5×8 拍

1 拍：向左转体 180°面向 5 点，同时双手握扇，直臂由前至上举于头顶，双手掌心朝上，使扇面与地面平行(见图 3-72)。

2-6 拍：身向 5 点起踵碎步跑，手臂动作与 1 拍相同，身体直立，抬头挺胸(见图 3-73)。

7拍：身向5点站立，手臂动作与1拍相同(见图3-74)。

8拍：重心移动至右腿，向右转体面向1点，左腿在后，前脚掌踩地，同时双手握扇，屈臂手腕下压，使扇头朝下，扇面与地面垂直(见图3-75)。

图3-72　1拍　　　图3-73　2-6拍(侧面示范)　　　图3-74　7拍　　　图3-75　8拍

(三)扇操组合3

准备姿势：右脚在前，重心在右腿上，左脚前脚掌踩地，双手屈臂，扇面完全展开，与地面垂直(见图3-76)。

动作：1×8拍

1-2拍：身向1点，左腿经绷脚向前迈步，重心移至左腿，右脚前脚掌踩地，同时双手握扇、屈臂，扇面保持与地面垂直(见图3-77)。

3-4拍：右脚经绷脚向前迈步，重心移至右腿，左脚前脚掌踩地，双手合扇放于胸前(见图3-78)。

5-6拍：左脚向2点迈步，移动重心至左腿，右脚前脚掌踩地，同时右手持扇、屈臂，使扇子保持在右肩，左手直臂向前摆动至斜上方，摆动时扇子沿左臂向下滑至左手掌心，目视双手(见图3-79、图3-80、图3-81)。

7-8拍：身向2点，经屈膝移动重心至右腿，左脚尖前点地，同时右手持扇，扇子闭合，左手握扇叶，双手由前斜上方向下划至后斜下方，呈右手屈臂放于腰间，左手直臂放于后斜下方，头转向1点(见图3-82、图3-83)。

动作：2×8拍

1-2拍：身向2点，右脚并左脚，起踵，保持右手持扇，左手握扇叶，双手上举至右手与头顶齐平，左手位于胸前，扇子垂直于地面(见图3-84)。

3-4拍：身向2点，落脚跟半蹲，保持持扇动作，身体前倾的同时，双手向前绕扇一圈半，至扇尖朝下，低头含胸(见图3-85、图3-86、图3-87)。

扇操组合3.MOV

图3-76　准备姿势

图 3-77　1-2 拍

图 3-78　3-4 拍

图 3-79　5-6 拍(1)

图 3-80　5-6 拍(2)

图 3-81　5-6 拍(3)

图 3-82 7-8 拍(1)

图 3-83　7-8 拍(2)

图 3-84　1-2 拍

图 3-85　3-4 拍(1)

图 3-86　3-4 拍(2)

5-6拍：身向2点，左脚向后迈步，重心移至左腿，右脚尖前点地，同时右手持扇，双手直臂向后摆动至斜下方，保持闭扇(见图3-88)。

7-8拍：左脚并右脚，转身至1点，同时右手持扇于体前，左手握扇骨开扇(见图3-89)。

图3-87　3-4拍(3)　　　　图3-88　5-6拍　　　　图3-89　7-8拍

动作：3×8拍

1-2拍：身向1点，右脚前吸，左脚起踵，同时右手持扇，直臂由下划至侧平举，再向前经另一侧至后再回到侧平举做一次头上的平面划圈动作，扇面保持平面不要翻转，左手背于后腰，目视前方(见图3-90)。

3-4拍：面向1点，右脚向后迈步，左脚并右脚的同时下蹲，右手持扇，由侧平举向前划至正前方后，屈臂向内在小腹处划一个平面的小圈，同时身体前倾，左手保持背于后腰，低头(见图3-91、图3-92)。

图3-90　1-2拍　　　　图3-91　3-4拍(1)　　　　图3-92　3-4拍(2)(侧面示范)

5-8 拍：与 1-4 拍动作相同。

动作：4×8 拍

与 3×8 拍动作相同。

动作：5×8 拍

1-2 拍：右脚向 2 点迈步，左脚并右脚，起踵，身体转向 2 点，右手持扇，双手屈臂由胸前经上划开至侧平举，掌心朝上，扇面与地面垂直(见图 3-93、图 3-94)。

3-4 拍：起踵转至 8 点，同时右手持扇，掌心朝上，扇面与地面平行，左手垂于体侧(见图 3-95)

5-7 拍：身向 8 点，双脚起踵碎步向前跑，双手保持 3-4 拍的手部动作(见图 3-96)。

8 拍：身向 8 点，半蹲，右手持扇，双手直臂向前划至双膝处，扇面展开盖于左手上，身体前倾，低头(见图 3-97)。

图 3-93　1-2 拍(1)

图 3-94　1-2 拍(2)

图 3-95　3-4 拍

图 3-96　5-7 拍

图 3-97　8 拍

动作：6×8 拍

1-4 拍：身向 8 点，直腿起踵立后再回到半蹲，同时右手持扇，双手直臂由下经后至上至前回到原点，做一次向后的划圈动作，身体配合手臂动作由前倾到直立抬头挺胸再回到前倾低头(见图3-98、3-99、3-100、3-101)。

5-8 拍：重心在左腿，右脚向侧擦地至脚尖点地，扇骨一侧贴于右手小臂向侧划开至斜下方，左手直臂垂于体侧，身向1点，目视前方(见图3-102)。

结束动作：左腿直腿站立，右脚尖侧点地，右手持扇至侧斜下方，扇面展开，扇骨一侧贴于小臂，左手直臂垂于体侧，身向1点，目视前方。停留三秒(见图3-103)。

图 3-98　1-4 拍(1)

图 3-99　1-4 拍(2)

图 3-100 1-4 拍(3)

图 3-101　1-4 拍(4)

图 3-102　5-8 拍

图 3-103　结束动作

扇操组合1、扇操组合2、扇操组合3结合在一起为完整组合。

三、扇操组合难点与易错动作

(一)扇操组合1难点与易错动作

1. 抡臂划圈

开始动作：左脚在前，右脚在后，脚尖点地，重心在支撑腿，后脚并前脚的同时右手持扇伸直手臂经前至上向后抡臂划圈，当右手抡臂至上方时左手伸直经前至上向后抡臂到后侧斜下方停住，右手前侧斜上方停住，两手抡臂划圈时应保持一条直线。

易错动作如下。

(1) 抡臂划圈的整个过程中手臂未保持伸直。

(2) 抡臂划圈时两手未保持一条直线。

2. 柔软步

开始动作：左脚在前，右脚在后，脚尖点地，重心在支撑腿，右脚绷脚尖贴地面经过左脚向前伸出，前脚掌落地并迅速过渡到全脚掌，同时身体重心及时移至前脚，重心在前，两脚交替行进，动作相同，行进时要求绷脚尖，行进的同时右手持扇经前至上向后匀速打开，到后侧平举结束。

易错动作如下。

(1) 行进时未绷脚尖，脚落地时后跟先落。

(2) 行进时脚尖未贴地面，未经过另一侧腿伸出。

3. 交叉转体

开始动作：侧身，右脚向前点地，重心在支撑腿，右脚前交叉贴左脚外侧踝关节点地，向上起踵的同时向左后方转体 270°到正前方结束，转体时双肩与双髋保持平面一起转动，双腿保持并在一起。

易错动作如下。

(1) 右脚点地时未贴于左脚外侧踝关节，造成转体时双腿分开。

(2) 双肩与双髋未保持平面一起转动，造成转体时身体扭转。

(二)扇操组合 2 难点与易错动作

1. 踢腿转身

开始动作：右脚直立，左脚向后点地，重心在支撑腿，左腿向前踢腿至 90°同时转身呈后控腿停住，腿部保持伸直，绷脚尖，同时右脚起踵、后跟前推转体 180°半蹲停住，同时右手持扇向前绕环至前平举停住。

易错动作如下。

(1) 踢腿转身时后腿未保持伸直。

(2) 右脚未起踵、后跟前推转体，而是用小跳方式完成动作。

2. 绕扇翻身

开始动作：并腿直立双手背后持扇，左脚前交叉贴右脚外侧踝关节点地，同时右手持扇至体前屈小臂向内划圈，双脚起踵向右后方转体，同时右手持扇经下至侧向斜上方停住。转体时双腿并拢。

易错动作如下。

(1) 转体时持扇手未经下至侧。

(2) 转体时双腿未并拢。

(三)扇操组合 3 难点与易错动作

1. 身体波浪向前绕扇

开始动作：双腿起踵，右手持扇尾在上，左手持扇叶在下，举至前上方，抬头下腰，膝开始经髋、腰、胸、颈各关节依次向前弯曲，同时双手依次向前绕扇一圈半，至低头含胸使背部成弓形，半蹲结束。

易错动作如下。

(1) 没有抬头下腰，以及各关节没有依次向前弯曲。

(2) 身体动作结束时未完成双手向前绕扇一圈半。

2. "8"字绕环

开始动作：并腿站立，左手持一侧扇叶，右手持扇尾向下开扇，右腿向前上步起踵立，左腿向上吸腿至右腿膝关节处绷脚尖，同时右手持扇手臂伸直到侧平举，然后持扇手由侧向前经另一侧至后方再回到侧平举，做一次头上的平面划圈动作，扇面保持平面不要翻转，接着左腿向后退，右腿并左腿下蹲，同时持扇手继续向前划至正前方后弯曲肘关节向内在小腹处划一个平面的小圈，同时身体向前倾，最后手臂回到侧平举，未持扇手一直保持背在背后。同样的动作重复 4 次。

易错动作如下。

(1) "8"字绕环手臂在划上下两个圈时扇面未保持平面。

(2) 左腿吸腿时未吸至右腿膝关节处，未绷脚尖。

四、练习方法

(1) 通过扶把杆或者扶墙练习踢腿转身动作。

(2) 面对墙面练习绕扇翻身动作，可避免身体方向错误。

(3) 可借用书本放于掌心练习"8"字绕环，保证书本不掉落地上，体会手腕放平的动作。

(4) 可上下肢分解练习动作，熟练后再进行完整动作练习。

(5) 可数节拍练习组合，熟练后再配合音乐进行练习。

> **素质小练**

加强整体力量和核心控制，提高动作的稳定性。

锻炼计划：根据学生的实际情况，选择以下 1～2 项内容进行练习，每周锻炼 3～5 次，每次 15～30 分钟。

1) 波比跳

适用场景：健身房、寝室、书房、室外等。

所需器械：瑜伽垫。

动作要点：双脚略比肩宽，身体呈站立姿势。动作开始时，下蹲双手撑地，双脚向后跳开，身体呈一条直线，然后收腹跳回再向上跳起。整个过程均匀呼吸。

建议：每组 10~20 次，间歇 1 分钟，进行 3~6 组。

温馨提示：跳起落地时注意屈膝缓冲，减少对膝盖的损伤。

2) 单臂举哑铃弓步蹲

适用场景：健身房、寝室、书房、室外等。

所需器械：哑铃或能单手拿起的重物。

动作要点：右手持一个较轻的哑铃或能单手拿起的重物举过头顶，手臂伸直，紧贴耳朵。双脚开立一个脚长的距离，右脚往后迈一步，脚尖着地，此时两个脚的脚尖都朝前。左手可以选择侧平举来保持身体的平衡。此时为起始动作，开始往下蹲，向下蹲到前后两条腿的膝盖夹角都呈 90°，然后再发力向上回到初始位置。需要注意的是，向下蹲时是重心的上下而没有前后移动，身体始终保持直立，腰腹部收紧，减少身体的晃动。若向下蹲时不能达到前后两条腿的膝盖夹角都呈 90°则需要调整两脚间的前后距离。整个过程向下时吸气，向上时发力呼气。

建议：每组 15~30 次，组间休息 1 分钟，进行 3~6 组。

温馨提示：完成动作时要始终保持膝盖与脚尖方向一致，避免出现内扣或外翻，从而造成运动损伤。整个过程腰背部应挺直，不可弯腰驼背。

3) 俯卧登山跑(视频)。

适用场景：健身房、寝室、书房、室外等。

所需器械：瑜伽垫。

俯卧登山跑.MOV

动作要点：起始动作如同俯卧撑一样，将全身重量置于手掌和脚趾上，并确保身体为一条直线。利用腿部肌肉带动单脚膝盖抬起，往前靠近胸部，达到你的极限。然后放下，并换另一只脚抬起，重复动作。一开始尝试，交替的速度不要求快，要求动作平稳。待熟练后，再加快速度。

建议：每组 15~30 秒，间歇 1 分钟，进行 3~6 组。

温馨提示：运动过程中肘关节不要锁死，减少身体的晃动。

4) 直腿硬拉

适用场景：健身房、寝室、书房、室外等。

所需器械：杠铃或能双手抓起的重物。

动作要点：双脚与肩同宽，双手握住杠铃或能双手抓起的重物，核心收紧，腰背伸直，手臂自然下垂，身体前倾至与地面平行。然后发力将身体抬起，回到初始位置。

建议：每组 15~30 次，组间休息 1 分钟，进行 3~6 组。

温馨提示：完成动作时要始终保持核心收紧，腰背部伸直，以减少对脊柱的损伤。

5) 水桶提拉

适用场景：健身房、寝室、书房、室外等。

所需器械：有一定重量的水桶或其他重物。

动作要点：使用装有一定重量的水桶或其他重物，将其放置在你的两脚之间。然后弯曲膝盖，用双手握住水桶的侧面，将其从地面上抬起，将手臂伸直并感受三角肌的收缩。重复动作多次，可以逐渐增加水桶的重量。

建议：每组 15~30 次，组间休息 1 分钟，进行 3~6 组。

温馨提示：完成动作时要始终保持核心收紧，腰背部伸直，以减少对脊柱的损伤。

讨论与思考

1. 在形体训练中，扇操练习的主要目的是什么？
2. 扇操练习在形体训练中占据怎样的地位和作用？
3. 如何正确进行扇操练习以提高身体的柔韧性和协调性？
4. 在进行扇操练习时，需要遵守哪些注意事项？
5. 扇操练习对于改善身体姿态和提高运动能力有何帮助？
6. 针对不同人群，扇操练习有哪些不同的难度和要求？
7. 扇操练习在形体训练中的常见动作有哪些，它们分别对身体有哪些益处？
8. 如何根据个人体质和需求调整扇操练习的难度和强度？
9. 在进行扇操练习时，如何保持呼吸的顺畅和节奏的稳定？
10. 除了扇操练习，还有哪些其他形式的形体训练可以提高身体的整体素质？
11. 你在扇操学习和练习中遇到了哪些困难需要同学和老师在哪些方面给予你帮助？

第二节　球　　操

　　球是竞技艺术体操运动中的五项器械之一，球操融合了艺术性和技巧性。它以球作为主要器械，通过在球上的灵活动作和协调配合，展现优美的线条和优雅的姿态。球操不仅是体育运动，更是一种艺术表现形式，它将力量、柔韧性、平衡感和节奏感完美地结合在一起，带来了视觉上的享受。

　　球操动作具有滚动、反弹等特性，所以动作幅度大、优美、流畅而有节奏。除了拍球、抛球、滚球等基本动作外，还可做绕环、螺旋和"8"字绕等动作。练习者需要掌握各种技巧和基本动作，如翻滚、抛接、旋转等。这些动作要求练习者具备一定的身体控制能力和灵活性，同时还需要练习者具备良好的空间意识和协调能力。

　　完成球的各类动作时，练习者和球都应一直处于运动状态，持球动作和不持球动作紧密相连，并与各种舞步、身体波浪、跳步、转体及平衡等身体动作密切配合，使球操动作具有多样性。在音乐的伴奏下进行身体与器械相结合的练习，既能锻炼练习者的协调性、柔韧性和平衡性，也能提高练习者的艺术表现力和感染力，还能培养练习者的音乐感和节奏感，提高他们的艺术修养。

　　在球操的练习过程中，团队合作也是至关重要的。团队成员需要在练习中相互配合，共同完成各种难度的动作。这种团队合作不仅能提高整个团队的技术水平，还能培养团队成员之间的默契和信任。球操充满了挑战和魅力，它既考验练习者的身体素质和技术能力，又锻炼他们的团队合作精神和心理素质。

一、球的基本技术

(一)持球的方法

　　球放于掌心，五指自然张开贴于球面，保证球与手之间没有空隙。

(二)摆动

手臂伸直，以肩为轴，由下至上向前或向侧摆动，摆动时手与球始终保持平行。向下摆动时手腕用力托住球，球不能靠在小臂上；向上摆动时手指尖往远处延伸。

(三)绕环

手臂伸直，以肩为轴，由下经前至上经后至下回到原点，完成一次 360° 的绕环，绕环时手与球始终保持平行。

(四)向内"8"字绕环

手臂伸直，侧平举，持球手由侧向前划至正前方后弯曲肘关节向内，在小腹处划一个平面的小圈后至侧平举，同时身体向前倾，然后由前经另一侧至后方再回到侧平举，做一次头上的平面大划圈动作，持球手保持平面不要翻转，至此完成一次由下至上的"8"字绕环动作。

需要注意的是，"8"字绕环时手与球始终保持平行，不能勾手腕，球不能碰到身体的任何部位。

(五)背滚球

塌腰翘臀，身体保持倾斜，球从颈椎滚动至尾椎，球在身体上滚动时应紧贴身体，不能有跳动。

(六)地面滚动

球放于地面，通过手臂发力用手指尖拨动球在地面滚动，滚动时球紧贴地面不能有跳动。

(七)抛接球

① 抛球。手持球通过向下摆动，手臂发力向上摆动至斜上方，球从指尖抛出，抛出时手臂应呈一条直线。

② 接球。球落下时手臂上举用手指尖触碰球的同时手臂顺着球落下的力量，向下缓冲摆动接住球。注意保持手臂伸直。

(八)拍球

手腕发力向下拍球，球弹起时用指尖先接触球，球与手完全贴合后再进行下一次拍球动作，拍球时手与球不能发出响声。

二、球操组合动作解析

(一)球操组合 1

准备姿势：小八字脚站立，双腿向内收紧，双手屈臂举于头前方，球放于两臂之间，微微低头，目视下方(见图 3-104)。

动作：1×8 拍

1-2 拍：右脚向 1 点迈步，重心在右腿上，左脚尖后点地的同时，双手向前下方伸直，球顺势沿双臂滚动至双手持球(见图 3-105)。

3-4 拍：左脚继续向 1 点迈步的同时，双手直臂持球，上举(见图 3-106)。

5-6 拍：右脚并左脚，双手屈臂持球至胸前的同时，半蹲，眼随球动(见图 3-107)。

7-8 拍：左腿向 7 点伸出呈侧点地，重心在右腿，并保持半蹲，右手持球，向右打开呈斜下举，左手向左打开至斜上举，向右转头，眼睛看球(见图 3-108)。

动作：2×8 拍

1-2 拍：移动重心至左腿半蹲，身向 1 点，右手持球，直臂由斜下举至前平举的同时，左手直臂由斜上举至后斜上方，掌心朝外(见图 3-109)。

3-4 拍：右脚并左脚半蹲的同时，左手臂经胸前向下，呈双手直臂交叉抱球，头与眼随球动(见图 3-110)。

球操组合 1.MOV

图 3-104　准备姿势

图 3-105　1-2 拍　　　图 3-106　3-4 拍　　　图 3-107　5-6 拍　　　　　图 3-108　7-8 拍

5-6 拍：右脚向 1 点迈步，重心移至右腿，双手直臂交叉抱球，上举，目视前方(见图 3-111)。

7-8 拍：左脚并右脚的同时双手向下拍球(见图 3-112)。

动作：3×8 拍

1-4 拍：右脚向 1 点迈步呈弓步，重心移至右腿，左脚尖后点地的同时，右手接球至前下举，左手臂由下经前向上划至后斜上方，掌心朝外，头与眼随球动(见图 3-113)。

5-6 拍：左脚并右脚，双腿向上蹬地的同时，右手向上抛球，左手臂保持后斜上举，头与眼随球动(见图 3-114)。

7-8 拍：直立，双手屈臂胸前接球，使球落于两臂之间(见图 3-115)。

图 3-109　1-2 拍　　　　图 3-110　3-4 拍　　　　图 3-111　5-6 拍　　　　图 3-112　7-8 拍

图 3-113　1-4 拍　　　　　　图 3-114　5-6 拍　　　　　　图 3-115　7-8 拍

动作：4×8 拍

与 1×8 拍动作相同，方向相反。

动作：5×8 拍

与 2×8 拍动作相同，方向相反。

动作：6×8 拍

1-2 拍：重心向后移至右腿，左脚前点地，左手接球前平举，右手臂由下经前向上至后斜上举，掌心朝外，身向 3 点，目视前方(见图 3-116)。

3-4 拍：左脚向 4 点迈步，重心移至左腿，右脚前脚掌踩地，右手臂保持斜上举，左手直臂持球放于体侧，身向 4 点(见图 3-117)。

5-6 拍：向 6 点起踵碎步跑的同时，球由体前换至右手，再由体后换回左手(见图 3-118、图 3-119)。

7-8 拍：右脚向前上步，左脚并右脚向右转体至 1 点，同时球经体前换至右手，右手持球，双手向上呈直臂斜上举，目视前方(见图 3-120、图 3-121)。

图 3-116　1-2 拍

图 3-117　3-4 拍

图 3-118　5-6 拍(1)(侧面示范)

图 3-119　5-6 拍(2)(侧面示范)

图 3-120　7-8 拍(1)

图 3-121　7-8 拍(2)

动作：7×8 拍

1-2 拍：身向 1 点，右脚向左迈步呈前交叉腿，半蹲，左脚前脚掌踩地，重心在两腿之间，同时双手持球置于胸前右侧，保持手臂与地面平行，目视前方(见图 3-122)。

3-4 拍：身向 1 点，右脚向左迈步呈后交叉腿，半蹲，右脚前脚掌踩地，重心在两腿之间，同时双手持球置于胸前左侧，保持手臂与地面平行，目视前方(见图 3-123)。

5-6 拍：右脚向 1 点迈步，重心移至右腿，左脚前脚掌踩地，同时左手持球，双手向前摆动呈前平举，手臂夹角约为 90°，目视前方(见图 3-124)。

7-8 拍：身向 1 点，重心从前向后移动至左腿，右脚尖点地，同时左手持球，双手经下方摆动至侧平举，目视前方(见图 3-125)。

图 3-122　1-2 拍　　　图 3-123　3-4 拍　　　图 3-124　5-6 拍　　　图 3-125　7-8 拍

动作：8×8 拍

1-2 拍：身向 1 点，左脚并右脚，起踵立，同时左手持球，双手直臂由前向后绕环，目视前方(见图 3-126)。

3-4 拍：身向 1 点，右脚向 1 点迈步，重心移至右腿，左脚前脚掌踩地，同时左手持球，双手直臂向前摆动呈前平举，手臂夹角约为 90°，目视前方(见图 3-127)。

5-8 拍：与 7×8 拍里的 1-4 拍动作相同，方向相反。

图 3-126　1-2 拍　　　　　　　图 3-127　3-4 拍

动作：9×8 拍

与 7×8 拍里的 5-8 拍和 8×8 拍里的 1-4 动作相同，方向相反。

(二)球操组合 2

准备姿势：身向 1 点，左脚在前，重心在左腿上，右脚前脚掌踩地，左手持球，双手直臂呈前平举，夹角约为 90°，目视前方(见图 3-128)。

动作：1×8 拍

1-2 拍：向 7 点转身的同时，右脚并左脚，双手持球直臂上举，目视前方(见图 3-129)。

球操组合 2.MOV

3-4 拍：屈膝半蹲，双手持球屈臂将球放至后颈处，肘关节内收，低头，身体前倾(见图 3-130)。

5-8 拍：双手放开，做一个背滚球，双手在尾椎处接球(见图 3-131、图 3-132)。

动作：2×8 拍

1 拍：右脚前脚掌踩地靠在左脚外侧，呈前交叉，同时双手持球置于胸前，保持手臂与地面平行，目视前方(见图 3-133)。

2 拍：双脚蹬地向左转体至 3 点落脚跟，手部动作不变(见图 3-134)。

3-4 拍：右脚向 3 点迈步，重心移至右腿，左脚尖点地，双手向上拨球使球沿手臂滚动，同时双手由下划至斜上举，目视前方(见图 3-135、图 136)。

图 3-128　准备姿势

图 3-129　1-2 拍

图 3-130　3-4 拍

图 3-131　5-8 拍(1)

图 3-132　5-8 拍(2)

图 3-133　1 拍

图 3-134　2 拍

图 3-135　3-4 拍(1)

5-6 拍：转身面向 1 点，重心移至左腿，呈右脚侧点地，同时右手直臂斜上举，掌心朝下，左手屈臂扶球，使球沿右臂滑至左肩(见图 3-137)。

7-8 拍：转身面向 3 点，重心移至右腿，左脚尖点地，同时左手扶球由左肩搓至右肩，换右手扶球，左手伸向 3 点呈斜上举，掌心朝下(见图 3-138)。

图 3-136 3-4 拍(2)　　　　图 3-137 5-6 拍　　　　图 3-138 7-8 拍

动作：3×8 拍

1-2 拍：转身，左脚向 8 点上步小跳，同时右脚前吸，内侧贴于左膝关节，右手持球从前划至斜后方，左手直臂向左经下方摆动至斜上方，掌心朝下，头向 1 点(见图 3-139)。

3-4 拍：身向 8 点，右脚向 8 点上步，蹬地向上小跳，左腿直腿向后踢 70°，同时右脚向上小跳，右手经下方向斜上方抛球，左手直臂由前经下摆动至斜后方，眼随球动(见图 3-140)。

5-7 拍：双脚起踵向 8 点碎步跑，双手垂于体侧，掌心朝前(见图 3-141)。

8 拍：身向 8 点，起踵立，右手接反弹球，直臂放于体侧，左手侧平举(见图 3-142)。

动作：4×8 拍

1-2 拍：身向 1 点，右脚向 3 点迈出做并步跳，落地后重心在右腿，左脚侧点地，同时右手持球，双手直臂侧平举(见图 3-143)。

3-4 拍：身向 2 点，左脚向 2 点迈步，重心移至左腿，右脚前脚掌踩地，同时双手屈臂交叉于胸前，球置于双臂间(见图 3-144)。

5-8 拍：右脚并左脚，起踵，身体转向 1 点，同时右手持球，双手打开，右手位于斜下方，左手位于斜上方，低头看球(见图 3-145)。

动作：5×8 拍

1-3 拍：双腿起踵立，左腿开始足尖步依次走三步，向左转体 360°回到 1 点，同时右手持球，掌心朝上由侧平举向前划至正前方后弯曲肘关节向内在小腹处划一个平面的小圈，身体向前倾，手臂呈斜下方反托球，左手直臂由斜上举至侧平举(见图 3-146、图 3-147、图 3-148)。

4 拍：身向 1 点，右腿并左腿，屈膝半蹲，同时右手持球，向下转臂使掌心朝上斜下举，左手直臂侧平举，身体前倾(见图 3-149)。

图 3-139　1-2 拍　　　图 3-140　3-4 拍　　　图 3-141　5-7 拍　　　图 3-142　8 拍

图 3-143　1-2 拍　　　　图 3-144　3-4 拍　　　　图 3-145　5-8 拍

图 3-146　1-3 拍(1)　 图 3-147 1-3 拍(2)　 图 3-148 1-3 拍(3)　　　图 3-149　4 拍

5-7 拍：身向 1 点，屈膝半蹲，同时右手持球，以肩为轴，直臂在头上方划一个平面的大圈，身体跟随持球手依次做向侧、向后、下胸腰动作，左手直臂斜上举，手臂划圈时需抬头目视球(见图 3-150、图 3-151、图 3-152)。

8 拍：身向 1 点，直腿站立，同时右手持球，双手直臂垂于体侧，目视前方(见图 3-153)。

图 3-150　5-7 拍(1)　　　图 3-151　5-7 拍(2)　　　图 3-152　5-7 拍(3)　　图 3-153　8 拍

动作：6×8 拍

1-2 拍：身向 1 点，左脚向 7 点迈步，屈膝将重心移至左腿，右脚侧点地，右手拍球时左手保持侧平举，左手接反弹球后划至斜下方，右手划至斜上举，眼随球动(见图 3-154、图 3-155)。

3-4 拍：与 1-2 拍动作相同，方向相反(见图 3-156、图 3-157)。

图 3-154　1-2 拍(1)　　　　　　图 3-155　1-2 拍(2)

5-7 拍：左脚并右脚，半蹲，身体转向 2 点，同时身体前倾双手拍球三次，目视球(见图 3-158)。

8 拍：身向 2 点，直立，右手接球后前平举，左手直臂向上划至后斜上举，目视球(见图 3-159)。

图 3-156 3-4 拍(1)　　　图 3-157 3-4 拍(2)　　　图 3-158 5-7 拍　　　图 3-159 8 拍

(三)球操组合 3

准备姿势：身向 2 点，右手持球前平举，左手直臂后斜上举，目视球(见图 3-160)。

动作：1×8 拍

1-2 拍：左脚向 2 点交替做一次交换腿小跳，同时右手小拨球，小臂发力向内绕一次小圈，使球从掌心滚至手背再回到掌心，左手保持后斜上举(见图 3-161)。

3 拍：身向 2 点，右脚并左脚，起踵，同时双手持球直臂上举，目视前方(见图 3-162)。

4 拍：身向 2 点，左脚向 2 点迈步下蹲，重心在两腿之间，右脚前脚掌踩地，同时左手扶球置于胸前，右手保持直臂上举，抬头目视指尖(见图 3-163)。

图 3-160 准备姿势　　　　　　图 3-161 1-2 拍

5-8 拍：半蹲，右脚并左脚时转向 1 点，双手掌心朝内将球压于胸前，保持手臂与地面平行，由左侧旁腰，经后胸腰，绕至右侧旁腰(见图 3-164、图 3-165、图 3-166)。

图 3-162　3 拍

图 3-163　4 拍

图 3-164　5-8 拍(1)

图 3-165　5-8 拍(2)

图 3-166　5-8 拍(3)

动作：2×8 拍

1-2 拍：身向 1 点，半蹲前倾，左手持球经膝后换至右手，低头(见图 3-167、图 3-168、图 3-169)。

3-4 拍：身向 1 点直立，右手持球，双手直臂垂于体侧，目视前方(见图 3-170)。

5-7 拍：身向 1 点，起踵碎步跑后退，同时右手向侧上方抛球至左侧，双手直臂斜上举，眼随球动(见图 3-171)。

8 拍：身向 1 点，半蹲，左手接球后垂于体侧，右手直臂侧斜上举，头与眼随球动(见图 3-172)。

动作：3×8 拍

1-4 拍：与 2×8 拍中的 5-8 拍动作相同，方向相反(见图 3-173、图 3-174)。

5-7 拍：身向 1 点，屈膝半蹲，同时双手持球，双臂弯曲将球举至胸前，肘关节向上抬平，双手指尖伸直依次由内向外转动一圈，使球在两手之间滚动，躯干根据球滚动动作经挺胸、抬头至含胸、弓背、低头(见图 3-175、图 3-176、图 3-177)。

8 拍：身向 1 点，直腿站立，同时右手持球，双手直臂垂于体侧，目视前方(见图 3-178)。

图 3-167 1-2 拍(1)

图 3-168　1-2 拍(2)

图 3-169　1-2 拍(3)

图 3-170　3-4 拍

图 3-171　5-7 拍

图 3-172　8 拍

图 3-173　1-3 拍

图 3-174　4 拍

图 3-175　5-7 拍(1)　　　图 3-176　5-7 拍(2)　　　图 3-177　5-7 拍(3)　　　图 3-178　8 拍

动作：4×8 拍

1-4 拍：与 2×8 拍中的 5-8 拍动作相同。

5-8 拍：与 3×8 拍中的 1-4 拍动作相同。

动作：5×8 拍

1-2 拍：身向 8 点，右脚向 8 点迈步下蹲，重心在双腿之间，身体前倾，右手将球轻放在地面，左手后斜上举，目视球(见图 3-179)。

3-4 拍：保持 1-2 拍的身体动作，右手拨球使球向前滚动(见图 3-180)。

图 3-179　1-2 拍　　　　　　　　　　图 3-180　3-4 拍

5-8 拍：身向 8 点，身体直立，双脚起踵向前碎步跑，同时双手直臂由前至后做一次绕环至垂于体侧，抬头挺胸，目视前方(见图 3-181、图 3-182、图 3-183、图 3-184)。

动作：6×8 拍

1-2 拍：身向 8 点，右脚向前迈步下蹲，左腿跪立，右脚前脚掌踩地，右手在地面接球，左手直臂垂于体侧，目视球(见图 3-185)。

3-4 拍：保持 1-2 拍的身体动作，左手斜上举，右手拨球，使球从右腿下方滚动至身体左侧，左手接球时右手斜上举，眼随球动(见图 3-186、图 3-187)。

图 3-181　5-8 拍(1)　　　图 3-182　5-8 拍(2)　　　　图 3-183 5-8 拍(3)　　　图 3-184　5-8 拍(4)

5-8 拍：保持 3-4 拍的腿部动作，右脚全脚掌着地，重心前移，左手持球，双手直臂由下经前至斜前方，左手臂略高于右手臂，目视前方(见图 3-188)。

图 3-185　1-2 拍　　　　图 3-186　3-4 拍(1)　　　图 3-187　3-4 拍(2)　　　　图 3-188　5-8 拍

结束动作：保持跪立姿势，停留 3 秒。右腿在前全脚踩地，左腿在后膝关节跪地，重心保持在两腿之间，左手持球，双手直臂举至斜前方，右手稍低于持球手，微抬头，目视前方(见图 3-189)。

球操组合 1、球操组合 2、球操组合 3 结合在一起为完整组合。

三、球操组合难点与易错动作

(一)球操组合 1 难点与易错动作

1. 双手滚球

开始动作：并腿站立，屈臂，双臂位于胸前，大臂托住球，右腿向前上步，同时双手扶球，双臂伸直让球从胸经手臂滚动至手掌心接球，然后左腿并右腿，同时双手持球直臂上举至头顶。

易错动作如下。

(1) 滚球时手臂弯曲未伸直。

(2) 滚球时球未从胸经大臂至小臂再到手掌心接球。

图 3-189　结束动作

2. 小抛接球

开始动作：右腿在前，左腿在后弓步站立，后腿脚尖点地，右手前平举持球，侧身，左手侧后方上举。右手下沉，向后摆动，手臂发力经前至斜上方时将球抛出，同时后腿并前腿，站立，然后屈臂胸前接球，球应落于双臂之间。

易错动作如下。

(1) 抛球时手臂未摆动，手臂屈臂将球推出。

(2) 接球时先双手接球后再放于双臂之间。

(二)球操组合 2 难点与易错动作

1. 背滚球

开始动作：并腿屈膝半蹲，身体前倾，双手持球，球放于后颈处，然后双手同时放开球，手臂从两侧直臂划开至尾椎处接球，滚球时身体应塌腰翘臀，让球紧贴背部滚动。

易错动作如下。

(1) 滚球时双手未同时放开球。

(2) 滚球时双臂未从两侧直臂划开。

(3) 滚球时弓背，未塌腰翘臀，球未紧贴背部滚动。

2. 跳步抛球

开始动作：右腿在前，左腿在后，左脚尖点地，左手直臂斜举，右手持球放于体侧。左手臂动作不变，右手持球直臂向后摆动至斜后方，左脚向前上步蹬地直腿跳，右腿前吸腿，脚尖绷直。随后右手直臂向上摆动至斜前上方，球从指尖抛出，左手直臂向下方摆动至斜后方，同时，右腿向前迈步蹬地起跳，左腿向后踢至 45°，双腿在空中保持伸直状态。

易错动作如下。

(1) 跳步动作与抛球未同时完成。

(2) 抛球时手臂未伸直。

(3) 抛球跳步时，双腿在空中未保持伸直。

3. 舞步"8"字绕环

开始动作:双腿并拢起踵,左手侧举至斜上方,右手托球放至另一侧斜下方,向后足尖步旋转360°,同时,左手保持斜上方,持球手弯曲肘关节向内在小腹处划一个平面的小圈至侧平举,身体微微向前倾,然后,落脚跟并腿半蹲,持球手由前经侧至后回到侧平举,完成一次头上的平面大圈,右手保持侧平举。

易错动作如下。

(1) 足尖步旋转时持球手未同时完成向内划圈,手脚配合不协调。

(2) "8"字绕环平面大圈时手臂未伸直。

(3) "8"字绕环时球触碰到身体。

(三)球操组合3难点与易错动作

1. 小拨球小跳

开始动作:并腿站立,右手持球前平举,左手向后举至斜上方,持球手屈臂,小臂发力向内绕一次小圈,使球从掌心滚至手背再回到掌心,左手保持不动,同时左腿迈步做一次交换腿小跳。

易错动作如下。

(1) 小拨球动作时球与手分离,未紧贴手掌。

(2) 小拨球动作与交换腿小跳未同时完成,手脚配合不协调。

2. 左右交换抛接球

开始动作:并腿站立,右手持球侧下举,左手侧上举,持球手下沉,手臂发力经侧至斜上方时将球从指尖抛出至左侧,左手侧平举,抛球时手臂需保持在身体侧方,同时双腿起踵小碎步向后移动,然后球落下时用左手上举,手指尖触碰球的同时手臂顺着球落下的力量,向下缓冲下沉接住球,接球时手需保持在身体侧方,同时下蹲。由左至右再重复完成一次抛接球动作。

易错动作如下。

(1) 手臂没在身体侧方完成抛接球动作。

(2) 抛接球动作时未完成向后小碎步移动。

(3) 接球时屈臂抱球,球碰到身体。

3. 行进间地滚球

开始动作:并腿站立,右手持球,手臂垂直自然放于身体两侧。右腿上步,左腿前脚掌踩地,双腿屈膝的同时左手侧平举,右手持球放于地面。手臂发力,指尖拨球使球向前滚动,然后,碎步向前跑,手臂经前至上向后划圈。跑至球侧方后,单膝跪地接球。

易错动作如下。

(1) 地滚球球速过快,使脚下步伐跟不上节奏。

(2) 地滚球未贴于地面,有跳动。

(3) 接球时球未在身体侧方,并且未单膝跪地接球。

四、练习方法

(1) 可借用书本放于掌心练习"8"字绕环，保证书本不掉落在地上，体会手腕放平的动作。

(2) 使用弹力带练习直臂摆动，体会抛接动作。

(3) 可同伴互助，辅助完成背滚球动作，体会正确的球滚动方向与球在身体上滚动时应经过的部位，以及最后接球的正确位置。

(4) 可上下肢分解练习动作，熟练后再进行完整动作练习。

(5) 可数节拍练习组合，熟练后再配合音乐进行练习。

素质小练

增强身体平衡和整体力量，提高动作的完成质量。

锻炼计划：根据学生的实际情况，选择以下 1～2 项内容进行练习，每周锻炼 3～5 次，每次 15～30 分钟。

1) 站姿哑铃单臂推肩

适用场景：健身房、寝室、室外、书房等。

所需器械：哑铃或能单手举起的重物。

动作要点：选择适合自己的哑铃或能单手举起的重物，身体保持直立，双脚开立，不要出现身体后仰顶髋的现象。单手臂握住哑铃，双手打开使大臂平行于地面，两个大臂呈一条直线，小臂垂直于大臂，掌心朝前。发力时手向上推起，使肘关节伸直，手臂垂直于地面，然后有控制地原路返回到初始位置。呼吸节奏同样是向上发力的时候呼气，向下放的时候吸气。

建议：每组 15～30 次，组间休息 1 分钟，进行 3～6 组。

温馨提示：完成动作时注意保持身体稳定，核心收紧，手臂伸直时肘关节不要锁死，以免造成肘关节的损伤。

2) 药球火箭推

适用场景：健身房、寝室、室外、书房等。

所需器械：药球或能双手举起的重物。

动作要点：先选择一个适合自己重量的药球或能双手举起的重物，双手掌抱住药球置于胸前，双脚间距略比肩宽，脚尖自然外开，身体保持直立。动作开始时先将药球放在胸前，然后做一个下蹲，在向上起的时候，腿部发力伸直的同时，手臂发力将药球向上推起至头顶，这就完成了一次药球火箭推。整个过程注意全身协调发力，向上的时候手臂和腿部同时做功，不要有先后。始终保持腹部收紧，呼吸节奏同样是向下的时候吸气，向上发力的时候呼气。

建议：每组 15～30 次，组间休息 1 分钟，进行 3～6 组。

温馨提示：完成动作时注意保持身体稳定，核心收紧，膝关节始终朝向脚尖方向。

3) 俯卧撑(视频)。

适用场景：健身房、寝室、室外、书房等。

俯卧撑.MOV

所需器械：瑜伽垫。

动作要点：俯身，双手撑地伸直臂，间距与肩同宽或略宽于肩；双脚伸直，两腿并拢，并与上身呈一条直线；以脚尖支撑地；收紧腰腹，头略抬、看向前下方，做好启动准备。屈肘弯曲手臂，缓慢下降放低身体，腿和上半身一起落下。下落时肘关节打开 30°左右并让胸部尽量触地，并略作停顿。然后呼气发力将身体推起到初始位置。

建议：每组 15～30 次，组间休息 1 分钟，进行 3～6 组。

温馨提示：完成动作时注意保持身体稳定，核心收紧，肘关节不要锁死，肩、髋、膝呈一条直线。

4) 单足站立

适用场景：健身房、寝室、室外、书房等。

所需器械：瑜伽垫。

动作要点：双脚踏实地面或脱鞋站于瑜伽垫上，身体保持直立。抬起任意一只脚，将身体重心转移到支撑脚上，保持平衡。进阶动作可以闭上眼睛或者在此基础上将支撑脚变为前脚掌踩地。

建议：每组 15～30 秒，组间休息 30 秒，进行 3～6 组。

温馨提示：练习时需找一个比较安全的地方，以免失去平衡摔倒并撞到其他物品。

5) 燕式平衡

适用场景：健身房、寝室、室外、书房等。

所需器械：瑜伽垫。

动作要点：由单腿站立、另腿后举、两臂侧上举姿势开始，前脚向前迈出一步，上体前倾，两臂前举或经前绕至侧平举，抬头、挺胸，支撑腿膝关节绷直，另一腿经后向上逐渐抬起，同时上体下压至与地面平行。

建议：每组 15～30 秒，组间休息 30 秒，进行 3～6 组。

温馨提示：练习时需找一个比较安全的地方，以免失去平衡摔倒并撞到其他物品。

讨论与思考

1. 球操练习包括哪些技术动作？

2. 你认为球操中的技术动作对提高身体协调性和灵活性有哪些帮助？

3. 在进行球操练习时，你是否注意到了身体的呼吸和节奏？

4. 你是否有特别的训练方法或技巧可以分享？

5. 在形体训练中，球操练习有哪些主要的训练目标和作用？

6. 在进行球操练习时，需要特别注意哪些关键的技术和动作？

7. 球操练习对于提高身体协调性和灵活性有哪些具体的影响？

8. 在进行球操练习时，如何确保动作的准确性和安全性？

9. 球操练习在形体训练中的比例应该是怎样的？

10. 有没有一些常见的球操练习动作可以推荐给初学者？

11. 在进行球操练习时，如何调整呼吸和节奏以提高效率？

12. 球操练习不适合在哪些情况下进行？

13. 在进行球操练习时，如何避免运动伤害？

14. 球操练习和其他形式的形体训练相比，有哪些独特之处和优势？

第四章　作 品 欣 赏

具体内容见下方二维码。

第五章 形象塑造

形象塑造，就像是一场精心编织的梦幻之旅，它以独一无二的色彩和魅力，展现每个人心中的理想自我。它不仅是对外表的雕琢，还是对内心世界的深度挖掘。形象塑造，是一个温柔而细致的过程，如同春雨润物，无声而有力。它倾听每一个心灵的声音，尊重每一种个性的独特性，它唤醒我们的自信，激发我们的潜力，让我们能以最佳的状态去面对社会和生活的挑战。

课程思政要求

- 帮助学生树立正确的价值观、世界观和人生观。
- 弘扬爱国主义精神。
- 强化道德品质教育。
- 提升法治意识。
- 培养创新精神和实践能力。
- 强化团队协作意识。
- 注重全面发展。
- 营造良好的校园文化氛围。

形象并非个人穿着打扮、外貌美丑以及行为举止等表面因素的简单组合，而是个人素质的综合表现，是内外在元素的完美融合，具有传递个人身份信息的重要作用。它包括个人的衣着搭配、面容修饰、言行举止、道德修养、知识层次、家庭背景和社交圈层等多个方面。

一个成功的形象，展示在人们眼前的是有尊严、有自信、有能力和有力量。它反映在他人的视觉效果中，同时它也是一种外部辅助能力，能让你对自己的言行举止提出更高要求，瞬间唤起内在沉淀的优良素质，通过穿着、面部表情、言谈举止等方面，散发出成功者的魅力。

形象塑造是指通过一系列的行为、言辞和外在表现来建立和塑造一个人、产品、品牌、组织的整体形象和认知。它是一个有目的、有计划地管理和传递特定信息和价值观的过程，包括穿着、发型、化妆等。外在形象要符合自己的职业特点和个人风格，展现出自信、大方、得体的形象；语言表达能力、人际交往能力、职业道德等内在素养要注重自我提升，树立良好的个人形象；言谈举止、礼仪规范等要注意细节，展现出优雅、得体的风度。因此，形象塑造是一个多维度的概念，通过外在形象、内在素质和行为举止等方面的相互影响及完善，塑造更加完美和令人难忘的形象，在职业和社交生活中获得更大的成功。

本章主要讲授礼仪形体训练、社交礼仪、认识色彩、色彩与服装搭配、体形与着装、商务着装等内容。在形象塑造课堂教学中，教师应注意以下方面。

(1) 尊重学生。教师在课堂上应尊重每一个学生，尊重他们的个性和差异，避免对学生进行人身攻击或者侮辱。

(2) 激发学生兴趣。教师应通过各种方式激发学生对形象塑造的兴趣，如通过实例、游戏等方式让学生更好地理解和掌握知识。

(3) 提供实践机会。形象塑造既需要理论知识的学习，更需要实践操作。教师应提供足够的实践机会，让学生在实践中学习和提高。

(4) 注重反馈。教师应及时给予学生反馈，对他们的学习进度和问题进行指导和帮助。

(5) 营造良好的课堂氛围。教师应努力营造一个积极、和谐、开放的课堂氛围，让学生在轻松愉快的环境中学习。

(6) 教授学生正确的价值观。在形象塑造的过程中，教师应该教授学生正确的价值观，让他们明白形象塑造的目的是更好地自我表达，而不是迎合他人的审美。

(7) 注意学生的心理健康。教师应注意观察学生的情绪变化，对于有心理压力的学生，应及时进行心理疏导。

(8) 教授专业技巧。教师应教授学生专业的技巧和方法，帮助他们提高形象塑造的能力。

第一节　礼仪形体训练

礼仪形体训练是一种综合性的系统训练方法，它通过塑造优美的姿态、培养良好的礼仪习惯、提升身体素质等多方面来塑造个体形象，提高个体社交能力，提升自我价值感，强化心理素质和职业素养，从而使个体在工作、生活和人际交往中更加得心应手。礼仪形体训练可以帮助个体在职场上获得更多的机会和优势，在生活中更加自信、优雅、有魅力。

礼仪形体训练通过塑造优美的姿态、正确的体态和优雅的风度，帮助个体改善形象，树立自信、得体、有魅力的形象。良好的形象给人留下深刻的印象，能在职业和社交场合中为自己带来更多的机会和更大的优势。通过礼仪形体训练，个体能在不断地学习和实践中获得更多的自信。在各种场合中，正确的礼仪举止都可以给个体带来自尊、自爱和自律的心态，从而增强其自信心。

在职业场合中，优雅的姿态、得体的着装、正确的礼仪举止可以反映个体的专业素养和职业精神，这种素养和精神的提升不仅有助于个体的职业发展，还可以提高个体的综合竞争力。

一、站姿

(一)站姿的重要性

站姿礼仪的重要性体现在以下几个方面。

(1) 形象展示。良好的站姿礼仪能够展示出一个人的自信、专业和自律。优雅的站姿表现出个人的端庄和自尊，给人留下良好的第一印象。

(2) 社交互动。在社交场合，良好的站姿能够增强与他人的互动效果。自信的站姿能够传达出自己的积极态度，使人更愿意与你交流。

(3) 尊重他人。良好的站姿表现出对他人的尊重和礼貌。无论是与上级、同事还是与朋友交流，适当的站姿都能够传达出自己的尊重之意。

(4) 提升自信心。良好的站姿能够增强个人的自信心。站得挺拔、自信的人更有可能在社交和职业场合中表现出色。

(二)站姿的基本要求

站姿如图 5-1 所示。

(1) 头部保持挺直，双眼平视前方，下颌微收，嘴角上扬，表情自然，面带微笑。

(2) 肩部放松，向后下沉，两肩平齐、舒展，避免肩部前倾或耸肩。

(3) 手臂自然下垂于体侧，虎口向前，手指自然弯曲，避免叉腰、交叉等。

(4) 后背保持正直，挺胸，收腹，提臀，立腰，保持身体的垂直和稳定。

(5) 双腿并拢，膝盖伸直，大小腿内侧收紧，脚跟靠拢，脚尖微分，身体重心落在两脚中间。

图 5-1 站姿

(三)站姿要领

站姿的要领口诀如下。

(1) 一提。

(2) 二收。

(3) 三沉。

(四)不良站姿的危害

(1) 驼背。背部过度弯曲，肩膀向前耸起，易导致脊柱问题或背部疼痛。

(2) 耸肩。肩膀持续向上耸，易导致颈部和肩部紧张，增加肩颈疼痛的风险。

(3) 前倾体态。上半身向前倾斜，易对颈部、肩膀和腰部施加过多的压力。

(4) 双脚内扣。这种站姿会导致膝盖的不正常受力，增加膝关节的压力。随着时间的推移，会引发膝盖疼痛和膝关节不稳定等问题。

(5) 交叉腿站姿。经常将一条腿交叉在另一条腿前面，易导致不平衡，影响脊柱和骨盆的正常对齐。

(6) 单脚支撑。身体倾斜，完全将体重放在一只脚上，易导致脊柱畸形和肌肉不对称等问题。

(五)常用站姿介绍

1. 女士站姿

1) 基本站姿

在正式场合或工作场合，可使用基本站姿，得体大方。具体做法：双手四指伸直并拢，虎口交叉，大拇指内收于掌心，叠放在腹前(大拇指靠在肚脐下 3 厘米处)，右手放于左手上方。脚位可采用小八字步，即脚后跟并拢，脚尖微开，呈 30°夹角(见图 5-2)。

2) 交谈站姿

在演讲或与人交流时，可采用交谈站姿，自信从容。具体做法：双手虎口交叉相握放在腰际，掌心向下，微压手腕，四指可自然弯曲，右手放于左手上方。脚位可采用小八字步，即脚后跟并拢，脚尖微开，呈 30°夹角(见图 5-3)。

3) 礼宾站姿

在接待宾客或举行隆重的仪式时，可使用礼宾站姿，以表示隆重和正式。具体做法：将双手四指伸直并拢，虎口交叉，大拇指内收于掌心，放在腰际，肘关节向两侧展开，右手放于左手上方。脚位可采用丁字步，即后脚脚尖朝向斜前方 45°左右，前脚的脚跟放在后脚的足弓处，双脚呈丁字状，为 60°夹角，双腿保持直立且之间不能有缝隙，身体的重心在后腿上(见图 5-4)。

图 5-2　基本站姿　　　　　　　图 5-3　交谈站姿　　　　　　　图 5-4　礼宾站姿

2. 男士站姿

1) 体侧垂手式站姿

站立时，身体笔直站立，双手自然下垂于体侧，眼睛平视前方。体侧垂手式站姿是一种正式、庄重的姿态。适用于正式仪式，如国旗升降、国歌奏唱等场合(见图 5-5)。

2) 体前交叉握手式站姿

站立时，右手握住左手手腕，自然垂于腹部，双脚平行站立，但不得超过肩宽，目光注视对方。体前交叉握手式站姿是一种示意亲近和友好的姿势。适用于社交场合，如问候、交谈、拜访等(见图 5-6)。

3) 体后背手式站姿

双脚开立，双手背在身后交叉相握。体后背手式站姿是有些许随意但不失庄重的姿势。适用于轻松的社交和服务场合，如派对、招待、迎宾等(见图 5-7)。

(六)站姿练习

(1) 墙壁站立法。靠墙站立，头部、肩膀、臀部和脚跟紧贴墙壁，保持脊柱的自然曲线。

(2) 镜子反馈练习。站在镜子前进行练习，观察自己的站姿。头部、肩膀、臀部、膝盖和脚都处于适当的位置，通过影像，实时调整站姿。

图 5-5　体侧垂手式站姿　　　图 5-6　体前交叉握手式站姿　　　图 5-7　体后背手式站姿

(七)从站姿看性格之揭秘你的内心世界

站姿是我们日常生活中常见的身体姿态之一，它反映了个人的舒适度和健康状况，同时也透露出个人的性格特点和心理状态。下面我们将从身体重心分配、脚的姿势、手的摆放、姿势的整体表现、头部姿态、身体语言和环境的互动等七个方面，探讨站姿与性格的关系。

1. 身体重心分配

站姿中，身体重心的合理分配能展现一个人的自信程度和自我意识。自信和有决断力的人。通常将身体重心分布在双脚上；犹豫不决的人往往将身体重心倾斜至一条腿上；自信的人总是采取笔直的站姿，将重心放在双腿之间；而害羞或缺乏自信的人则会采取交叉双腿的站姿来隐藏自己的腿部。

2. 脚的姿势

脚的姿势可以透露一个人的心理状态和性格特点。自信和有支配欲的人通常在站立时双脚分开；紧张或缺乏自信的人往往站立时双脚交叉；不耐烦或易焦虑的人总是不停地移动双脚。

3. 手的摆放

手的摆放位置也会透露一个人的性格特点。自我保护意识较强的人通常在站立时双手抱胸，对外界保持一定的警惕性；友善和开放的人往往在站立时双手自然下垂；紧张或焦虑的人总是不停地搓手或拉扯头发。

4. 姿势的整体表现

站姿的整体表现能反映一个人的自信心程度。自信和有支配欲的人的站姿往往是笔直、坚定的；害羞、内向的人的站姿往往是佝偻、犹豫的。站姿的整体表现还可以透露出一个人对环境的态度。例如，一个人笔直地站在舞台上，说明他对出席的场合持有积极的态度；而不太适应环境或缺乏自信的人往往站在角落里不自信地低着头。

5. 头部姿态

头部姿态可以揭示一个人的性格特点。例如，如果一个人站立时自信地抬起头部，则表明他是一个有自信和决断力的人；如果一个人自然地垂下头部，则表明他是一个比较害羞或内向的人。而如果一个人斜靠着墙或者倾斜着头部，那么他是一个比较懒散或者无忧无虑的人。

6. 身体语言

身体语言能反映出一个人的性格特点。例如，一个人在舞台上摆动身体，则表明他非常开朗或者有表现欲；一个人始终保持静止不动，则表明他非常紧张或者对当前的场合感到不安。而一个人在谈话中靠对方很近，表明他对对方的交谈内容很有兴趣或者喜欢挑战；反之，在谈话中保持一定的距离，则表明他比较保守或者尊重对方的私人空间。

7. 环境的互动

环境互动也是反映一个人性格特点的方式之一。例如，一个人在与他人交流时非常积极地向前倾斜身体，表明他对对方的话题很感兴趣；一个人在与他人交流时保持笔直的站姿，不轻易摆动身体或者改变头部姿态，那么他是一个比较保守或者难以建立亲密关系的人；一个人在与他人相遇时只是点点头或者微笑一下就继续走路，那么他是一个比较内向或者不善于社交的人。

在身体重心分配、脚的姿势、手的摆放、姿势的整体表现、头部姿态、身体语言和环境的互动等方面可以反映出一个人的性格特点和心理状态。通过观察和分析这些细节，我们能更好地了解他人，增进彼此之间的沟通和理解。

案例分析

一位名叫小杨的年轻女孩，在一家大型企业担任行政助理，她一直努力工作，却总觉得自己在职业发展上缺乏竞争力。尽管她认为自己的工作能力不输他人，但在许多关键时刻，她总是无法获得领导的认可。

有一天，小杨在公司的会议室参加一个重要的会议。在会议开始前，她习惯性地倚靠着桌子，结果一不小心滑倒在地，引起哄堂大笑。尴尬之余，小杨意识到自己的站姿有问题。

这件事之后，小杨开始关注站姿礼仪的重要性。她开始挺直脊背，放松肩膀，并学会将身体重量平均分配到双脚上。此外，她还注意将手自然地放在身前，面带微笑，并保持眼神交流。随着时间的推移，小杨发现自己的站姿变得更为自信、优雅。更重要的是，她的工作表现也得到了实质性的提升。在一个关键的项目中，小杨以出色的表现赢得了领导的认可，成功地获得了晋升机会。

分析

这个故事告诉我们，站姿礼仪并不是形式上的东西，在很大程度上，它反映了一个人的精神状态、自信程度和专业素养。良好的站姿礼仪能够使我们在职场竞争中更具优势，无论是在求职、谈判还是在会议等场合中，都能给对方留下深刻的印象。

站姿礼仪背后的含义远远超过其表面形式。自信、挺拔的站姿能展现一个人的精神风貌和积极态度，传达出对工作、生活和人际交往的热情。反之，不良的站姿则让人觉得缺乏自信、懒散或者粗心大意，给外界留下负面的印象。

在我们的日常生活中，站姿礼仪的重要性不容忽视。在职场中，一个自信、挺拔的站姿能增强我们的专业形象，使我们在激烈的竞争中脱颖而出。在社交场合，优雅、自然的站姿则能提升我们的魅力指数，让我们在人群中光彩照人。

站姿礼仪是人际交往中不可或缺的一环。它是一种无声的语言，通过我们的姿势和肢体动作向外界传达我们的情绪、态度和价值观。良好的站姿礼仪能够展现我们内在的自信和风度，增进与他人的信任和沟通。

在喧嚣的都市生活中，各种礼仪规范似乎已经被人们忘却，然而，这些礼仪规范却时刻在影响着我们的生活。站姿礼仪，这个看似微不足道的细节，实际上对于个人形象和职业发展具有不可忽视的影响。站姿礼仪在我们的生活和工作中扮演着举足轻重的角色。自信、优雅的站姿能帮助我们更好地展现自己，赢得他人的好感，在职场和社交场合中获得更多的机会和成功。让我们从现在开始，关注自己的站姿礼仪，以一种积极、自信的态度去面对生活的挑战，赢得属于我们的未来。

讨论与思考

1. 站姿的基本要点有哪些？
2. 在不同的场合，如何选择合适的站姿？
3. 站立时保持身体挺直的秘诀是什么？
4. 避免哪些不良站姿，以展现良好的形象？
5. 如何确保长时间站立时不感到疲劳？
6. 在正式场合，如何优雅地站立？
7. 站立时如何保持正确的头部姿势？
8. 穿着高跟鞋时，如何保持优雅的站姿？
9. 在不同文化背景下，站姿礼仪有何差异？
10. 如何在公共场合保持礼貌的站姿？

二、坐姿

坐姿是一种基本的静态体位，是指人在就座后身体所保持的一种姿势。优雅的坐姿赋予人宁静和舒适的感觉，正如古人所言"坐如钟"，即坐姿应像钟表一样端庄。正确而优雅的坐姿被视为一种文明行为，它体现了个体的形态美，反映了其行为美。优雅的坐姿传达出文雅、稳重和大方的美感，给人留下良好的印象。

(一)坐姿的基本要求

1. 入座时

入座包括走向座位到坐下全过程，虽然坐的动作尚未完成，但这个过程同样能反映一个人的礼仪修养。因此，入座的举止是坐姿的重要组成部分，应给予重视，优雅的入座动作能展现自信、绅士风度和淑女风范。

(1) 在入座时，应注意座位的方位，秉承"左进左出"的原则。在正式场合中，无论从哪一个方向走向座位，都应遵循"左进左出"的原则，即从座椅的左侧入座，同样，在离座时也应从左侧离开。在正式的场合做到"左进左出"，能反映一个人训练有素的礼仪修养及良好的综合素质(见图5-8)。

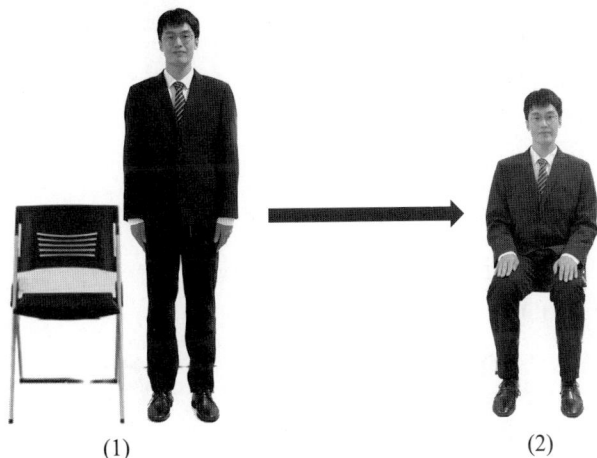

(1)   (2)

图 5-8　座椅左侧入座

(2) 入座要注意顺序，秉承"尊"者先坐的原则。在正式的场合中，入座时务必要注意入座的顺序。如果有"尊"者在场，必须等待"尊"者坐下后，自己才能坐下。所谓的"尊"者是礼仪学中相对于"卑"者而言的特别说法。在这里，"尊"和"卑"并无褒贬之意，而是用来明确自己在社交场合中的地位和角色。比如，女士与男士，女士为"尊"；客人与主人，客人为"尊"；上级与下级，上级为"尊"；长幼之间，长者为"尊"；等等。只有在彼此平辈、亲友和同事的情况下，才可以同时入座。总之，无论何种场合都应尽量做到不争先恐后地坐下，以免造成失礼的行为。

(3) 入座得法，落座无声。入座时站在座位前方，背对座椅相距约半步的位置，将一腿向后撤，用腿部感觉到座位的位置后，然后轻盈、稳健地坐下。若女士穿着裙装，则入座时应先用双手抚平整理裙摆，然后再坐下，以显得端庄娴雅。在入座和调整坐姿的过程中，应不慌不忙、悄无声息，体现出良好的修养。男士入座时应稳重、潇洒、大方得体，不可有"提裤腿"的动作出现。

2. 落座后

(1) 坐姿正确。落座后，头部要求与站姿相同，目光应集中在交际的对方身上。同时，身体要维持立腰、挺胸、上身正直的状态。双肩要平放并保持放松，两手自然放于双膝上或椅子扶手上，双手叠握后放于一侧大腿之上或两手相握轻置于两腿上方中部。双膝应自然并拢，双腿正放、侧放或叠放，面对"尊"者时，强调双膝并拢，男士可以略微分开，但不应宽于肩。在正规的重要场合，应保持端正的坐姿，即上半身与大腿、大腿与小腿、小腿与地面之间均呈90°夹角(见图 5-9)。

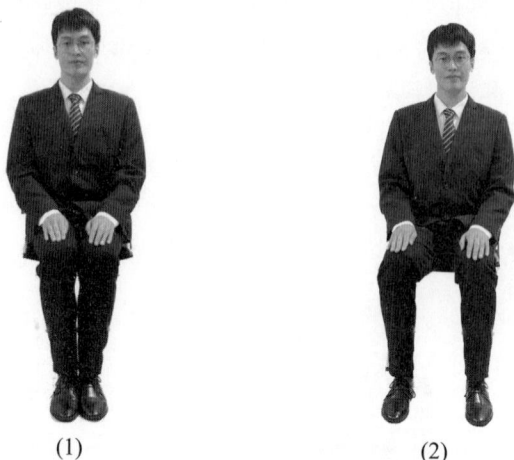

(1)   (2)

图 5-9　男士坐姿

(2) 深浅适宜。通常在坐下之后，为了表示尊重，不应坐满座位，以坐在座椅前 2/3 处为宜，以示对他人的敬意(见图 5-10)。

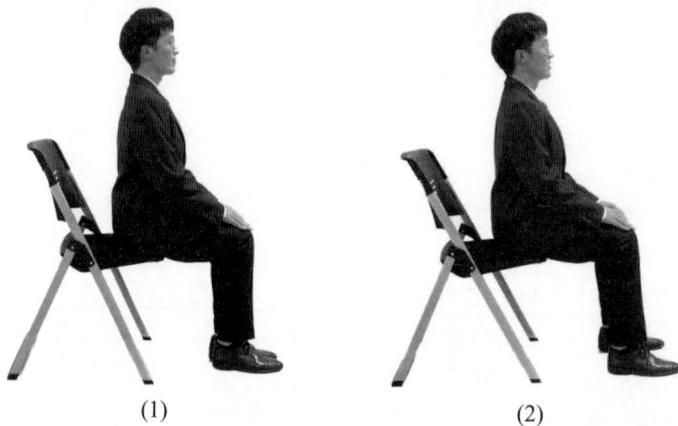

(1)   (2)

图 5-10　深浅适宜的坐姿

(3) 有所侧重。在谈话时，可以根据谈话对象的座位方向来调整自己的坐姿，以面向谈话对象。调整坐姿时，应同时转动上半身和腿部。

3. 离座时

(1) 轻盈、稳健、无声。离座和入座一样，都需要注意轻盈、稳健、无声，保持身体平衡且自然的状态。可以先将一只脚向后方收半步，然后平稳站起再离座；切勿突然起立，以免惊扰他人；避免慌张、发出声响，将身边的东西碰掉；避免丢三落四，离座后又返回。

(2) 礼让尊长。通常应由"卑"者率先离座，帮助"尊"者移椅、离座、开门，并让"尊"者先行。

(二)女士常用坐姿

1. 正位式坐姿

正位式坐姿是基础坐姿，适用于正式场合。要求双腿并拢，双脚并拢，踩实地面，双手虎口交叉相叠，右手在上，放在一侧大腿的中间位置。身体呈 3 个 90°夹角，即上半身与大腿、大腿与小腿、小腿与地面之间均呈 90°夹角(见图 5-11)。

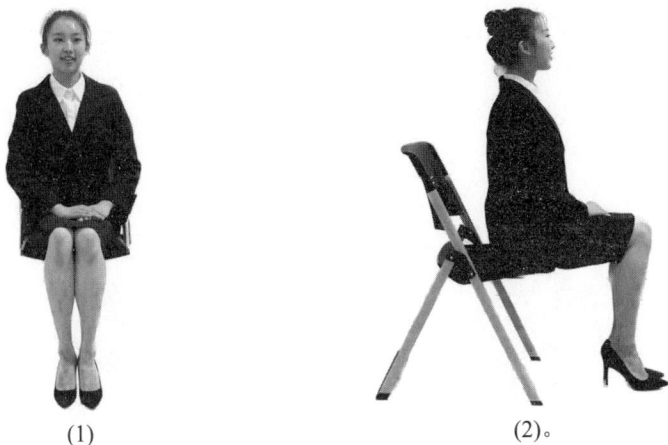

(1)　　　　　　　　　　　　　　　　(2)。

图 5-11　正位式坐姿

2. 曲直式坐姿

曲直式坐姿常用于生活和工作中。双膝并拢，前脚微向前伸，后脚向后撤一小步，使后脚脚尖与前脚脚跟位于同一水平线上。双手虎口交叉相叠，右手在上，放在一侧大腿中间位置，上半身保持直立(见图 5-12)。

3. 斜放式坐姿

座位较低且在穿着裙装时，建议采用斜放式坐姿。双腿并拢，向一侧斜放，脚尖顺着小腿方向延伸，大腿与小腿保持 90°夹角。双手虎口交叉相叠，右手在上，放在一侧大腿中间位置，同时上半身保持直立(见图 5-13)。

图 5-12　曲直式坐姿　　　　　　　图 5-13　斜放式坐姿

4. 交叉式坐姿

交叉式坐姿在生活和工作中都可以使用，是通用场合的一种坐姿。在斜放式的基础上，一只脚在另一只脚后跟处交叉，脚尖顺小腿方向。双手虎口交叉相叠，右手在上，放在一侧大腿中间位置，上半身保持直立(见图 5-14)。

5. 架腿式坐姿

架腿式坐姿适合较为优雅的社交场合或拍照时使用。在斜放式的基础上，一条腿架于另一条腿上，大腿之间没有缝隙，小腿完全重叠，脚尖朝下，与地面呈 45°夹角，脚尖绷直与小腿同一方向。双手虎口交叉相叠，右手在上，放在上面一条大腿中间位置，上半身保持直立(见图 5-15)。

图 5-14　交叉式坐姿　　　　　图 5-15　架腿式坐姿

(三)女士坐姿调整

在正式场合或短时间内保持端正的坐姿，但在一般场合或长时间的座谈、开会、听报告等情况下，可在礼仪规范内适度调整坐姿。坐姿的变化主要体现在手的位置变化和腿脚的姿势变化上。

1. 手的位置变化

(1) 分放式：两手手心朝下，放松并分别放于两侧大腿之上。

(2) 叠握式：两手手心朝下，叠握后放于一侧大腿上或两腿之上。

(3) 相握式：两手轻握置于两腿之上。

(4) 扶手式：根据座位的特点，可以选择将手心朝下分放于两侧扶手上，或者将双手相叠、轻握置于一侧扶手上。

(5) 书写式：根据工作的要求，将双手放于写字台上进行书写，同时保持身体挺直的状态。

2. 腿脚的姿势变化

(1) 基本式：上半身与大腿、大腿与小腿、小腿与地面的角度均呈 90°夹角，双膝并拢，双脚呈"V"形、"半 V"形或"Ⅱ"形。

(2) 前伸式、前交叉式：双腿同时向前伸展，以脚尖不翘起为宜，双脚呈"Ⅱ"或"半 V"形，或者两脚交叉放置，双膝并拢。

(3) 后点式、后交叉式：双腿同时后收半步，两脚尖同时触地；或一只脚平放，另一只脚尖点地；或两脚交叉放置，双膝并拢。

(4) 侧点式、侧交叉式：双腿向左或向右斜放，与地面呈 65°～70°夹角，重心放在前脚掌，或两脚在侧面交叉放置，双膝并拢。

(5) 交叠式：双腿交叉叠放，下腿大小腿构成直角，上腿脚面伸展，尽量向后回收，膝部以上部位保持并拢。

(四)坐姿练习

1. 重视基本坐姿训练

在明确站姿的基本要求和进行站姿训练的基础上，进行坐姿训练。在训练过程中，可以采用对镜规范训练、工具辅助训练(头顶书籍)等方式。初级练习，每次训练时间应保持在 20～30 分钟；之后可随姿态的掌握水平，逐渐减少连续练习的时间。

2. 夹纸、顶书训练

在标准站姿的基础上，学生在膝关节内侧夹一张纸，若夹不紧，纸就会掉下来。这种方法可以让学生挺直并严膝盖，避免形成罗圈腿，也为后面的走姿练习打好基础。

顶书训练是为了纠正站立时出现的歪头、斜脸、低头及左顾右盼的不良站姿。因为把书放在头顶时若出现了上述不良站姿，书就会掉下来。

3. 背靠背训练

学生两人一组，背靠背站立。站立时要求两人的后脑勺、肩膀、臀部及脚跟要相互靠拢。为了加强训练，可要求学生在两人的肩部及小腿相靠之处各夹一张纸或作业本，并且不能让其掉下来，并观察哪个小组坚持的时间最长。这种训练能使我们的后脑勺、肩膀、臀部、脚跟处在同一水平面上，无论从背部还是侧面看，都能展现挺拔向上的身姿。

(五)落座姿势调整

(1) 落座后，避免用手触摸自己的腿部。
(2) 落座后，不应将手肘置于桌子上，也不要上身趴伏在桌子上。
(3) 落座后，不应将手夹在腿中间或放在臀部下面。

(六)从坐姿看性格之悄悄揭秘你的心理秘密

坐姿是我们日常生活中常见的身体姿态之一，它会反映出我们的性格特点和心理状态。下面我们将从身体前倾、挺直脊背、斜靠在椅背，以及两腿并拢，正襟危坐和两腿交叉、手托下巴、双臂交叉与跷二郎腿等八个方面，探讨坐姿与性格的关系。

1. 身体前倾

身体前倾通常表示对方对谈话或正在进行的活动非常感兴趣。他们倾向于积极关注外界，同时显示出他们的热忱和专注。这类人通常善于倾听，懂得尊重他人的观点，具有很好的观察能力。

2. 挺直脊背

坐姿挺直脊背的人通常非常自信。他们对自己要求严格，甚至有些完美主义。这种坐姿展现了他们的严谨和自律，他们往往在工作或学习中表现出色，对自己有很高的期望。

3. 斜靠在椅背上

选择斜靠在椅背的人可能处于比较舒适的环境中，他们不太关心外界的压力或关注。这种坐姿也显示出一定的自由散漫个性，他们更注重自己的感受和情绪。

4. 两腿并拢端坐

采取两腿并拢，端正坐姿的人通常非常注重形象和规矩，他们倾向于给人留下好印象。这种坐姿还表明他们具有很强的自我约束力，懂得在适当的场合表现自己的严谨和成熟。

5. 两腿交叉

两腿交叉的坐姿表明对方可能正在思考问题或感到身体不适。此外，这种姿势也可能表现出个体的叛逆性和独特的个性。他们往往有自己的想法和见解，不愿被束缚在固定的思维框架内。

6. 手托下巴

手托下巴的坐姿通常表示对方正在思考问题或感到无聊。这种姿势还揭示了其对对方的依赖性与幼稚心理，他们可能需要帮助或安慰。此外，他们也可能是在一个轻松的环境中享受思考的乐趣。

7. 双臂交叉

双臂交叉的坐姿通常意味着对方在保护自己，这表明他们在面对一些情况时可能缺乏自信。这种姿势也反映出个体内心可能存在的防御心理和不安全感，需要额外的保障来维持内心的平衡。另外，这种姿势也有可能只是因为他们感到冷而表现出的本能的反应。

8. 跷二郎腿

跷二郎腿是一种比较随意的坐姿，这通常意味着其正处于放松的状态。这种姿势通常给人自由散漫和傲慢的印象，他们往往对外界不太关注，更注重自己的感受。这种姿势会影响到其他人的观感，因此在一些正式的场合中并不适用。

因此，坐姿可以透露许多关于我们性格和心理状态的信息。当然，这些分析并不能完全确定一个人的性格，同时也不能忽视其他因素对坐姿的影响，如个人的习惯、文化背景等。通过观察和分析坐姿，我们可以更好地了解他人，促进相互间的沟通和理解。通过微小的动作洞察人心，让我们在人际交往中更加游刃有余。

案例分析

案例发生在一个阳光明媚的午后，某公司的一次重要面试正在紧张而有序地进行着。这次面试的最终结果将决定一名年轻人的职业命运，因此，他紧张地坐在面试官的对面，希望能够展现出自己最好的一面。在面试过程中，这位年轻人表现得非常自信，回答问题时口齿清晰、逻辑严密。当面试官提醒他可以放松一点儿时，他便开始身体微微倾斜、双腿交叉、双手抱胸等。

分析

在这个案例中，年轻人的坐姿礼仪体现出了他对于面试的自信和放松。然而，这种随意的姿态在面试场合中并不合适。首先，身体倾斜和双腿交叉会给人一种不专注和不专业的印象，容易让面试官觉得他对面试不够重视。其次，双手抱胸的动作则显得过于自负和自满，可能让面试官觉得他缺乏团队合作的精神。

这个案例告诉我们，在面试这种正式场合中，正确的坐姿礼仪是非常重要的。正确的坐姿不仅能够展现出自信和专业，更能够给面试官留下良好的印象。因此，在参加面试时，我们一定要保持良好的坐姿，注意自己的姿态和动作。尤其是在等待面试开始时，要保持安静并端坐，不要显得过于随意或者散漫。在回答问题时，应该注意与面试官保持目光接触，同时避免有小动作或者姿态不雅观的情况出现。

我们还应该注意礼仪的细节。例如，当面试官进入面试房间时，应该主动起立并微笑致意；面试结束后，应该向面试官致谢并轻轻拉动椅子离场。这些细节不仅能够展现出自信和专业素养，更能够提高自己的竞争力。

正确的坐姿礼仪是成功面试的重要因素之一。通过展现自信、专业和尊重的态度，我们能够给面试官留下深刻的印象，并为自己的职业发展打下良好的基础。

坐姿礼仪知识

在面试这种正式场合中，正确的坐姿礼仪对于给面试官留下良好印象非常重要。首先，入座时应该轻盈而自然，不要急于坐下，避免显得过于急躁。其次，落座后应保持身体挺直，头部和颈部保持平直，背部和腰部应紧贴椅背，双腿并拢，双脚平放在地面上，双手自然放在膝盖或桌面上，姿态端正而自然。展现出自己的自信和专业。

讨论与思考

1. 坐姿的基本要点有哪些？
2. 在不同的场合，如何选择合适的坐姿？
3. 坐在椅子上时，保持背部挺直的秘诀是什么？
4. 避免哪些不良坐姿，以展现良好的形象？
5. 长时间坐着时，如何确保腰部和背部不受伤害？
6. 在正式场合，如何优雅地坐下？
7. 坐下时如何保持正确的腿部姿势？
8. 面试或会议时，如何保持良好的坐姿？
9. 在不同文化背景下，坐姿礼仪有何差异？
10. 在公共场合如何保持礼貌的坐姿？

三、走姿

走姿，即步态，是人体呈现的一种动态表现，它是站姿的延续，更是动态美的一种体现。这种动态美能够直接反映一个人的精神面貌，展示出一个人的风度、风采及独特的魅力，对于塑造个人的社会形象具有至关重要的作用。拥有良好走姿的人通常会充满活力。

对走姿的要求是"行如风"，即行走动作应连贯且从容、稳健。协调和韵律是步态的基本要求，良好的步态应该平稳、自如、轻盈、敏捷、矫健，展现动态之美，表现出朝气蓬勃、积极向上的精神状态。

男士的走姿应稳重坚定、豪迈洒脱，体现出自信的阳刚之美；女士的走姿则应当轻盈、飘逸、内敛，体现出端庄优雅的阴柔之美。

(一)走姿的基本要求

(1) 上身基本保持站立时的标准姿势。

(2) 两臂以身体为中心，前后自然前后摆动。前摆时约 35°、后摆时约 15°，手掌心向内，指关节自然弯曲。

(3) 起步时身体稍向前倾 3°～5°，身体重心落在前脚掌，膝盖伸直。

(4) 两脚的内侧要落在同一条直线上，步位要准确，不可形成"外八字"与"内八字"。

(5) 步幅适度，行走中前脚的脚跟与后脚的脚尖以一只脚的距离为宜。男士步幅通常在 40cm 左右，女士步幅一般不超过 30cm。但由于身高的区别及着装的不同，在步幅上会有一些差距。

(6) 行走速度应保持均匀、平稳，不能过快或过慢。一般情况下，男士步速每分钟一般保持在 100～110 步，女士步速每分钟一般保持在 110～120 步。

(7) 克服不雅的走姿，如扭腰摆臀、左右摇晃、步速过快或过慢、步履拖沓、双手插兜、低头驼背等。

标准走姿如图 5-16 所示。

(1)　　　　　　　　　　(2)

图 5-16　标准走姿

(二)不同着装的走姿

在强调走姿时，我们还应注意着装问题。在社会交往中，由于场合和地点不同，服装的材质与搭配等都有较大的差异。那么穿着不同的服装时应如何保持优雅的走姿呢？

1. 穿着西装时

西服是典型的正装，设计上以直线条为主。在穿着西装行走时，应保持身姿挺拔，后背平正；行走时，膝盖要挺直，步幅可稍大，手臂放松前后自然摆动；运用手势时应简洁、大方、明了；男士在行走时不要晃肩，女士在行走时则应避免髋部左右摆动。

2. 穿着短裙时

短裙指裙长在膝盖上下十厘米左右的裙子。女士短裙分为两种款式，一种是西式短裙，下摆略向里收；另一种是下摆较大的款式，如四片裙、八片裙等。穿西式短裙行走时，步幅不应过大，一般不应超过着装者的一个脚长，尽量走成一条直线，以展现着装者的端庄；而穿着下摆较大款式的短裙时，步幅可以略大于西式短裙，但要表现出穿着者的轻盈敏捷、活泼洒脱、灵巧的风格和体态。

3. 穿着旗袍时

旗袍作为代表东方女性柔美风韵的典型服饰，其独特的曲线韵律美感是其他服饰无可比拟的。穿着旗袍时，要保持身姿挺拔，下颌微微收起，双目平视，面带微笑，避免塌腰翘臀。尤其在行走时，无论是穿高跟鞋还是平底鞋，走路的步幅都不宜过大，一般不应超过 24 厘米，以免因旗袍开衩过大而露出大腿，造成不雅。手臂在体侧自然摆动，但幅度不宜过大。站立时，两手相握置于腰间，体现出东方女性的含蓄、妩媚和典雅的风格特征。

4. 穿着长裙时

穿长裙时，从视觉效果上增加了穿着者下半身的长度，使女性身材看起来更加修长，而长裙较大的下摆则使人显得更加飘逸潇洒。穿长裙行走时，可稍加大步幅，但步速不宜过快。转身时要注意头与身体的协调，保持微笑，展现出含蓄之美。

(三)常用走姿介绍

1. 碎步

在面对较多的客户时，为了能够提供及时高效的服务，我们可能需要加快工作节奏，有些人会选择小跑、迈大步等方式来应对这种情况，虽然这样做可以提高工作效率，但可能在客户中营造紧张、无序、不雅的氛围。因此，建议在工作场合更多地采用碎步的方式。所谓碎步，是指缩小步幅，加快步伐频率。这样既能提高工作效率，又不会给人留下慌乱无序的印象。

2. 变向走姿

当我们在行走过程中需要转身改变方向时，应采用合适的方法展现我们规范、优美、典雅的步态。当左脚在前时，应以左脚为轴心向身体右侧转动，然后迈出右脚；反之亦然。为了保持优雅的姿态，我们一定要做到先转身再转头。

3. 后退步

后退步主要在与人告别时使用。为了表示对他人的尊重，告别时应该后退两三步，再转身离开。需要注意的是，退步时脚要轻擦地面，步幅宜小，并且要先转身再转头。

4. 引导步

当我们为长辈、上级或客人引领带路时，我们应尽可能地走在被引领者的侧前方，并与被引领者保持 1 米左右的距离。在行走过程中，我们的身体可以半转向被引领者，同时侧步前行。在遇到上下楼梯、转弯、上下台阶、进门等情况时，还需要配以明确的手势，示意对方注意。

(四)走姿练习

1. 迈步分解动作练习

(1) 保持基本站姿，双手叉腰，左脚擦地前点地，与右脚相距一个脚的长度，右脚直腿蹬地，髋关节迅速向前移动重心，成右后点地，然后换方向练习。

(2) 保持基本站姿，两臂自然下垂于体侧。左脚前点地时，右臂移至小腹前的指定点位置，左臂向后斜摆，右脚蹬地，重心前移成右后点地时，手臂位置不变，然后换方向练习。

2. 行走连续动作训练

(1) 左腿屈膝，小腿自然提起，大腿向上抬起，提腿向正前方迈出，脚跟先落地，经脚心、前脚掌至全脚落地，同时右脚后跟向上慢慢踮起，身体重心逐渐移向左腿。

(2) 换右腿屈膝，经过与左腿膝盖内侧摩擦向上抬起，勾脚迈出，脚跟先着地，落在左脚前方，两脚间相隔一脚距离。

(3) 迈左腿时，右臂在前；迈右腿时，左臂在前，保持手与脚相反的状态，避免出现同手同脚。

(4) 将以上动作连贯运用，反复练习。

3. 顶书行走练习

将一本书放在头顶，保持书的平衡，要求练习者保持挺直的脊柱、平稳的步伐和稳定的站姿。这项练习能够帮助练习者改善身体的姿势，提高其平衡感和协调性。顶书行走练习对于培养练习者优雅的走姿和增强其自信心也非常有益。练习者在顶书行走时，需要集中注意力，调整呼吸，保持稳定的步频和步幅，在训练走姿的同时培养其集中注意力和自我控制的能力。

4. 音乐练习

当行走姿态基本正确后，可配合音乐进行练习。选择欢快的音乐有助于激发活力，帮助调整步伐的速度和连贯性，培养更具活力的走姿；而选择柔和的音乐则有助于放慢步伐，让人更加从容和稳定地行走，塑造出更为端庄的走姿。音乐的节奏感能够让练习过程更富有情感，增强对步态的掌控感。在音乐的伴随下，走姿练习不再枯燥，其更具有动感和趣味性，同时也能帮助练习者更加深入地感受自己的步态和姿势，并逐步得到调整和改善。

(五)从走姿看性格：一步一世界

人们的走姿是一种基本的身体语言，同时也是展现个性特征和情感状态的一种方式。下面我们将从步伐大小、走路快慢、脚步声、身体语言、手部动作、头部的倾斜方向及综合观察等方面，探讨走姿与性格之间的关系。

1. 步伐大小

步伐大小能反映一个人的自信程度和个性特征。步伐较大的人通常自信、果敢，具有很强的行动力；而步伐较小的人则可能较为谨慎、谦逊，喜欢三思而后行。

2. 走路快慢

走路速度可以揭示一个人的性格特点和情绪状态。走路快的人通常是急性子，精力充沛，具有较强的竞争意识；而走路慢的人则可能更为沉稳、冷静，懂得享受生活。

3. 脚步声

脚步声能传达一个人的情感状态和性格特点。脚步沉重的人可能比较郁闷，需要发泄情绪；而脚步轻快的人则可能心情愉悦，充满活力。

4. 身体语言

身体语言能透露一个人的内心世界。挺直脊背、昂首阔步的人通常表现出自信、有魄力；而走路低头、姿势拘谨的人则可能较为内向、羞涩。

5. 手部动作

手部动作能反映一个人的情感状态和性格特点。握手有力的人通常果敢、自信，具有很强的行动力；而手部颤抖的人则可能比较紧张，缺乏自信。

6. 头部的倾斜方向

头部的倾斜方向可以透露出一个人的情绪状态和性格特点。面对别人讲话时，头部倾斜、眼神交流的人通常善于倾听，积极响应；而头部倾斜幅度小、避免眼神交流的人则可能比较内向，不善于表达。

7. 综合观察

通过综合观察上述各方面，我们可以更全面地分析一个人的性格特点和情感状态。例如，一个人步伐矫健、手部有力地摆动，同时昂首挺胸，说明他可能是一个自信、有活力的人；而一个人步伐缓慢、手部颤抖，同时低头走路，说明他可能是一个缺乏自信、比较紧张的人。

从走姿中我们可以窥见一个人的性格特点和情感状态。不同的人有不同的走姿，这正如世界上没有两片完全相同的叶子一样。了解走姿与性格之间的关系，能帮助我们更好地了解他人，在人际交往中更好地应对各种情况。让我们在日常生活中多加观察，从走姿开始，一步步深入剖析身边的人。

案例分析

在一次重要的商务会议上，一位年轻的专业人士小王，迈着矫健的步伐走进了会议室。他的走姿自信、大方，吸引了在场所有人的目光。然而，小王的走姿过于张扬，给人一种炫耀自大的感觉。在会议过程中，他频繁地变换姿势，时而倚靠在桌子上，时而又摇摆着身体，给人留下轻浮不定的印象。

分析

走姿是一种展现个人素质和修养的方式，一个人的走姿可以反映他的性格、心态和职业素养。在上述案例中，小王的走姿虽然自信、大方，但过于张扬，给人一种不稳重的感觉。在商务场合，稳重、端庄的走姿更为合适，因为它能够展现出专业素养和成熟稳重的形象。

正确的走姿礼仪应注重身体平衡，保持步伐稳健、自然。行走时应该保持头部端正，目光平视前方，双肩放松，腰部挺直，收腹挺胸。手臂则应自然地摆动，同时注意脚步的落地声音要轻。在商务场合，我们应尽量避免走姿过于随意或夸张，以展现出专业素养和严谨的工作态度。

讨论与思考

1. 走姿的基本要点有哪些？
2. 在不同的场合，如何选择合适的走姿？
3. 走路时保持头部和颈部挺直的秘诀是什么？
4. 避免哪些不良走姿，以展现良好的形象？
5. 长时间走路时，如何确保腰部和背部不受伤害？
6. 在正式场合，如何优雅地行走？
7. 行走时如何保持正确的手臂和手腕姿势？
8. 与人交谈时，如何保持良好的步态和姿态？
9. 在不同文化背景下，走姿礼仪有何差异？
10. 在公共场合如何保持礼貌的走姿？

四、蹲姿

蹲姿是在日常生活和工作中较为常见的一种姿势，例如，我们在捡起自己或别人掉落的东西、系鞋带、集体照中的前排拍照时，常需要降低体位去完成。如果在一个比较正式的场合，弯腰捡拾的姿势难免显得不雅观。特别是女士穿裙装时，采用这种姿势更是不合适。因此，正确的方式是采用蹲姿。

(一)高低式蹲姿

职业人士通常采用高低式蹲姿，它的基本特征是下蹲后双膝一高一低，双脚一前一后，前脚全脚掌着地，后脚的前脚掌着地，脚跟提起。女士双手可以轻握放在一条腿上，双腿并拢；男士双手可以各放于一条腿上，双腿微分不超过肩宽。

基本要求：在工作场合，物品在哪边，下蹲后哪边的腿就放低。例如，东西在左边，可以左腿后撤一小步下蹲，或右腿向前一小步下蹲，蹲下后即为左腿低、右腿高。避免摇晃，上身直立，重心放在后面一条腿上。如果下蹲时旁边站着其他人，则尽量使身体的侧面尤其是腿高的一面对着他人(见图5-17)。

(1)　　　　　　　　(2)。

图 5-17　高低式蹲姿

(二)交叉式蹲姿

交叉式蹲姿难度较大，通常适用于女士，它的特点是造型优美典雅，一般在各种活动场合的大合影中，第一排的女士需要正面朝前并下蹲时使用。交叉式蹲姿在下蹲时，右脚在前，全脚着地，左脚在后，前脚掌着地，脚跟提起。右小腿垂直于地面，右腿在上，左腿在下，二者交叉重叠，左膝由后下方伸向右侧。双腿靠紧，合力支撑身体。臀部向下，上身稍向前(见图 5-18)。

图 5-18　交叉式蹲姿

(三)蹲姿的注意事项

(1) 不要突然下蹲。应该缓慢地蹲下，避免突然的动作，以免引起他人的不适或注意。

(2) 不要距离他人过近。在蹲下时，应该保持与他人适当的距离，避免过于靠近他人，以免引起他人的不适。

(3) 不要方位失当。在蹲下时，应该注意身体的方向，避免正面对着他人或背对着他人，以免引起误会或不适。

(4) 不要毫无遮掩。在蹲下时，应该注意身体的姿势，避免过于暴露或不雅的动作，以免引起他人的反感或不适。

(5) 不要蹲在物品上。在蹲下时，应该避免蹲在物品上，以免损坏物品或影响他人的使用。

(6) 不要长时间蹲着休息。在蹲下时，应该避免长时间蹲着休息，以免影响血液循环和身体健康。

(四)从蹲姿看性格

日常生活中，蹲姿是一种常见的非正式姿势，但在社交场合中却往往被忽视。事实上，蹲姿能反映一个人的性格特征，并在特定情境下还能传达不同的信息。

(1) 交叉式蹲姿：常见于女性，展现出她们的优雅、细心和内向。
(2) 高低式蹲姿：常见于男性，展现出他们的力量、自信和有主见。

案例分析

案例发生在一个职场环境中。年轻的职员小李由于缺乏蹲姿礼仪，在与外国客户交流时闹出了笑话。小李平时工作认真负责，英语水平也相当不错。然而，有一次在接待外国客户时，小李没有采用正确的蹲姿，使客户感到非常尴尬。

具体来说，小李当时为了向客户展示公司产品，于是蹲下身子去演示。然而，他采用的蹲姿并不规范，腿部呈"W"形，且上身向前倾斜过度，给人一种不雅观的感觉。客户见状，表情十分尴尬，一度陷入沉默。小李也察觉到了客户的不满，但又不知如何是好。

此事过后，小李深感自己的蹲姿礼仪有待提高。他开始关注蹲姿礼仪方面的知识，并主动向他人请教规范的蹲姿。经过一段时间的学习和实践，小李的蹲姿得到了很大程度的改善。在一次商务活动中，小李再次遇到了那位外国客户。这次，小李的蹲姿规范得体，给客户留下了深刻的印象。客户表示，小李的变化令他刮目相看，同时其对小李所在公司的印象也大幅提升。

分析

这个案例告诉我们，蹲姿礼仪在个人形象和社交场合中具有举足轻重的作用。一个不规范的蹲姿可能让人产生尴尬和不适，甚至影响到个人和公司的形象。通过这个案例的分析，我们可以深入探讨蹲姿礼仪的文化内涵和美学价值。

在文化内涵方面，蹲姿礼仪体现了对他人的尊重和关注。在中国古代，人们常常采用蹲姿或跪姿以示对对方的尊敬。如今，随着时代的变迁，蹲姿礼仪在很多正式场合已被逐渐淘汰。然而，在国际交流中，了解并运用蹲姿礼仪对于提高个人形象和促进文化交流具有重要意义。

在美学价值方面，正确的蹲姿能展现出优雅端庄的气质。以小李为例，他通过改善蹲姿，不仅提升了个人形象，也让客户感受到了优雅与尊重。优美的蹲姿需要保持平衡和优雅的姿态，这需要平时的锻炼和养成习惯。蹲姿礼仪对个人和社会也具有一定的意义。从个人角度来看，良好的蹲姿礼仪有助于提升个人自信和职业形象。而从社会层面来看，关注蹲姿礼仪有助于营造文明、和谐的社会氛围。随着全球化的推进，蹲姿礼仪也逐渐成为国际交往中的重要一环。

尽管蹲姿礼仪在某些正式场合中并不常见，但在日常生活中却有着广泛的应用。未来，随着人们对礼仪的重视和文化交融的加深，蹲姿礼仪的应用和发展可能呈现以下趋势。

首先，将有更多的人关注和学习蹲姿礼仪。随着国际交流的增加和人们文化素养的提高，大家将更加注重在不同场合中运用适当的礼仪。蹲姿礼仪作为基本交际礼仪之一，将被更多人重视和学习。

其次，蹲姿礼仪将在日常生活中得到更广泛的应用。在教育、服务行业以及日常生活中，适当的蹲姿将能更好地体现出对他人的尊重和理解。比如，服务人员可以运用蹲姿为顾客介绍产品或提供帮助，这样能拉近与顾客的距离，提高服务质量。

最后，蹲姿礼仪将促进文化交流和融合。在国际交往中，了解不同文化背景下的蹲姿礼仪将有助于增进相互理解与友好合作。不同国家和地区的人在进行交流时，如果能适当地运用对方文化中的基本礼节，将有助于建立更为紧密的联系。

在中国的传统文化中，蹲姿礼仪并不被广泛推崇。然而，随着国际交流的加深，越来越多的人开始关注蹲姿礼仪，并认识到它的重要性。通过上述案例及分析，我们可以看出蹲姿礼仪在个人形象塑造和社交场合中的重要性。学习和运用蹲姿礼仪有助于提升个人的职业素养和跨文化交流能力，促进社会文明程度的提高。在未来的发展中，随着人们对礼仪的重视，蹲姿礼仪将成为人们日常生活中的必备技能之一。因此，建议大家注重蹲姿礼仪的学习与应用，以便在交际场合中更好地展现自己和并与他人建立良好的关系。

讨论与思考

1. 蹲姿的基本要点有哪些？
2. 在不同的场合，如何选择合适的蹲姿？
3. 蹲姿时如何保持优雅和礼貌？
4. 避免哪些不良蹲姿，以展现良好的形象？
5. 长时间保持蹲姿时，如何确保腿部和腰部不受伤害？
6. 在正式场合，如何优雅地蹲下？
7. 蹲下时如何保持正确的背部姿势？
8. 与人交谈时，如何保持良好的蹲姿？
9. 在不同文化背景下，蹲姿礼仪有何差异？
10. 在公共场合如何保持礼貌的蹲姿？

五、手势

手势礼仪是一种动态语言，其表现的含义非常丰富，不同的手势应用在不同的场景中，如引导入座、指引方向、介绍人或物等。心有所思，手有所指，手势对他人表达的不仅是指示，还是一种感情，一份尊重。

(一)手势礼仪要点

掌心朝上或倾斜45°，五指伸直并拢，手掌和小臂呈一条线，配合语言和表情。

(二)手势礼仪禁忌

不可掌心朝下，不可用手指指点点，放下手时不可晃动，这样不但不礼貌，还严重影响形象。

(三)商务场合的五种手势

1. 前伸式手势

描述：身体微前倾，左手自然下垂，右手向正前方伸出，手掌斜切地面约45°，小臂与手掌呈一条线，五指伸直并拢。

适用情况：前伸式手势，用于面对面的指示，例如柜面服务时的"你好，请坐"手势

(见图 5-19)。

2. 斜臂式手势

描述：手掌和小臂呈一条线，肘关节自然弯曲，手指伸直，五指并拢，指向斜上方或者斜下方。

适用情况：斜臂式手势，用于向斜上方或斜下方的介绍或提醒，如"请看这里""请小心台阶"(见图 5-20)。

图 5-19　前伸式手势

(1)　　　　　　　　　　　　(2)

图 5-20　斜臂式手势

3. 提臂式手势

描述：小臂自然提起，大臂与小臂呈 90°左右夹角，肘关节与身体保持一拳的距离，小臂和掌心呈一条直线，五指并拢，倾斜 45°。

适用情况：提臂式手势，用于室内或近距离的指引或指示，如"请往右边"(见图 5-21)。

4. 直臂式手势

描述：五指并拢，手掌倾斜 45°，手掌、小臂、大臂与肩平行，呈一条线，指向远方。

适用情况：直臂式手势，用于室外或远距离的指引或指示，如"请往前走"(见图 5-22)。

5. 横摆式手势

描述：手掌和小臂从身体右侧提起，并向右展开，手掌和小臂呈一条直线与地面平行，大臂与小臂呈 90°左右夹角，五指并拢，掌心向上。

适用情况：横摆式手势，用于引导或介绍重要人物，如"请随我来""这位是王总"(见图 5-23)。

(四)递接资料或物品

1. 递接资料

在递送资料时，双手应拿在资料的两侧或下方，确保文字正面朝向对方，身体微微前倾，面带微笑，递至对方手中，并配合使用礼貌用语；在接收资料时，同样身体微微前倾，双手接过，面带微笑并表示感谢。

图 5-21　提臂式手势　　　　图 5-22　直臂式手势　　　　图 5-23　横摆式手势

2. 递接物品

在递送或接取物品时，均需使用双手或右手，身体微微前倾，同时配合微笑和礼貌用语。在递送笔、剪刀及各种锐利物品时，应特别注意将尖端部分朝向自己，从侧下方递给对方，避免误伤。

案例分析

在一次公司的重要会议上，年轻的销售代表小林成了众人关注的焦点。原因并不是他的出色表现，而是他在会议上的不雅手势。小林习惯在说话时挥舞双手，有时手势幅度过大，甚至会打到前面的投影幕布。此外，他还经常一边说话一边用手势强调重点，但遗憾的是，他的手势并不能与他的语言同步，反而让人感到有些混乱。

分析

这个案例涉及的是手势礼仪中的表达与沟通问题。从案例中我们可以看出，小林的手势并没有帮助他更好地表达自己的观点，反而分散了听众的注意力，甚至给人留下不专业的印象。

手势礼仪的重要性体现在以下几方面。

(1) 辅助口头表达：得体的手势可以增强口头表达的清晰度和说服力。

(2) 展现个人风范：优雅的手势可以展现个人的修养和风范，树立良好的形象。

(3) 强调重点：通过适当的手势，可以突出说话的重点和逻辑，帮助听众更好地理解。

小林在会议上的手势并没有起到以上作用，反而给人留下不专业的印象。具体来说，有以下两个原因。

(1) 手势幅度过大：小林挥舞双手的幅度过大，甚至会打到投影幕布，这给人一种过于激动、不专业的感觉。

(2) 手势与语言不同步：小林在说话时常常用手势强调重点，但遗憾的是，他的手势并不能与语言同步，反而让人感到有些混乱。

如果小林想要改进他的手势礼仪，可以从以下几方面着手。

(1) 减少手势幅度：适当控制手势的幅度，避免过于激动或夸大的动作。

(2) 手势与语言同步：在强调重点时，确保手势与口头表达同步进行，使听众更容易理解。

(3) 培养自信：多加练习，增强自信，使手势动作更自然、更优雅。

手势礼仪的应用场合非常广泛，如在商务谈判、发表演讲、日常交流等场合中都可以运用得体、优雅的手势来提升自己的形象和表达效果。在正式场合，如重要会议或演讲中，得体的手势礼仪能够更好地展现个人专业素养和良好的教养；在非正式场合，适当的手势也能拉近人与人之间的距离，增强沟通效果。因而在不同场合灵活运用得体的手势礼仪也是非常重要的。作为职场人士，我们一定要注意手势礼仪的学习和运用，让自己在各种场合都能展现出最佳的形象和风采。

讨论与思考

1. 手势礼仪的基本要点有哪些？
2. 在不同的场合，如何选择合适的手势？
3. 使用手势时如何保持优雅和礼貌？
4. 避免哪些不良手势，以展现良好的形象？
5. 长时间保持手势时，如何确保手部不受伤害？
6. 在正式场合，如何优雅地使用手势？
7. 使用手势时如何保持正确的手指姿势？
8. 与人交谈时，如何保持良好的手势？
9. 在不同文化背景下，手势礼仪有何差异？
10. 在公共场合如何保持礼貌的手势？

六、表情

表情礼仪是人际交往中非常重要的一个环节，它涵盖了面部表情的礼仪要素。我们的表情是情感和态度的外在表现，在交流中发挥着重要的作用。研究数据显示，在信息传递中，视觉信号占55%，声音信号占38%，而文字信号仅占7%，这充分说明了表情在有效沟通中的重要性。表情礼仪主要包括眼神礼仪和微笑礼仪两个方面的内容。

(一)眼神礼仪

眼神礼仪是表情礼仪中的重要组成部分，通过眼神交流能够传达友好、尊重和关注等情感。适时的眼神接触可以展现出真诚的交往态度，令人感到受到尊重，并且有助于有效地建立信任感。

1. 人际交往中目光凝视区域

(1) 公务凝视，是指注视对方双眼与额头之间，通常称为"上三角"的区域，这种公务凝视适用于和客户洽谈、谈判等严肃的场合。这种凝视会显得严肃认真，能让对方感受到诚意，容易把握住谈话的主动权和控制权(见图 5-24)。

(2) 社交凝视，是指注视对方从唇心到双眼之间通常被称为"中三角"的区域。这种凝视会给人一种平等、轻松感，从而营造一种良好的社交氛围(见图 5-25)。

(3) 亲密凝视，是指注视对方唇心到锁骨之间通常称为"下三角"的区域，这种亲密凝视适用亲人、恋人、家庭成员之间，往往带有亲昵爱恋的感情色彩，所以非亲密关系的人不应使用这种凝视，以免引起误解(见图 5-26)。

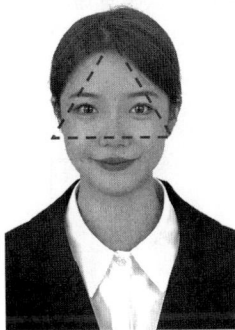

| 图 5-24 公务凝视区 | 图 5-25 社交凝视区 | 图 5-26 亲密凝视区 |

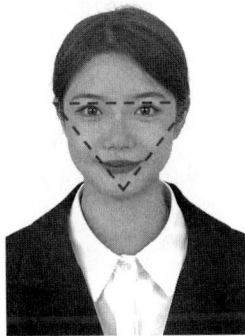

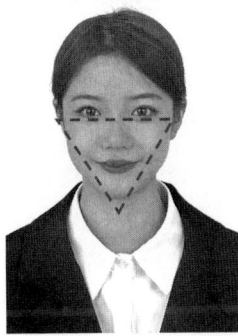

2. 眼神禁忌

(1) 不要长时间注视对方。与人交谈时，如果对方是关系亲近的同事，可以较长时间注视对方以拉近心理距离。但若是与异性交谈时，为了避免给对方造成不适或尴尬，目光接触不宜持续超过 10 秒。在交谈过程中，目光与对方接触的时间一般占整个交谈时间的50%～70%。

(2) 不要盯视对方。一直盯着对方看，会使对方产生压迫感。初次见面或不太熟悉的男性若用这种眼神注视女性，会让女性感到很不自在，甚至产生反感。相反，如果女性用这种眼神注视男性，就会显得不稳重。在注视对方时，应该让自己的眼神变得虚散一些，不要只聚焦于对方身体的某个部位，而是要将对方的全身都纳入视线范围内。

(3) 不要斜视对方。有些人在与人交往时常常会不正眼看对方，或者对自己不喜欢的人和事情流露出一种鄙夷和不屑的眼神。但实际上，这种做法并不能显示出他的高尚，反而暴露出他的狭隘与无礼。因此，与人交往时应尽量避免使用斜视、瞟、瞥的眼神。

案例分析

小李是一名大学新生，刚进入大学校园，他感到十分新鲜和好奇。在校园里，他经常用好奇的眼神四处打量。然而，这一行为却给他带来了一些麻烦。他发现有些教授和同学对他投来不满的目光，甚至有人直接质问他："你为什么一直盯着我？"这让小李感到十分困惑和不安。

分析

这个案例涉及的是眼神礼仪中的社交规则和尊重他人。从案例中我们可以看出，小李的好奇眼神并没有得到他人的理解和接受，反而让他遭受了不满和不尊重的待遇。

眼神礼仪的重要性体现在以下几个方面。

(1) 传递信息：通过眼神可以传达各种情感和信息，如友好、敌意、无辜等。

(2) 表达尊重：与人交谈时，保持眼神接触可以展现出对对方的尊重和关注。

(3) 建立信任：适当的眼神交流可以拉近人与人之间的距离，建立信任和亲密关系。

小李在校园里四处打量时，没有考虑到他人的感受和社交规则，因此遭受了不满和不尊重的待遇。具体分析，有以下两个原因。

(1) 过度关注：小李的眼神过于好奇、过度关注他人，让人感到不自在和受到了侵犯。

(2) 缺乏尊重：在与人交谈或社交时，保持适当的眼神接触是一种基本的礼仪和尊重。然而，小李在与人交谈时并没有保持适当的眼神接触，这让人感到不被重视和尊重。

如果小李想要改变他的眼神礼仪，可以从以下几个方面着手。

(1) 控制眼神：避免长时间凝视他人，尽量保持自然、适当的眼神交流。

(2) 掌握社交规则：了解和遵守眼神礼仪的基本规则和文化差异，根据不同场合调整自己的眼神礼仪。

(3) 注意情感表达：在与他人交流时，要注意表达友好、尊重和倾听的情感，避免传达出负面情绪。

眼神礼仪的应用场合非常广泛，比如在商务谈判、面试、演讲等场合中都可以运用恰当的眼神来增强自己的影响力。在正式场合，得体的眼神礼仪能够更好地展现个人专业素养和自信；在非正式场合，适当的眼神交流也能拉近人与人之间的距离，增强沟通效果。因而在不同场合灵活运用恰当的眼神礼仪是非常重要的。我们一定要重视眼神礼仪的学习和运用，让自己在各种场合都能展现出最佳的形象和风采。

案例分析

小杨是一家大型企业的一名新员工，他刚刚参加完公司的年度会议，被安排在一个大型会议室与众多同事一起进行自我介绍。小杨感到非常紧张，当他站在会议室的前面，面对众多期待的目光时，他的目光在人群中游移不定，始终没有找到一个安定的点，让人感到他的不自信和焦虑。

分析

这个案例涉及的是眼神礼仪中的自信与沟通问题。从案例中我们可以看出，小杨在自我介绍时缺乏自信，他的眼神游移不定，无法与同事建立稳固的视线接触，给在场的同事留下不专业的印象。

眼神礼仪的重要性体现在以下两个方面。

(1) 自信与专业：坚定的眼神能展现出自信和专业素养，树立良好的个人形象。

(2) 传达情感与意图：眼神能够传达情感、意图和兴趣，有助于建立良好的人际关系和有效沟通。

小杨在自我介绍时的眼神并没有起到以上作用，反而给人留下不自信的印象。具体分析，有以下两个原因。

(1) 目光游移不定：小杨面对同事的期待目光时，他的目光在人群中闪烁不定，没有找到一个安定的点，让人感到他的不自信和焦虑。

(2) 缺乏视线接触：小杨在与同事进行自我介绍时，没有与同事建立稳固的视线接触，传达出他缺乏自信和专业的信息。

如果小杨想要改进他的眼神礼仪，可以从以下几个方面着手。

(1) 练习直视：在镜子前进行自我练习，学会保持稳定、自信的眼神接触，培养自己的自信。

(2) 了解场合与情境：在不同的场合，运用不同的眼神礼仪。例如，在求职面试中，要学会通过适当的视线接触来展示自己的自信和专业；在社交活动中，则要学会运用友好的眼神接触来建立良好的人际关系。

(3) 保持积极态度：树立积极的心态，相信自己的能力，有助于在运用眼神礼仪时展现出自信和专业的形象。

眼神礼仪是一种无声的语言，它可以传达出许多信息和情感。在社交活动中，眼神礼仪也是礼仪中非常重要的一部分。比如，当与他人交谈时，应该保持友好的视线接触；而在聆听他人讲话时，应该保持专注的神情和视线接触。而在商业场合，眼神礼仪则更显重要。比如，在求职面试中，应该通过适当的视线接触来展示自己的自信和专业素养；而在进行商务谈判时，应该保持冷静的眼神接触，以显示自己的决心和自信。因而在不同场合灵活运用得体的眼神礼仪也是非常重要的。作为职场人士，要注意眼神礼仪的学习和运用，让自己在各种场合下都能展现出最佳的形象和风采。

讨论与思考

1. 眼神礼仪的基本要点有哪些？
2. 在不同的场合，如何选择合适的眼神交流方式？
3. 与人交谈时，如何保持适当的眼神接触？
4. 避免哪些不良眼神表现，以展现良好的形象？
5. 在正式场合，如何优雅地进行眼神交流？
6. 与人交谈时，如何保持良好的眼神交流？
7. 在不同文化背景下，眼神礼仪有何差异？
8. 在公共场合如何保持礼貌的眼神交流？
9. 在商务场合如何进行得体的眼神交流？

(二)微笑礼仪

1. 微笑礼仪基本要求

(1) 微笑应发自内心。微笑是源于内心的快乐。当一个人心情愉快、兴奋或遇到高兴的事情时，这种笑容会自然地流露出来。这是一种情绪的调节，是内心情感的自然表达，而非故作笑容、虚情假意。

发自内心的微笑，能让与你交往的人产生良好的心境，并消除彼此间的陌生感。微笑是一个人自信、真诚、友善、愉快的心态表露，能营造出一种明朗且富有人情味的气氛。

(2) 微笑应得体、适度、适宜。微笑是人们在交往中最具吸引力和最有价值的面部表情，但也需要分清场合。要笑得得体、适度，才能充分表达友善、诚信、和蔼、融洽等美好情感。比如，与人初次见面时，给对方一个亲切的微笑，可以拉近双方的心理距离，消除拘束感；同事见面打招呼时点头微笑，显得更加和谐、融洽；上级给下级一个微笑，则能让人感到平易近人。此外，正式场合的笑容也要适度。故意掩饰笑容或抑制笑容，不仅有碍身体健康，还会有失美感；放声大笑或无节制地笑不雅观；而一边看别人一边哈哈大笑则更为失礼。

(3) 微笑应是"世界通用语言"。无论我们走到哪里，无论面对什么样的对象，都应该毫不吝啬地将微笑送给别人。微笑不仅体现一个人不卑不亢的性格，还是一个人宝贵的精神财富。当我们把微笑送给别人时，不仅能温暖别人的心灵，还能让自己变得更加自信和坚强。因此，我们应该珍惜微笑的力量，将它传递给更多的人(见图5-27)。

图 5-27　微笑

2. 训练方法

(1) 对镜练习法：取一张厚纸遮住眼睛以下部位，对着镜子，想象着最令你高兴的情景，鼓动双颊，做出微笑的口型。

(2) 发音练习法：通过发出特定的音节，例如，"一""七""田七""茄子"，可以锻炼嘴角肌肉的运动，有助于微笑更加自然且舒展。

(3) 含箸法：这是日式训练法。使用一根干净、光滑的圆柱形筷子，将筷子横放在嘴中，用牙齿轻轻咬住，练习微笑的状态。

(4) 情绪诱导法：尝试将自己置身于一个令人愉悦的情境中，回忆那些曾让你心生欢喜和快乐的时光，帮助你自然地露出微笑，因为微笑常常与积极的情感联系在一起。

3. 微笑禁忌

(1) 忌嬉皮笑脸或皮笑肉不笑(假笑)。嬉皮笑脸通常指不真诚的笑容，而皮笑肉不笑则是指表面上在笑，但实际上并没有真正开心。这两种笑容都会让人感到不舒服，因此应该尽量避免。如果不是真正开心，最好保持平静或者严肃。

(2) 忌夸张性大笑。夸张的笑容可能会让人感到不自在或者不真实。如果不是很擅长笑，那么最好保持自然的笑容。

(3) 忌讳不分场合的笑。有些场合是不适合笑的，比如在别人伤心或者焦急的时候，则应尽量避免笑。而在庄重或者严肃的场合，应该保持平静，不轻易发笑。此外，如果别人有生理缺陷或者不完美的地方，切忌嘲笑。

(4) 忌公共场合放声大笑。在公共场合或者正式场合，过于放声大笑可能会破坏气氛，让他人感到不舒服或者尴尬。所以，应尽量避免放声大笑，而应保持安静或者微笑。

(5) 忌长时间发笑。长时间的笑容可能会让人感到无聊或者疲惫。长时间发笑，别人可能会感到不耐烦或者对你产生不好的感觉。

▶ 案例分析 ▶

让我们从一个真实的案例开始，这个案例发生在一家名为"阳光咖啡馆"的场所。有一天，客人李先生走进了咖啡馆，他的脸上没有任何表情，让在场的所有人都感到了压抑。当他坐下后，服务员小王走了过来。小王虽然看到李先生的冷淡态度，但他并没有因此沮丧或生气。相反，他微笑着向李先生问好，并询问他需要什么服务。

李先生一开始对小王的热情有些反感，但小王的微笑和礼貌的态度让他感到心情舒畅。他看着小王的微笑，心中的冰冷感觉慢慢地被融化了。他告诉小王想要一杯咖啡，然后他们开始了一段友好的对话。那天之后，李先生成了"阳光咖啡馆"的常客。他说，是小王的微笑和礼貌改变了他对咖啡馆的印象，也改变了他的心情。

分析

这个案例展示了微笑礼仪的力量。首先，微笑是一种强大的社交工具，它能够打破僵局，缓解紧张的气氛，让人们感到舒适和欢愉。在这个案例中，小王的微笑让李先生从冷漠的状态中解脱出来，使他愿意与小王进行交流。

其次，微笑也是一种尊重的表现。当人们微笑时，他们通常会显得更加友善和亲切。在这个案例中，小王的微笑不仅让李先生感到舒服，也让他自己显得更加专业和有礼貌。

最后，微笑还是一种积极的生活态度的体现。当我们微笑时，我们通常会感到更加快乐和满足。在本案例中，小王的微笑不仅影响了李先生的心情，也让他自己的生活充满了更多的积极能量。

这个案例告诉我们微笑礼仪的重要性。无论我们身处何种环境，面对何种情况，只要我们能保持微笑，就能找到与他人建立联系的方式，也能让自己的生活更加美好。

案例分析

一天，小李在公司的电梯里遇到了他从未见过的新同事小王。小王是个热情开朗的人，他总是带着微笑与人交流。然而，小李注意到小王的微笑似乎有些过于夸张，尤其是他的嘴角提升得非常明显，而且眼神中也没有真正的笑意。这种微笑让小李感到有些不自在，他开始怀疑小王的微笑是否出于真诚。

分析

这个案例涉及的是微笑礼仪中的真诚与得体问题。从案例中我们可以看出，小王虽然总是带着微笑，但他的微笑却因过于夸张，而缺乏真诚，这样的微笑给小李留下了不真诚的印象。

微笑礼仪的重要性体现在以下两个方面。

(1) 表达情感：微笑是表达友好、善意和欢迎的方式，能够拉近人与人之间的距离。

(2) 建立信任：真诚的微笑能够让对方感到被尊重和关注，从而建立起信任和良好的关系。

小王微笑礼仪的问题在于以下两个方面。

(1) 微笑过于夸张：小王的微笑过于夸张，给人一种不真诚的感觉。过度的嘴角提升让人感到有些别扭。

(2) 缺乏真诚笑意：小王的微笑缺乏真诚的笑意，他的眼神中没有传达出友好的情感，让人感到他的微笑只是出于习惯或者应对场合的需要。

如果小王想要改进他的微笑礼仪，可以从以下几个方面着手。

(1) 适度调整微笑幅度：小王可以适当地减小微笑的幅度，避免过度的嘴角提升，以便传达出更加自然、真诚的笑容。

(2) 增强眼神交流：在微笑的同时，小王应加强与对方的眼神交流，让自己的微笑更加真诚。通过眼神交流，让对方感受到自己的友好和善意。

(3) 注重情境适应：在不同的场合，微笑的方式和程度也要有所调整。例如，在正式场合，微笑应该更加得体、适度；在社交场合，可以更加轻松、友善地微笑。

微笑礼仪的注意事项包括以下几点。

(1) 真诚：微笑应该是真诚的，不要为了应付场合或者压力而勉强自己微笑。只有真诚的微笑才能打动人心，建立起良好的人际关系。

(2) 适度：微笑礼仪也要适度，不要过于夸张或者过分抑制。适度的微笑能够表达自己的友善和热情，同时也能让自己和他人感到舒适。

(3) 配合眼神交流：在微笑的同时，要注意与对方的眼神交流。友好的眼神交流能够增强微笑的真诚度和感染力，让对方感受到自己的友好和善意。

通过以上分析，我们可以看出微笑礼仪在人际交往中的重要性和价值。在社交场合和工作中，得体、真诚的微笑能够拉近人与人之间的距离，建立信任和良好的关系。然而，过度的微笑或者不真诚的微笑则会引起他人的反感，产生不必要的负面影响。因此，我们应当注重培养得体、真诚的微笑礼仪，以便在各种场合都能够展现出自信、友好的形象和风采。

讨论与思考

1. 微笑礼仪的基本要点有哪些？
2. 在不同的场合，如何选择合适的微笑方式？
3. 与人交谈时，如何保持适当的笑容？
4. 避免哪些不良笑容表现，以展现良好的形象？
5. 长时间保持微笑时，如何确保脸部肌肉不疲劳？
6. 在正式场合，如何优雅地微笑？
7. 与人交谈时，如何保持良好的微笑表情？
8. 在不同的文化背景下，微笑礼仪有何差异？
9. 在公共场合如何保持礼貌的微笑？
10. 在商务场合如何进行得体的微笑交流？

第二节 社 交 礼 仪

具体内容见下方二维码。

第三节 认 识 色 彩

色彩是人类生活中不可或缺的元素，从自然环境到人造环境，从艺术作品到日常生活用品，它们无处不在。颜色不仅是视觉的体验，还具有深刻的心理和文化内涵。色彩是能引起我们共同的审美愉悦的、最为敏感的形式要素。它是最有表现力的要素之一，因为它的性质直接影响人们的情感。丰富多样的颜色可以分为两个大类：无彩色系和有彩色系。

色彩是光线和物体表面反射的光线相互作用的结果。它可以呈现不同的颜色、明度和饱和度。在色彩学中，饱和度为 0 的颜色为无彩色系，有彩色系的颜色可以分为三个属性：色相、明度和纯度。色相是指颜色的种类，如红色、黄色、蓝色等；明度是指颜色的明暗程度，明度越高则颜色越亮；纯度是指颜色的鲜艳程度，纯度越高则颜色越鲜艳。

在我们的日常生活中，色彩无处不在，它以其独特的魅力和表现力吸引着我们。从基本的黑白色到丰富的彩色，从安静的灰色到鲜艳的亮色，色彩的世界千变万化。它们无声无息地影响着我们的情绪、行为甚至是决策。然而，我们真的了解色彩吗？我们真的能够准确地辨识出各种颜色吗？让我们一起踏上这场视觉的奇妙之旅，探索对色彩的认知与辨识。

一、色彩的表现形式

色彩是我们在日常生活中随处可见的元素，它以其独特的魅力和表现力吸引着我们。下面我们将从色彩基本原理、色彩的心理学、色彩的文化象征、色彩的搭配与应用、自然与色彩、艺术与色彩以及科技与色彩等方面，探讨色彩的表现形式。

(一)色彩的基本原理

色彩的基本原理涉及光与色的关系、颜色的分类和色彩模式等。光与色是密不可分的，不同波长的光对应着不同的颜色。颜色可以分为原色、间色和复色。原色是指红色、黄色、蓝色三种基本颜色，间色是由两种原色混合产生，而复色则是由间色和原色混合而成。在色彩模式上，常用的有 RGB 和 CMYK 两种，分别对应着光学意义上的色彩模式和印刷输出的色彩模式。

(二)色彩的心理学

色彩的心理学研究色彩对人心理的影响、色彩的象征意义以及色彩的治疗作用等。不同的颜色会给人带来不同的心理感受，例如，红色可以激发人们的热情和活力，蓝色则让人感到平静和放松。色彩的象征意义也因文化而异，例如，在西方，白色通常象征着纯洁，而在中国，白色则被视为不吉利的颜色。此外，色彩还可以用于治疗一些心理问题，例如，心理学家发现，蓝色可以缓解焦虑和压力。

(三)色彩的文化象征

色彩的文化象征涉及不同国家和民族的文化特色与色彩印象。例如，在中国，红色往往代表着喜庆和吉祥；而在一些西方国家，红色则可能被视为暴力的象征。此外，不同文化背景的人对色彩的喜好也不同，例如，欧洲人偏爱冷色调；而非洲人则偏爱暖色调。

(四)色彩的搭配与应用

色彩的搭配与应用主要涉及颜色搭配原理、配色方案以及色彩在各领域中的应用等。颜色搭配原理主要包括相似色、互补色、对比色等搭配方法。配色方案需要考虑到整体色调的统一性和层次感。色彩在各领域中的应用也非常广泛，例如，在服装设计、室内设计、广告设计等领域中，色彩都是至关重要的元素。

(五)自然与色彩

自然与色彩的关系主要探讨自然色彩的形成、自然色彩对人的影响以及自然色彩的美学价值等。自然色彩往往会让人感到和谐、自然之美。例如，大自然的秋季色调以黄色和橙色为主，给人一种收获和温馨的感觉；而冬季色调则以白色和灰色为主，让人感到宁静和冷峻。自然色彩的美学价值也得到了很多艺术家的认可和赞美。

(六)艺术与色彩

艺术与色彩的关系非常密切，色彩在艺术作品中扮演着重要的角色。不同的艺术家通过不同的色彩表达自己的情感和思想。例如，凡高的画作中经常使用鲜艳的色彩和对比色来表达自己内心的激情和狂热；而莫奈则善于运用柔和的色调和微妙的色彩变化来表现光影的变化。此外，色彩在雕塑、建筑等艺术领域也有着广泛的应用。

(七)科技与色彩

科技与色彩的关系主要体现在色彩技术在各领域中的应用、数字化色彩创作以及科技审美等方面。随着科技的不断发展，人们可以使用更多的色彩表现形式。例如，数字绘画和计算机辅助设计软件可以让艺术家更加灵活地运用色彩；同时，科技的发展也带来了新的色彩审美观念。数字化时代的来临使人们可以通过虚拟现实技术来探索和感受色彩的魅力，科技的进步对于色彩创作和审美的推动作用越来越明显。

色彩的表现形式多种多样，它以其独特的魅力在我们的生活中占据着重要的地位。通过理解色彩的基本原理、色彩的心理学和文化象征等方面，我们可以更好地运用色彩来传达情感、表现主题；通过掌握色彩的搭配与应用技巧，我们可以更加灵活地将色彩融入我们的生活中；通过观察自然与色彩的关系，我们可以感受到大自然的和谐与美丽；通过欣赏艺术作品中的色彩运用，我们可以领略到艺术家的情感和思想；通过了解科技与色彩的关系，我们可以运用科技来拓展色彩的表现形式。因此，对于我们来说，理解和掌握色彩的表现形式是非常重要的。

二、色彩三要素

色彩是日常生活中所见到的各种颜色的总称。色彩的世界是五彩斑斓的，为了更好地理解和应用色彩，我们需要了解色彩的三要素，它们分别是色相、饱和度和明度。在色彩体系中，色相、饱和度和明度是三个最基本的要素，它们互相影响、互相作用，可以组合出千变万化的色彩。色彩是我们生活中不可或缺的一部分，它给我们的世界带来了丰富多彩的视觉体验。在色彩学中，色相主要用来区分不同的颜色，如红色、蓝色、绿色等；饱和度表示颜色的纯度或鲜艳程度，从灰色到鲜艳色渐变；而明度则描述颜色的亮度，从黑色到白色渐变。这三个要素共同决定了我们看到的颜色的整体效果。在色彩表现中，色相的影响最为显著。不同的色相会给人带来不同的心理感受。例如，红色通常给人带来温暖、热情的感觉，而蓝色则让人感到冷静、沉稳。此外，饱和度和明度也会影响色彩的表现力。一般来说，饱和度较高的颜色更为醒目，而亮度较低的颜色则更具质感。

(一)色相

人的视觉能感受到红色、橙色、黄色、绿色、蓝色、紫色等不同特征的色彩。当我们提到其中某一色的名称时，就会有一个特定的色彩印象，用于区分不同的颜色，即色彩的相貌，这就是色相。

在色彩空间中，色相可以看作描述色彩在色环上的位置。色相通常用角度来表示，范围从 0°到 360°。其中，红色为 0°，绿色为 120°，蓝色为 240°，紫色为 360°。通过调整色相，我们可以得到各种不同的颜色。

色相环是一种用于直观理解和应用色相的工具。它由 12 种基本颜色组成，包括红色、橙色、黄色、绿色、蓝色、靛色、紫色等。这些颜色按照一定的顺序排列成一个圆环，可以帮助我们更好地理解色彩之间的关系(见图 5-41)。

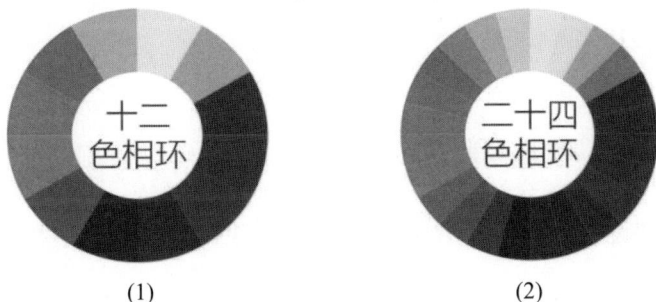

(1)　　　　　　　　　(2)

图 5-41　色相环

(二)饱和度

饱和度是指色彩的鲜艳程度，也称为色彩的纯度，是影响色彩感觉的另一个重要因素。在彩色系中，饱和度最高的颜色是纯色，而接近黑色、白色、灰色的颜色则饱和度较低。饱和度的变化可以影响整个画面的视觉效果和情感表达，例如，增加饱和度可以使画面更加鲜艳、生动，降低饱和度则可以增加画面的柔和感和舒适感。

(三)明度

明度是指色彩的明暗程度，是影响色彩感觉的重要因素之一。在无彩色系中，白色是明度最高的颜色，黑色是明度最低的颜色，而灰色则是处于中间明度的状态。在有彩色系中，不同颜色的明度也有所不同，例如，黄色的明度较高，紫色的明度较低。明度的变化可以影响整个画面的氛围和情感，例如，提高明度可以使画面更加明亮、轻快，降低明度则可以增加画面的神秘感和深度。

色彩的三要素，即色相、饱和度和明度对于理解色彩和进行色彩设计都具有非常重要的意义。无论是在艺术创作、服装设计、家居设计，还是在广告制作等领域中，都需要对这三个要素进行深入的理解和应用，才能更好地发挥色彩的潜力，创作出更加吸引人、有意义的作品。

三、色彩的分类

(一)原色

原色是指无法通过其他颜色调出的基本颜色，也称为基本色或直接色。在光学的三原色中，红色、绿色和蓝色三种光可以按不同的比例混合产生各种色彩。而在颜料的三原色中，红色、黄色和蓝色三种颜色是其他颜色无法调配出来的，因此称为原色。

1. 原色的色彩属性

(1) 红色：红色是一种鲜艳、热烈的颜色，它具有活力、激情和生命力。红色可以引起人们的注意，常被用于广告、促销等场合。

(2) 黄色：黄色是一种明亮、光辉的颜色，它具有温暖、欢乐和乐观的属性。黄色常被用于儿童用品、餐饮等场合。

(3) 蓝色：蓝色是一种冷静、沉着的颜色，它具有信任、专业和权威的属性。蓝色常被用于企业形象、科技产品等场合。

2. 原色的色彩对比

原色之间的搭配可以产生强烈的色彩对比。例如，红色与黄色搭配可以产生温暖感，适合用于节日、庆典等喜庆场合；红色与蓝色搭配则产生冷酷感，适合用于科技、金融等场合；而黄色与蓝色搭配则可产生清新、自然的色彩效果，适合用于自然景观、环保等宣传。

3. 原色的色彩混合

原色之间可以通过不同比例的混合产生出新的颜色。例如，将红色与黄色混合可以得到橙色，将红色与蓝色混合可以得到紫色。通过原色的混合，可以营造更多的色彩效果，从而满足人们在不同场合下对色彩的需求。

4. 原色的应用领域

原色在各个领域都有着广泛的应用。在光学领域，三原色可以解释为红色、绿色和蓝色三色光，是显示技术的关键；在建筑领域和设计领域，原色常被用于突出个性和活力，吸引人们的目光；在艺术领域和文化领域，原色则被赋予了各种象征意义，成为表达情感和观念的重要手段。

5. 原色的文化象征

在不同的文化中，原色也有不同的象征意义。例如，在中国文化中，红色通常代表幸福、喜庆和吉祥，黄色代表权力和财富，而蓝色则代表平静和稳定。而在西方文化中，红色代表爱情和热情，黄色代表阳光和智慧，蓝色则代表信任和权威。

6. 原色的心理效应

原色还可以通过视觉和情感反应对人们产生心理效应。例如，红色可以引起人们的兴奋和紧张感，常被用于需要吸引注意力的场合；黄色可以激发人们的活力和乐观情绪，有助于提升积极性和创造力；而蓝色则可以使人感到平静和放松，有助于缓解压力和焦虑感。

可见，原色作为色彩的基础，具有丰富的内涵和多种应用场景。它们在光学领域、建筑领域、设计领域、艺术领域等领域中发挥着重要作用，同时也对人们的心理产生深远的影响。通过对原色的深入了解和应用，我们可以更好地把握色彩的精髓，创作出更具吸引力和实用性的作品。

(二)间色

色彩中的间色是指由两种原色混合而成的颜色，即绿色、紫色、橙色，也称为"二次色"或混合色，它们通常具有特殊的视觉效果和情感表达。间色在色彩搭配中扮演着重要的角色，可以作为主色、辅助色或背景色来使用，以增强设计的表现力和视觉冲击力。

1．间色的特性

(1) 色彩纯度：与原色相比，间色具有较低的色彩纯度，但它们的明度和饱和度仍然较高。

(2) 色彩明度：间色的明度通常比原色高，但纯度较低。

(3) 柔和性：与原色相比，间色更柔和、自然，可以作为过渡色来搭配其他颜色。

(4) 情感表达：间色可以传达出特定的情感和寓意，例如，橙色和黄色代表温暖、活力和热情，紫色和蓝色代表神秘、高贵和冷静，等等。

2．间色的运用

(1) 搭配原则：在搭配中使用间色时，要注意遵循色彩搭配的原则，如近似色搭配、对比色搭配等。同时还要考虑整体色调的平衡和统一。

(2) 背景色：间色可以作为背景色来使用，通过调整其明度和饱和度来衬托主色或重点色，增强整个搭配的层次感和立体感。

(3) 辅助色：在搭配中，间色也可以作为辅助色来使用，以平衡整体色调，使画面更加和谐统一。

(4) 强调色：间色可以作为强调色来使用，以吸引人们的注意力，增强表现力和视觉冲击力。

3．间色的技巧

(1) 增加趣味性：通过运用间色来打破单一的色彩，可以增加趣味性和活泼性。例如，将橙色和黄色搭配在一起，可以呈现欢快、有趣的视觉效果。

(2) 营造氛围：间色可以用来营造不同的氛围和情感表达。例如，将紫色和蓝色搭配在一起，可以传达出神秘、高贵和冷静的感觉；将橙色和黄色搭配在一起，可以传达出温暖、活力和热情的感觉。

(3) 增强对比：通过运用间色来增强色彩的对比度，可以增强设计的视觉冲击力。例如，将紫色和黄色搭配在一起，可以产生强烈的对比效果，吸引人们的注意力。

(4) 过渡自然：在使用间色进行色彩搭配时，过渡自然，避免过于突兀和不和谐。例如，在红色和黄色之间加入橙色作为过渡色，可以使整体色调更加和谐统一。

因此，色彩中的间色被广泛应用。通过对间色的深入了解和灵活运用，我们可以创造出更加丰富多彩、富有表现力和视觉冲击力的色彩搭配。

(三)复色

复色是由原色与间色混合或由间色与间色混合而成的"三次色"。它千变万化，是最丰富的色彩家族，它包括了除原色和间色以外的所有颜色，如红橙色、黄橙色、黄绿色、蓝绿色、蓝紫色、红紫色等。

1. 复色的特性

(1) 多样性。复色具有丰富的多样性，通过不同的色彩混合得到的复色可以呈现出各种各样的视觉效果。

(2) 融合性。复色具有融合性，它们往往比单一颜色更具有层次感和柔和感，能够更好地表达情感的丰富性。

(3) 变化性。通过改变复色的比例和混合方式，可以呈现截然不同的视觉效果，具有极高的变化性。

2. 复色的应用

(1) 绘画：许多艺术家利用复色来创造丰富多彩的画面效果。例如，毕加索在其立体派作品中就大量运用了复色，通过色彩的叠加和组合来表现物体的形状和质感。

(2) 艺术设计：在平面设计、服装设计、产品设计等领域中，复色被广泛应用于增强视觉效果，提高设计的层次感和表现力。例如，在服装设计中，通过运用不同颜色和比例混合而成的复色，可以创造出独特的风格和时尚感。

(3) 影视制作：在电影、电视和摄影中，复色常常被用来营造浓郁的氛围，增强剧情的表现力。例如，在片段中，运用暗色调的复色来营造压抑、紧张的气氛。

3. 复色与其他色彩理论的关系

(1) 颜色心理学：复色在颜色心理学中具有重要的应用。例如，暖色调的复色(橙色和黄色的混合)可以使人感到温暖和兴奋，而冷色调的复色(蓝色和紫色的混合)则可以使人感到冷静和放松。

(2) 视觉生理学：复色对视觉生理有一定的影响。例如，亮丽的复色可以刺激人的视觉神经，使人的注意力更加集中。

(3) 文化人类学：在不同的文化中，复色具有不同的象征意义。例如，在中国文化中，红色和黄色象征着幸福和吉祥；而在西方文化中，白色则象征着纯洁。

4. 复色的心理效应与社会文化象征

(1) 情绪影响：不同颜色和不同比例混合的复色能引发不同的情绪反应。例如，暗色调的复色可引发忧郁、悲伤的情绪，而明亮色调的复色可引发兴奋、欢乐的情绪。

(2) 文化象征：在不同的文化中，复色具有不同的象征意义。例如，在中国文化中，红色和黄色象征着权威和尊贵；而在西方文化中，蓝色则被视为忠诚和信任的象征。

(3) 社会文化影响：复色的使用与社会文化密切相关。例如，在传统习俗和观念中，白色代表着悲伤；而在西方文化中，白色则被视为纯洁和高雅的颜色。

(四)互补色

互补色是色相环上夹角为 180°的两种相对的颜色，其色彩对比强烈，具有很强的视觉冲击力，属于高强度对比色，如蓝色与橙色搭配、红色与绿色搭配等。互补色在绘画、装饰、服装设计等领域被广泛运用。

1. 互补色的应用

互补色在各个领域都有广泛的应用。

(1) 在平面设计领域，设计师通常会利用互补色来增加画面的层次感和对比度，例如在版面设计中使用对比色或互补色来吸引观众的注意力。

(2) 在室内设计领域，互补色则可用于营造宁静、温馨的氛围，例如在墙壁、窗帘和家具上运用互补色。

(3) 在服装设计领域，互补色则被广泛应用于搭配和造型中。例如，红色和绿色的搭配，以及黄色和紫色的搭配来呈现更好的视觉效果。

2. 互补色技巧

在实际应用中，选择合适的互补色和运用互补色的技巧非常重要。首先，要选择色相环中 180°角的颜色作为补色，这样可以增强视觉冲击力，使画面更加鲜明。其次，要根据实际需要调整两种颜色的比例，以达到最佳的视觉效果。例如，在平面设计中的版面设计中，可以利用互补色来引导观众的视线，突出主题内容。

3. 互补色对心理的影响

从心理学的角度来看，不同的颜色会对人的心理产生不同的影响。而互补色作为一种特定的颜色搭配，也会对人的心理产生一定的影响。例如，红色和绿色是互补色，它们分别代表了热情和冷静。将这两种颜色搭配在一起可以产生强烈的视觉冲击力，同时也会对人的心理产生一定的影响。红色和绿色的搭配可以激发人的情感反应，使人更容易产生兴奋、激动的情绪。

4. 互补色在艺术疗法中的应用

在艺术疗法中，颜色和色彩对于治疗者的心理和情绪有着重要的影响。而互补色作为一种特定的颜色搭配，也可以被应用于艺术疗法中。例如，红色和绿色是互补色，将它们一起使用，可以刺激治疗者的感官和情绪反应，帮助他们释放压力和负面情绪。此外，通过使用不同的颜色搭配和色彩组合来创造一种和谐、平衡的艺术作品，也可以帮助治疗者感受到积极的情感和能量。

互补色是色彩理论中一个非常重要的概念，它在各个领域都有广泛的应用。通过了解和掌握补色的原理和应用技巧，可以更好地将其应用于实际生活中，同时也可以帮助我们更好地理解色彩对人类心理和情绪的影响。

(五)邻近色

邻近色是指在色相相近，冷暖性质一致的颜色，通常在色相环中呈 60°夹角范围的颜色都属于邻近色。这些颜色具有相似的色彩倾向，因此在视觉上会显得比较接近。例如，红色和橙色、橙色和黄色、黄色和绿色、绿色和蓝色等都是常见的邻近色。

邻近色的运用可以使色彩更加协调、柔和，同时也可以增强色彩的层次感和空间感。

在色彩设计中，使用邻近色可以避免色彩过于单一或者过于跳跃，从而使色彩更加平衡、和谐。在服装搭配中，使用邻近色可以使整体色调更加统一，同时也可以营造出柔和、温暖的氛围。

邻近色还可以分为暖色系和冷色系两大类。暖色系主要包括红色、橙色、黄色等颜色，冷色系则主要包括绿色、蓝色、紫色等颜色。在色彩搭配中，暖色系和冷色系的邻近色往往能够产生鲜明的对比效果，从而增强视觉冲击力。

因此，邻近色是一个重要的色彩概念，在日常生活和工作中有着广泛的应用。了解和掌握邻近色的原理和应用技巧，可以帮助我们更好地进行色彩设计和搭配，从而营造出更加美丽、和谐的色彩效果。

(六)同类色

同类色，也称相似色，是在色相环上约 15°范围的两种颜色，它们是同一色相，明度不同，在颜色上具有相似性和承接性。

1. 色彩搭配

同类色在色彩搭配方面具有重要的作用。由于它们在颜色上具有相似性，因此可以呈现柔和、协调的视觉效果。在进行类似颜色的搭配时，可以选择一种颜色作为主色，其他颜色作为辅助色，以突出主色的视觉效果。例如，可以选择蓝色和浅蓝色作为搭配，呈现柔和、清新的视觉效果。另外，可以根据需要选择明度和纯度不同的类似色进行搭配，以增强层次感和视觉冲击力。

2. 颜色对比

同类色在颜色对比方面也具有重要的作用。由于它们在颜色上相似，因此它们的对比效果往往比较柔和、自然。在进行类似色的对比时，可以选择明度和纯度不同的颜色进行搭配，以增强层次感和视觉冲击力。例如，可以选择泛红的黄色和橙黄色进行对比，呈现明快、活泼的视觉效果。同时，也要注意避免使用过于接近的颜色进行对比，以防视觉效果过于单调或刺眼。

3. 色调调和

同类色在色调调和方面也具有重要的意义。它们可以呈现柔和、舒适的视觉效果。在进行同类色的调和时，可以选择明度和纯度不同的颜色进行搭配，以调整整个画面的色调。例如，在以蓝色为主色调的画面中，可以加入一些浅蓝色来提亮整个色调，呈现更加有层次感、清新的视觉效果。另外，也要注意避免使用过于跳跃的颜色进行调和，以防对视觉造成过多的刺激。

4. 表现效果

同类色在表现效果方面也能够呈现各种不同的氛围和情感。例如，使用蓝色和浅蓝色可以表现清新、自然的感觉；使用橙红色和橙色可以表现温暖、活泼的感觉。因此，在设计中，可以根据不同的需求来选择合适的同类色以达到所需的表现效果。同时，要注意同类色的使用应与设计的主题和理念相协调，以使设计更具整体性和统一性。

5. 心理效应

同类色在心理效应方面也是非常重要的。不同的颜色会给人带来不同的心理感受，而同类色也不例外。例如，暖色调的同类色可以让人感到温暖和舒适；冷色调的同类色可以让人感到清爽和宁静。因此，在设计中，可以根据需要选择合适的同类色来营造相应的心理效应。

在运用中也要注意避免使用不合适的同类色。例如，若使用过于刺眼的颜色或与环境不协调的颜色，则可能会让人感到不适或产生负面心理效应。因此，在选择同类色时，需要充分考虑设计的场合、目标受众以及文化背景等因素，以达到最佳的心理效应。

同类色在色彩学中具有重要的地位和作用。通过深入了解和掌握同类色的应用技巧和方法，我们可以更好地在实际设计中运用它们来呈现更加出色、和谐的视觉效果。

(七)中差色

中差色是指在色相环上约 90°范围的两个颜色，它们在色相上具有一定的差异，属于中对比色，在色彩对比中能够产生比较明快的效果。在色彩学中，中差色通常被用来突出主题和强调视觉效果。

中差色在配色中可以起到重要的作用，它可以增加色彩的对比度和明度。例如，可以选择红色和橙黄色进行搭配，产生鲜明的对比效果；也可以选择绿色和橙色进行搭配，呈现充满活力和明快感的视觉效果。

中差色还可以用来调整整个画面的色调。在以某种颜色为主色调的画面中，可以加入适量的中差色来提亮整个色调，增强画面的层次感和明快感。例如，在以蓝色为主色调的画面中，可以加入一些紫红色来提亮整个色调，呈现更加鲜明、生动的视觉效果。

中差色在表现效果方面也能够呈现各种不同的氛围和情感。例如，使用红色和橙黄色可以营造热情洋溢的氛围；使用蓝色和紫红色可以营造浪漫、优雅的氛围。因此，在设计中，可以根据不同的需求来选择合适的中差色以达到所需的表现效果。

因此，中差色在色彩学中具有重要的地位和作用。通过深入了解和掌握中差色的应用技巧和方法，我们可以更好地在实际设计中运用它们来营造更加出色、和谐的视觉效果。

(八)对比色

对比色在色彩中具有重要的地位和作用，通常在色相环中呈约 120°范围的两个颜色即对比色，属于强对比色，它们能够增强视觉冲击力，突出某一色彩，创造视觉焦点，丰富画面层次感，赋予生命力，提升吸引力和趣味性，以及表现情感和营造氛围。

1. 增强视觉冲击力

对比色能够显著增强视觉冲击力，起到醒目和吸引人的作用。例如，使用对比色如红色和黄色，可以产生强烈的对比效果，吸引观众的注意力，从而达到突出画面主体的目的。

2. 突出色彩

对比色也能够突出某一色彩，使该色彩更加鲜艳或突出。例如，在蓝色背景下，使用黄色与蓝色形成对比，可以使蓝色更加清澈透亮。此外，使用对比色还可以使其中某一色彩更加突出，从而引导观众的视线。

3. 创造视觉焦点

对比色可以创造视觉焦点，引导视线，增强层次感和深度。例如，在中心位置使用明亮的颜色和周边形成对比，可以使中心位置的部分更加突出，引起观众的注意。

4. 丰富层次感

对比色可以用于表现空间感和立体感。使用对比色的渐变和阴影可以丰富层次感，使之更加立体和生动。例如，在表现一个球体时，可以使用不同明度和饱和度的红色和黄色来表现球体的立体感。

5. 赋予生命力

对比色可以赋予色彩搭配新的生命力，表现情感和氛围。例如，使用温暖的红色和冷酷的蓝色来表现热情和冷静的情感；使用明亮的绿色和深邃的紫色来表现活力和神秘感。通过对比色的使用，可以使色彩更加生动和有趣。

6. 具有吸引力和趣味性

对比色可以用来提升吸引力和趣味性，让观众更加愿意停留和欣赏。例如，使用鲜艳的对比色来表现一个有趣的图案或花纹，可以吸引观众的眼球；使用渐变和拼接的方式来呈现一个普通的物体，也可以使之变得更加吸引人。

7. 表现情感和营造氛围

对比色可以表现情感和营造氛围。例如，使用温暖的橙红色和优雅的蓝紫色可以营造浪漫而独特的氛围；使用深远的蓝色和明朗的黄色可以营造自然清新的氛围。通过合理地运用对比色，以增强情感的表达。

可见，对比色在色彩中具有重要的作用。通过对对比色的理解和运用，提升视觉冲击力、层次感、生命力、吸引力和趣味性，并更好地表现情感和营造氛围。掌握对比色的运用技巧对于提高我们的色彩搭配能力和艺术表现力具有重要意义。

四、色彩搭配原理

色彩是生活中不可或缺的一部分，它带给我们丰富的视觉享受，同时也反映了人类内心的情感。色彩搭配原理涉及多个方面，包括色彩基础、色彩对比、色彩混合、色彩心理、自然色彩搭配、文化色彩搭配等。

(一)色彩基础

在我们的日常生活中，色彩无处不在。无论是自然的景色，还是人造的物品，色彩都以其独特的方式存在并影响着我们的视觉感受。了解色彩搭配原理是实现有效色彩表达的关键。

1. 种类和属性

色彩根据不同的属性可分为原色、间色和复色三类。红色、黄色、蓝色被称为三原色，它们是所有色彩的基础；间色是指两种原色混合得到的颜色，如黄色、青色和洋红色；复色则是指两种或两种以上的间色或原色混合得到的颜色。此外，色彩还可以根据其亮度和饱和度进行分类，即明度和纯度。明度是指颜色的明亮程度，而纯度则是指颜色的鲜艳程度。

2. 心理学和情感表达

色彩心理学研究的是色彩与人类心理活动的关系。不同的颜色会引发不同的心理反应，如红色通常被认为是热情、喜庆的象征，而蓝色则给人带来平静、安详的感觉。这种心理反应受到文化、地域、时代等多种因素的影响。在色彩搭配中，了解色彩的心理效应可以帮助我们更好地传达情感和营造氛围。

3. 对比与调和

色彩的对比与调和是色彩搭配中不可或缺的环节。对比是指两种颜色或多种颜色在视觉上的差异，如明度、饱和度和色相的对比。而调和则是指将不同颜色融合在一起，以获得和谐的效果。色彩的对比可以产生视觉冲击力，增强视觉效果；而色彩的调和则可以使色彩更加协调、平衡。

4. 节奏与平衡

色彩的节奏与平衡是影响视觉感受的重要因素。节奏是指色彩在视觉上的变化与重复，能够带来动态与活力之感。平衡则是指整体画面的色彩分布与搭配，从而获得视觉上的平衡感。在色彩搭配时，合理运用节奏和平衡，可以创作出更具动态和生命力的作品。

5. 比例与分布

色彩的比例与分布是决定整体配色方案的关键因素。确定整体配色方案需要考虑各种颜色的比例及它们在画面中的分布。通过合理的比例与分布，可以使画面的色彩更加和谐统一。例如，可以通过主色、辅助色和点缀色的比例来调整画面的重心和层次感。

6. 审美习惯与文化差异

色彩的审美习惯与文化差异是影响色彩搭配的重要因素。不同文化对色彩的喜好和理解有所不同，因此在不同文化背景下进行色彩搭配时，需要尊重并考虑当地的文化习惯。例如，在西方文化中，白色通常与纯洁、婚礼等联系在一起，而在中国文化中，白色则与悲伤等有关。了解不同文化背景下的色彩审美习惯，可以使我们的作品更具包容性和普适性。

7. 采集与重构

色彩的采集与重构是实现有效色彩搭配的重要手段。采集是指在现实生活中收集和整理各种颜色素材，包括自然景色、人造物品等。重构则是指将采集到的颜色素材进行重新组合和搭配，以获得新的色彩效果。通过采集和重构，我们可以不断丰富自己的色彩语汇，提高色彩搭配的能力。

色彩搭配原理中的色彩基础是实现有效色彩表达的关键。了解色彩的种类和属性、心理学和情感表达、对比与调和、节奏与平衡、比例与分布、审美习惯与文化差异以及采集与重构等方面，可以帮助我们在日常生活和工作实践中更好地运用色彩，提高我们的视觉传达能力和艺术表现力。

(二)色彩对比

色彩对比是两种颜色或多种颜色在空间或时间上的相互关系，它产生了一种视觉上的效果。下面对其主要类型和特点进行分析，以便在设计和搭配色彩时，可以根据实际需要选择合适的对比类型来达到最佳的视觉效果。

1. 深浅对比

深浅对比主要是通过用大面积的浅色铺底，然后在上面使用深色进行构图。比如，淡黄色的背景上使用咖啡色的主体，并在咖啡色的色块中使用淡黄色或白色的图案线条形成穿插。这种对比方式表现出来的视觉效果是明快、简洁、温和、素雅的。

2. 轻重对比

轻重对比的色彩感主要由色相、明度和饱和度共同决定。一般来说，黄色和绿色给人感觉较轻，而红色、蓝色给人感觉较重。另外，紫色的重量感也较重，而灰色和皂黑色则较轻。这种对比方式可以营造轻重有序、层次丰富的视觉效果。

3. 色彩的面积大小对比

色彩的面积大小对比主要是通过调整色彩的面积大小来达到一种视觉上的平衡。比如，在干净的版面中加入小块的色块，这些色块可以是品牌和名称的主题，通过这种对比，可以产生一种很强的视觉冲击力。

4. 邻近色对比

邻近色是指在色相环内相隔约 60° 的两种颜色，如红色与橙色、蓝色与紫色等。使用邻近色进行搭配可以呈现一种和谐统一的视觉效果。

5. 同类色对比

同类色是指在 24 色相环中相隔约 15° 的两种颜色，比如红色与浅红。同类色对比比较柔和，不容易产生视觉上的冲突，因此可以给观众带来一种舒适、温馨、和谐的视觉感受。

6. 类似色对比

类似色是指在色相环中相隔约 30° 的两种颜色，如红色与泛红的橙色、蓝色与泛绿的蓝色等。由于它们的色相对比不强，因此能给人一种舒适而不单调的感觉。

7. 对比色对比

当两种或两种以上色相之间的色彩处于色相环相隔 120° 的两个颜色，属于对比色关系，如橙色与紫色、黄色与蓝色等。使用对比色进行搭配可以呈现一种鲜明、生动、活跃的视觉效果。

(三)色彩混合

色彩混合是指将两种或多种不同颜色进行混合，形成新的颜色的过程。在色彩混合中，不同的颜色会相互影响，产生新的颜色和效果。色彩混合不仅在艺术领域有着广泛的应用，还在日常生活中随处可见，如显示器、霓虹灯、染料等。在色彩混合中需要注意一些原则和技巧。

1. 遵循色相环的规律

色相环是一个圆形的颜色表，它把红色、橙色、黄色、绿色、蓝色、靛色、紫色等颜色按照一定的顺序排列在一起。在色彩混合中，不同的颜色之间的距离和角度会影响混合后的效果。例如，把相邻的颜色混合在一起会得到较浅的颜色，而把相对的颜色混合在一起会得到较深的颜色。

2. 注意明度和纯度

明度是指颜色的明亮程度，而纯度则是指颜色的鲜艳程度。在色彩混合中，如果将明度和纯度都很高的颜色混合在一起，就会使整体效果显得刺眼和不协调。因此，在色彩混合中需要适当地降低一些颜色的明度和纯度，以使整体效果更加柔和自然。

3. 注意饱和度和对比度

饱和度是指颜色的鲜艳程度，而对比度则是指颜色之间的差异程度。在色彩混合中，如果将饱和度和对比度都很高的颜色混合在一起，会使整体效果显得生硬和不自然。因此，在色彩混合中需要适当地调整各个颜色的饱和度和对比度，以使整体效果更加和谐统一。

色彩混合是色彩搭配中的一个重要环节。通过合理的色彩混合，可以创造出新的颜色和效果，增强画面的表现力和感染力。同时，还需要注意色彩混合的规律和技巧，以使整体效果更加和谐自然。

(四)色彩心理

色彩搭配原理中的色彩心理是指色彩对人的心理和情绪产生的影响。色彩可以通过心理作用对人的情绪、情感、认知和行为产生影响。色彩的心理效应主要表现在以下几个方面。

1. 温度感

不同颜色会给人不同的温度感。例如，红色和橙色等暖色调给人温暖、热情的感觉，而蓝色和绿色等冷色调则给人清凉、平静的感觉。这种温度感可以影响人的情绪和心理状态，例如，在炎热的夏天，人们更倾向于选择冷色调的服装和家居装饰。

2. 距离感

色彩还可以给人距离感。例如，暖色调和明色调可以让人感觉靠近，而冷色调和暗色调则可以让人感觉远离。这种距离感可以影响人的心理状态，例如，在空间较小的房间中，使用明亮的颜色可以让空间看起来更大。

3. 重量感

不同颜色的色彩也可以给人不同的重量感。例如，暗色调和灰色调可以让人感觉沉重、压抑，而明亮和鲜艳的颜色则可以让人感觉轻盈、愉快。这种重量感可以影响人的心理状态，例如，在沉重的心情下，人们更倾向于选择明亮的颜色来让自己感到轻松。

4. 情感效应

色彩还可以影响人的情感和情绪。例如，红色可以让人感到兴奋、热情，蓝色可以让人感到平静、安心，黄色可以让人感到快乐、积极，黑色可以让人感到沉闷、消极。这些情感效应可以影响人的行为和决策，例如，在考试期间，学生更倾向于选择冷色调的服装来让自己感到平静。

色彩的心理效应是复杂多样的，不同颜色可以给人不同的心理感受和情绪反应。在色彩搭配中，需要考虑色彩的心理效应，通过合理的搭配来增强画面的表现力和感染力，从而更好地传递信息、调节情绪和促进交流。

(五)自然色彩搭配

自然色彩搭配是指将自然界的色彩组合和搭配在一起，以呈现自然、和谐、美好的视觉效果。自然色彩搭配不仅具有美学价值，还能够引发人们内心深处的情感和共鸣。自然色彩搭配需要注意以下几点。

1. 遵循自然规律和季节变化

例如，春季的色彩以绿色为主，夏季的色彩以蓝色和深绿色为主，秋季的色彩以黄色和橙色为主，冬季的色彩以白色和冷色调为主。

2. 注意色彩的对比和调和

合理的对比与调和，可以营造层次感和立体感，使画面更生动活泼。例如，在自然风景中，可以利用不同颜色间的对比来突出主题、增强层次感，同时也能通过调和让整个画面更加和谐统一。

3. 注重色彩的饱和度和纯度

饱和度和纯度都很高的色彩会给人明快、鲜活的视觉效果，而饱和度和纯度都很低的色彩则会给人柔和、沉静的视觉效果。在自然色彩搭配中，要注重利用不同饱和度和纯度的色彩来营造不同的情感和氛围。

4. 考虑文化差异和审美习惯

不同地域、不同民族、不同时代的文化和审美习惯都会对自然色彩搭配产生影响。例如，在西方文化中，蓝色有着地位、权势等引申含义；而在中国文化中，红色则是最具代表性的喜庆颜色，在中国传统节日以及婚礼等重要场合，红色无处不在，代表着人们对美好生活的向往和祝福。在自然色彩搭配中，需要尊重不同文化和审美习惯，以实现更为广泛的普适性和包容性。

自然色彩搭配是一种具有美学价值和情感共鸣的搭配方式。通过遵循自然规律和季节变化、合理运用色彩的对比和调和、注重色彩的饱和度和纯度以及考虑文化差异和审美习惯等因素，可以营造更加自然、和谐、美好的视觉效果。

(六)文化色彩搭配

文化色彩搭配是指将不同文化背景下的色彩组合和搭配在一起，以呈现特定文化氛围和独特视觉效果的色彩搭配方式。不同文化背景下的色彩意义和象征性各不相同，因此文化色彩搭配需要考虑不同文化背景下的色彩情感和认知。下面以中国传统文化为例，介绍一些文化色彩搭配的特点。

1. 象征意义

在古代，色彩常被赋予特定的象征意义，例如，红色象征着喜庆、吉祥和繁荣，黄色象征着皇权、高贵和神秘。这些象征意义深刻地影响了中国传统文化的色彩搭配。

2. 和谐统一

在传统文化中，色彩的搭配需要遵循一定的规律和法则，以呈现色彩的和谐统一。例如，在古代建筑中，不同颜色的使用需要遵循一定的搭配原则，以达到整体和谐的效果。

3. 对比和调和

在传统文化的色彩搭配中，常常会运用色彩的对比和调和来达到视觉上的层次感和立体感。例如，在古代的宫殿中，红墙、黄瓦和绿树之间的对比和调和，呈现一种层次分明、错落有致的视觉效果。

文化色彩搭配需要考虑不同文化背景下的色彩情感和认知，注重色彩的象征意义、和谐统一及对比和调和等方面。通过合理的色彩搭配，可以呈现具有特定文化氛围和独特视觉效果的色彩作品。

讨论与思考

1. 什么是色彩？
2. 色彩有哪些基本属性？
3. 色彩在视觉艺术中的作用是什么？
4. 色彩搭配的原则有哪些？
5. 什么是色彩对比？
6. 什么是色彩饱和度？
7. 什么是色调和明度？
8. 什么是色彩心理学？
9. 不同文化对色彩的理解和运用有何不同？
10. 如何运用色彩来表达情感和意义？

第四节　色彩与服装搭配

色彩与服装搭配不仅影响服装的美观程度，还与个人的形象、情感表达以及场合的适应性密切相关。色彩与服装搭配是相互影响、互相作用的。一方面，色彩影响着服装的整体效果和风格；另一方面，服装搭配也影响着色彩的表现和感觉。

一、色彩搭配的原则

生活中，色彩是不可或缺的一部分，它带给我们丰富的视觉享受，同时也反映了人类内心的情感。色彩搭配的原则涉及多个方面，包括基础色彩理论、色彩的感知与情绪、色彩的和谐与平衡、色彩的对比与强调、色彩的统一与延续等。

(一)基础色彩理论

基础色彩理论是进行色彩搭配的前提。色彩可根据不同的属性进行分类，如红色、橙色、黄色、绿色、蓝色、靛色、紫色等不同颜色的波长和频率，以及明度、饱和度和色调等属性。这些属性决定了颜色的视觉效果和情感表达。同时，色彩还可以混合搭配，如红色与绿色、蓝色与橙色等互补色搭配，以呈现特定的视觉效果。

(二)色彩的感知与情绪

不同的颜色会给人带来不同的情感和感受。例如，红色通常让人感到热情、兴奋；蓝色则让人感到平静、安心；黄色象征着活力、快乐；而黑色则常常代表神秘、庄重。通过色彩搭配，可以影响人们的情绪和心理状态。例如，在色彩搭配中使用暖色调可以营造一种温馨、舒适的氛围，而使用冷色调则可以产生一种冷静、压抑的感觉。

(三)色彩的和谐与平衡

在进行色彩搭配时，要注重色彩的和谐与平衡，避免过度使用某一种颜色，以及如何使整体配色看起来更加协调。通过对色彩的明度和饱和度的调整，来达到整体的平衡。例如，在搭配颜色时，可以选择同类色进行搭配，如深蓝色和浅蓝色，以获得一种渐变和流畅的视觉效果；也可以选择近似色进行搭配，如红色与橙色、黄色与绿色等，以营造一种和谐的色彩关系。

(四)色彩的对比与强调

通过色彩的对比与强调可以突出色彩搭配的效果。例如，使用色块之间的对比和呼应来营造不同的氛围。在对比中找出共性，如红色与绿色、蓝色与橙色等颜色的对比，以产生鲜明的视觉冲击力；在强调中突出主题，如使用渐变色、亮色或暗色等手法，来引导观众的视线和情感。

(五)色彩的统一与延续

让色彩搭配更加有生命力和整体感，需要注重色彩的统一与延续。通常先选择一个主题或情感方向，然后选择相应的色彩方案进行搭配。例如，要营造一种自然、清新的感觉，可以选择绿色作为主题色，然后搭配明度和饱和度不同的绿色，以及少量的蓝色和黄色等同类色，以保持整体的统一性。此外，还可以在延续中寻找变化，如使用相近的色调和明度等手法，使整体配色更加丰富和有层次感。

色彩搭配的原则涉及多个方面。通过掌握这些原则，我们可以更好地运用色彩来表达我们的思想和情感，以及为我们的生活和工作增添更多的色彩。

二、服装的色彩搭配案例分析

在服装搭配中，色彩搭配至关重要，合理的色彩搭配不仅能让衣物更加美观，还能彰显个性，让人们更加自信。下面为大家介绍几种服装色彩搭配的基本原则。

(一)同色系搭配

同色系搭配是服装搭配中的一种常见方法，它主要是通过选择同一色系的不同深浅、不同明度或不同纯度的颜色进行搭配。这种搭配方法能够营造一种和谐、统一的感觉，使整体造型更加流畅，更具时尚感。下面对同色系搭配的案例进行详细分析。

1. 色彩搭配

同色系搭配的色彩选择非常关键。一般通过选择同一色系的不同深浅、不同明度或不同纯度的颜色进行搭配。例如，浅蓝色与深蓝色、淡粉色与深粉色、浅灰色与中灰色等都是常见的同色系搭配组合。通过选择这些颜色，可以使整个搭配更加协调、自然。

2. 面料质地

在同色系搭配中，通过选择不同面料质地的服装来增强整体造型的层次感和立体感。例如，选择光滑细腻的丝绸搭配粗犷有型的牛仔布，或者选择柔软的绒线搭配挺括的棉质服装。不同面料质地的服装可以突出身体的线条和轮廓，让整个造型更加丰富多彩。

3. 服装款式

同色系搭配通过选择不同款式的服装来增加整体造型的变化和多样性。例如，选择优雅的连衣裙、简约的上衣、清新的 T 恤搭配休闲裤等。不同款式的服装可以反映个体不同的穿衣风格，凸显个体的气质。

4. 穿着场合

同色系搭配在不同的穿着场合中都有着广泛的应用。例如，在工作场合中，可以选择黑色或深蓝色等同色系搭配，营造稳重、干练的形象；在日常穿搭中，可以选择鲜艳或活泼的同色系搭配，突出自己的个性和时尚感；在休闲出行中，可以选择轻松、舒适的同色系搭配，让自己更加自在和舒适。

5. 个人风格

每个人的风格有所不同，因此在同色系搭配时要充分考虑到自己的个人风格特点。如果喜欢简洁大方的风格，可以选择黑色、白色、灰色或者淡雅的同色系搭配；如果喜欢活泼明亮的风格，可以选择鲜艳的同色系搭配。总之，要根据自己的个人喜好和风格来选择适合自己的同色系搭配。

6. 搭配技巧

在同色系搭配中，还需要注意一些搭配技巧。首先，要注意颜色比例的平衡，避免颜色过多而不协调。例如，在选择鲜艳的同色系搭配时，可以选用一两种颜色作为主色调，再搭配一些其他颜色作为点缀。其次，要注意款式风格的选择，要根据自己的身材特点和气质来选择适合自己的款式。例如，如果身材高挑，可以选择一些修身性强的同色系搭配；如果身材娇小，可以选择一些宽松、舒适的同色系搭配。最后，要注意配饰的运用，通过运用一些简单的配饰可以提升整个造型的时尚感和精致度。例如，选择一些简约的项链、手环等来点缀整个同色系搭配。

同色系搭配是一种常见且实用的服装搭配技巧，巧妙地运用色彩、面料、款式、场合和个人风格等方面的元素，可以让整个造型更加优美、和谐、富有层次感。希望大家在今后的服装搭配中能够灵活运用这种技巧，打造出适合自己的时尚风格。

(二)类似色搭配

服装搭配中的近似色搭配是一种常见且实用的技巧，它利用相近的颜色来呈现整体协调统一的视觉效果。下面以一个具体的近似色搭配案例进行分析。

这个案例以秋季为主题，以一件淡黄色的毛衣作为基础，搭配一件红棕色牛仔外套、一条米棕色的休闲裤和一双卡其色的短靴，背了一款姜黄色的包包。整体搭配中，选择了黄色、棕色和卡其色这三种近似色进行搭配，营造了一种温暖舒适的秋季氛围。

1. 暖色系搭配

这个案例选择了黄色作为主色调，它是一种温暖、明媚的颜色，可以给人带来一种温馨舒适的感觉。同时，搭配了深棕色的休闲裤和卡其色的短靴，这三种颜色都属于暖色调，能够产生一种温暖协调的视觉效果。

2. 深浅搭配

这个案例选择了淡黄色毛衣和米棕色休闲裤进行搭配。淡黄色毛衣的轻盈和明快与米棕色休闲裤的柔和和沉稳形成了鲜明的对比，这种深浅搭配可以使整体形象更加立体、富有层次感。

3. 明暗搭配

这个案例选择了淡黄色毛衣、米棕色休闲裤和卡其色短靴进行搭配。这三种颜色在明度上都比较柔和，没有过于刺眼或过于黯淡的颜色，整体形象的明暗对比恰到好处。

4. 上下搭配

这个案例选择了淡黄色毛衣和米棕色休闲裤进行搭配。毛衣的宽松和裤子的修身设计形成了对比，突出了腰线的位置，提高了整体的身材比例。同时，卡其色短靴的加入，增加了整体的稳定性和平衡感。

5. 里外搭配

这个案例选择了淡黄色毛衣和红棕色牛仔外套进行搭配。毛衣的柔软和牛仔外套的硬朗形成了一定的对比，这种里外搭配方式可以体现整体形象的穿衣风格，增加层次感。

6. 点缀搭配

这个案例选择了一款姜黄色的包包作为亮点。姜黄色与整体色调相互呼应，同时又与毛衣的淡黄色构成了近似色搭配，让整体形象更加协调统一。此外，一款白色的手表以及一款银色的饰品也起到了点缀的作用，使整体形象更加精致和高贵。

这个邻近色搭配案例通过巧妙地运用暖色系、深浅、明暗、上下、里外和点缀等方面的搭配技巧，呈现了一种协调统一、温暖舒适的视觉效果。

(三)互补色搭配

互补色搭配在服装搭配中给大家的印象是十分难穿的，比如红色与绿色、紫色与黄色、蓝色与橙色等，由于这些色彩特点强烈且鲜明，似乎与"高级"二字无缘，其实对比强烈的色彩也是可以通过方法穿出精彩的。接下来，我们结合具体的互补色搭配案例，从颜色组合、主题与风格、布料选择、配饰点缀、发型与妆容、个人特质和场合适应性等方面进行分析。案例如下：周末的下午，阳光明媚，一位年轻女性，扎丸子头，身着高腰黄色棉质上衣，紫色牛仔长裤，腰间系白色棉质腰带，脚踩小白鞋，色彩的冲击感给周围的人留下了深刻的印象。

1. 颜色组合

在互补色搭配中，颜色组合是至关重要的。案例中，选择了黄色和紫色这一组互补色，将它们运用在上衣和裤子上，呈现了鲜明的对比效果。此外，还运用了白色作为辅助色，用于中和黄色和紫色的强烈对比，使整体搭配更加协调。

2. 主题与风格

本案例中的互补色搭配展现出时尚、个性的风格。黄色和紫色的对比为整体造型增添了强烈的视觉冲击力，彰显出时尚和个性。同时，白色腰带作为辅助色和配饰，为整体搭配注入了几分清新的气息。

3. 布料选择

本案例中，上衣选择了棉质布料，具有轻盈和柔软的特点，可以使黄色变得更柔和。而裤子则选择了牛仔布料，硬朗的质感可以很好地展现出紫色的色彩特质。不同的布料选择对整体搭配产生了很大的影响。

4. 色彩比例的运用

在互补色的搭配运用中，要注意比例的合理分配，尽量避免五五分的穿搭。服装搭配中可以选择一种颜色作为主色调，进行大面积使用，再用小面积的互补色去提升，起到点睛的效果。本案例中，高腰黄色上衣和紫色长裤很好地避免了五五分的穿搭，通过色彩的面积凸显了女子更好的身材。

5. 发型与妆容

本案例中，选择了简约的丸子头发型，凸显了青春和活力。妆容上则选用了裸妆，强调自然美感。整体上，发型与妆容的搭配为整个造型增添了些许柔和与清新之感。

6. 个人特质

在服装搭配中，体现个人特质也是非常重要的。本案例中的互补色搭配可以很好地展现出穿着者的性格特点。如果穿着者性格开朗、积极，那么可以选择鲜明的互补色搭配；如果穿着者性格内向、沉稳，则可以通过加入中性色或改变纯度或明度来减弱互补色的强对比，使色彩看起来更加沉稳有力。

7. 场合适应性

在服装搭配中，考虑不同场合的需求也是非常重要的。本案例中的补色搭配可以适应多种场合的需求。休闲场合或是度假时互补色的搭配能带来松弛感和活力感；社交场合中则可以运用、改变明度和纯度的互补色来展现沉稳的风格。

本案例中的互补色搭配通过巧妙地运用黄色、紫色和白色，营造了独特的视觉效果和风格。通过学习这些技巧，我们可以更好地进行服装搭配，展现出自己的个性和魅力。

(四)同类色搭配

下面通过一个案例来展示支配色搭配在服装搭配中的应用。案例中的女性选择了以蓝色为主色调的服装搭配，通过不同明度和纯度的蓝色组合，营造了清新明亮的整体造型风格。

1. 款式

案例中的女性选择了一件淡蓝色的雪纺衬衫和一条深蓝色的牛仔裤。衬衫采用了宽松的设计，而牛仔裤则突出了她的腿部线条。这种款式的选择既简洁大方，又能突出她的身材优势。

2. 色彩

案例中的女性选择了不同明度和纯度的蓝色进行搭配。衬衫采用了淡蓝色，而裤子则采用了深蓝色，这种色彩搭配既和谐统一，又能营造出层次感。同时，这位女性还选择了一双宝蓝色的高跟鞋和一只白色的手提包作为配饰，这些单品都与蓝色主色调相呼应，进一步增强了整体造型的效果。

3. 技巧

案例中的女性在进行同类色搭配时运用了一些技巧。首先，她选择了适合自己风格的蓝色调，这类颜色既适合她的肤色和身材，又能突出她的气质和个性。其次，她在色彩搭配上注意了明度和纯度的变化及色彩间的相互呼应，使整体造型更具层次感和动态感。最后，她选择了简洁清新的妆容和发型，以及与着装颜色相协调的配饰，使整体造型更加完美。

4. 和谐

案例中的女性在运用同类色的同时，也考虑了与其他元素的和谐搭配。她的妆容清新自然，与蓝色调的服装相得益彰；发型简单大方，既突出了脸型优势，又与整体造型风格保持一致。

(五)冷暖色搭配

在服装搭配中，色彩搭配是一项重要的技巧。通过运用不同的色彩搭配，可以营造不同的氛围和风格。接下来将分析服装搭配中的冷暖色搭配案例，如红色与蓝色、橙色与绿色、黄绿色与橙红色、黑色与白色等。

1. 红色与蓝色

红色与蓝色是冷暖色搭配的经典案例。大红色针织衫和蓝色牛仔裤的搭配，可以营造时尚、活力的氛围。同时，搭配白色衬衫或 T 恤作为衬托，可以让红色和蓝色的对比更加鲜明。在配件方面，可以选择深色的包包或鞋子来平衡整体造型。

2. 橙色与绿色

橙色与绿色是两种极具对比度的颜色，可以营造独具个性的风格。在搭配时，可以选择橙色针织衫和绿色半身裙的组合，也可以考虑橙色和绿色配件的搭配方法。例如，橙色的帽子或围巾，搭配绿色的包包或鞋子。

3. 黄绿色与橙红色

黄绿色与橙红色是充满活力的色彩组合。可以选择黄绿色针织衫和橙红色裤子的搭配，也可以尝试用黄绿色和橙红色的配件进行搭配。例如，黄绿色的小胸针，搭配橙红色的帽子或包包。

4. 黑色与白色

黑色与白色是服装搭配中的经典配色方案，具有百搭、简约的特点。可以选择黑色针织衫和白色裤子的组合，也可以尝试黑色和白色配件的搭配方法。例如，可以搭配一款黑色的帽子和白色的鞋子来增强对比度，或者选择一款白色的包包来中和整体造型的色调。

冷暖色搭配在服装搭配中具有很高的实用性，通过巧妙地运用不同颜色的组合营造出各种不同的氛围和风格。在具体搭配时，要注意色彩的比例和平衡感，并要考虑到整体造型的协调性和个人特点。

(六)春季色搭配

春天是充满生机的季节，万物都在焕发着新的活力。服装搭配也不例外，而春季色的选择与搭配更是为这个季节增添了无尽的魅力。

1. 春季色的选择

春季色通常包括温暖、柔和的色调，如浅绿色、柠檬黄色、粉红色、薄荷绿色等。这些颜色不仅能够展现春天的生机勃勃，同时还能凸显温暖感。在选择春季色时，应根据个人的肤色、身材、气质及场合等多方面因素进行综合考虑，以达到最佳效果。

2. 色彩搭配原理

春季色的搭配原理主要包括协调色搭配、对比色搭配和互补色搭配。协调色搭配能够呈现柔和、舒适的视觉效果；对比色搭配则可以突出重点，增强层次感；互补色搭配则能产生强烈的视觉冲击力，让人印象深刻。

3. 常见春季色彩搭配

(1) 暖色系搭配：以黄色为主，搭配橙色、红色等，可以营造温暖、活力的氛围。

(2) 冷色系搭配：以蓝色为主，搭配绿色、紫色等，展现清新、优雅的气质。

(3) 中间色系搭配：以棕色、米色等中间色调为主，搭配其他色彩，突出优雅、知性的气质。

4. 个人风格与春季色的匹配

春季色的选择与个人风格密切相关。柔和的春季色适合气质温和、可爱甜美的人；而鲜艳的春季色则适合个性鲜明、活泼开朗的人。此外，还要考虑场合的需求，如在正式场合，应选择柔和、低调的春季色；而在休闲场合，则可以尝试鲜艳、活泼的色彩搭配。

5. 材质与春季色的搭配

春季色的搭配还要考虑材质的运用。通常，轻薄的材质如棉麻、雪纺等适合搭配清新的春季色，以凸显轻盈、飘逸的感觉；粗糙的材质如粗花呢、绒布等则适合搭配温暖的春季色，以强调质感、复古的氛围。

6. 配饰与春季色的运用

配饰在春季色的搭配中也起着至关重要的作用。选择与春季色相协调的配饰，如草帽、披肩、丝巾等可以增强整体造型的层次感和时尚感，一些闪亮的配饰如珠宝、手表等则可以为整体造型增添一份华贵和优雅。

7. 时尚潮流与春季色的关系

时尚潮流对春季色的选择和搭配有着重要影响。每一季都会有一些特定的春季色成为流行趋势，例如，某一年度流行的色彩可能偏向柔和、温暖的色调；而另一年度则可能偏向清新、冷色调。因此，在选择春季色时，需要关注当前的时尚潮流，以选择最适合自己的流行色彩。

春季色的搭配需要在色彩搭配原理的基础上，根据个人风格、气质及场合需求等多方面因素进行综合考虑。同时，还需关注时尚潮流，以选择最适合自己的春季色搭配方案。通过巧妙的色彩搭配，不仅可以为个人形象增添色彩，还能展现无尽的春天气息。

(七)夏季色搭配

夏季是充满活力和色彩的季节，各种鲜艳明亮的色彩让人眼前一亮。在服装搭配中，巧妙地运用色彩搭配可以营造清新、活泼的夏日氛围。接下来，我们将通过具体的案例分析，探讨夏季色在服装搭配中的应用，主要包括以下几个方面。

1. 明亮色彩搭配

夏季色中明亮而鲜艳的搭配可以让人感受到夏日的活力和生机。例如，黄色和蓝色的搭配是夏季的经典搭配之一，选择一件黄色 T 恤搭配一条蓝色牛仔短裤，营造清新明亮的夏日风格。粉色和黄色也是一对亮丽的夏季色搭配，选择一件粉色连衣裙搭配一双黄色凉鞋，展现女性的甜美和活泼。

2. 淡雅色彩搭配

夏季色中柔和而淡雅的搭配可以给人一种清爽舒适的感觉。例如，米色和蓝色的搭配是夏季的优雅之选，选择一件米色短袖衬衫搭配一条蓝色牛仔长裤，简约而不失时尚。灰色和黄色也是一对淡雅的夏季色搭配，选择一件灰色吊带连衣裙搭配一双黄色凉鞋，展现简约舒适的夏日风格。

3. 冷色调搭配

夏季色中冷色调的搭配可以给人一种清凉的感觉。例如，蓝色和绿色的搭配是夏季冷色调搭配的代表，选择一件蓝色 T 恤搭配一条绿色短裤，展现出清新自然的风格。蓝色和紫色的搭配也是一对冷色调的夏季色搭配，选择一件蓝色连衣裙搭配一双紫色凉鞋，打造清凉的夏日风格。

4. 暖色调搭配

夏季色中暖色调的搭配可以给人一种温馨的感觉。例如，黄色和橙色的搭配是夏季暖色调搭配的代表，选择一件黄色 T 恤搭配一条橙色短裤，展现活泼温馨的风格。粉色和红色的搭配也是一对暖色调的夏季色搭配，选择一件粉色连衣裙搭配一双红色凉鞋，打造温馨甜美的夏日风格。

5. 黑白灰色搭配

夏季色中简约而经典的搭配以黑色、白色为主。例如，黑色和白色的搭配是夏季简约搭配的代表，选择一件黑色 T 恤搭配一条白色短裙，展现简约大方的风格。黑色和灰色的搭配也是一对简约的夏季色搭配，选择一件黑色连衣裙搭配一双灰色凉鞋，打造简约低调的夏日风格。

6. 彩虹色搭配

夏季色中彩虹般的搭配充满了活力和趣味性。例如，粉色和黄色的搭配如同彩虹般鲜艳，选择一件粉色 T 恤搭配一条黄色短裤，展现活泼的风格。蓝色和绿色的搭配也是一对彩虹色的夏季色搭配，选择一件蓝色连衣裙搭配一双绿色凉鞋，打造出充满生机的夏日风格。

7. 渐变色搭配

夏季色中渐变色的搭配如同夏日里的云彩，充满梦幻和浪漫。例如，紫色和黄色的搭配可以营造出渐变的效果，选择一件紫色 T 恤搭配一条黄色短裤，展现梦幻般的风格。绿色和蓝色的搭配也是一对渐变色的夏季色搭配，选择一件绿色连衣裙搭配一双蓝色凉鞋，打造浪漫清新的夏日风格。

8. 撞色搭配

夏季色中撞色系的搭配充满了冲击力和视觉效果。例如，黄色和蓝色的搭配是夏季撞色搭配的代表，选择一件黄色 T 恤搭配一条蓝色短裤，展现出鲜明的风格。粉色和绿色的搭配也是一对撞色搭配的夏季色选择，选择一件粉色连衣裙搭配一双绿色凉鞋，打造醒目时尚的夏日风格。

夏季是一个充满色彩和活力的季节，在服装搭配中可以根据自己的喜好选择合适的色彩组合。不论是明亮色彩搭配、淡雅色彩搭配、冷色调搭配、暖色调搭配、简约黑色白色搭配、彩虹色搭配、渐变色搭配还是撞色搭配，都可以在夏日的阳光下绽放出独特的魅力。关键是要勇于尝试和搭配，找到适合自己的风格和色彩组合，让自己在夏日里焕发出迷人的光彩。

(八)秋季色搭配

秋季是一个充满丰富色彩的季节,各种秋季色搭配不仅温暖和谐,还能展现独特的时尚风格。下面将通过具体的案例分析,探讨秋季色在服装搭配中的应用,主要包含暖色与冷色搭配、艳色与淡色搭配、亮色与暗色搭配、上衣颜色搭配、下装颜色搭配以及内外层颜色搭配等。

1. 暖色与冷色搭配

秋季的暖色系以红色、橙色和黄色为主,而冷色系则以蓝色、紫色和绿色为主。在搭配时,可以选择相邻的暖色和冷色进行组合,如橙色针织衫搭配蓝色牛仔裤,既保留了暖色的柔和,又增加了冷色的清新,给人一种活力四射的感觉。

2. 艳色与淡色搭配

秋季的艳色以红色、橙色和黄色为主,而淡色则以白色、米色和灰色为主。在搭配时,可以选择艳色与淡色相间的组合,如橙色针织衫搭配白色长裤、黄色外套搭配灰色连衣裙等。这种搭配不仅能凸显颜色的鲜艳,还能使整体造型更加优雅得体。

3. 亮色与暗色搭配

秋季的亮色以橙色、黄色和红色为主,而暗色则以黑色、深灰色和藏蓝色为主。在搭配时,可以选择亮色与暗色的组合,如橙色针织衫搭配黑色长裤、黄色外套搭配深灰色连衣裙等。这种搭配能呈现活泼而时尚的效果,但要尽量避免过于花哨的色彩组合。

4. 上衣颜色搭配

上衣颜色搭配可以根据整体着装风格进行选择。在秋季,可以选择暖色调的上衣,如红色、橙色和黄色等,与下装和内层衣物进行同色系或撞色系的搭配。也可以选择冷色调的上衣,如蓝色、紫色和绿色等,搭配同色系或暖色调的下装和内层衣物,营造层次感和对比效果。

5. 下装颜色搭配

下装颜色搭配可以根据上装颜色进行选择。如果上装是暖色调,下装可以选择相邻的暖色调或冷色调进行搭配;如果上装是冷色调,下装则可以选择相邻的暖色调进行搭配。例如,橙色针织衫可以搭配黄色长裙或蓝色牛仔裤;而蓝色牛仔外套则可以搭配红色针织衫。

6. 内外层颜色搭配

内外层颜色搭配能够营造出层次感。在秋季,可以选择暖色调的外套和相对较暗的内搭衣物进行搭配,如红色针织衫搭配灰色连衣裙、黄色外套搭配黑色打底衫等。也可以选择冷色调的外套和相邻的暖色调内搭衣物进行搭配,如蓝色外套搭配红色打底衫、绿色风衣搭配米色连衣裙等。

秋季是一个色彩丰富的季节,各种秋季色搭配都能展现出独特的时尚风格。在搭配时,要注意色彩的协调和对比,以及上下装和内外层的层次感。通过巧妙的色彩组合,呈现温暖舒适的着装效果,展现自信、个性的时尚风格。

(九)冬季色搭配

冬季色搭配在服装搭配中具有重要意义，它能营造温暖、沉稳或低调的氛围，还能凸显个人的品位和风格。下面将通过具体的案例分析，探讨冬季色在服装搭配中的应用，主要包含红色搭白色、驼色搭白色、黑色搭白色、冬季暖色搭配、橙色搭蓝色、粉红色搭深蓝色、冬季冷色调搭配、冰蓝色搭炭黑色、亮绿色搭深灰色、冬季中性色搭配及米色搭深蓝色等。

1. 红色搭白色

红色搭白色是一种常见且经典的搭配组合，它能够营造热情、喜庆的氛围。选择一件红色毛衣或大衣，搭配一条白色裤子或裙子，如红色毛衣搭配白色阔腿裤，既时尚又显气质。

2. 驼色搭白色

驼色搭白色，能够营造柔和、温暖的氛围。选择一件驼色呢子大衣或毛衣，搭配一条白色阔腿裤或半身裙，如驼色大衣搭配白色阔腿裤，既温暖又显高贵。

3. 黑色搭白色

黑色搭白色，能够营造简洁、干净的氛围。选择一件黑色毛衣或大衣，搭配一条白色裤子或裙子，如黑色大衣搭配白色连衣裙，既经典又百搭。

4. 冬季暖色搭配

冬季暖色搭配以橙色、紫红色和红色等温暖色调为主，这些颜色可以给人带来温馨和舒适的感觉。

5. 橙色搭蓝色

橙色搭蓝色是一种充满活力的搭配组合，选择一件橙色毛衣或外套，搭配一条蓝色牛仔裤或短裙，如橙色毛衣搭配蓝色牛仔裤，既活泼又时尚。

6. 粉红色搭深蓝色

粉红色搭深蓝色能够营造浪漫、优雅的氛围。选择一件粉红色毛衣或外套，搭配一条深蓝色牛仔裤或半身裙，如粉红色大衣搭配深蓝色半身裙，既浪漫又显瘦。

7. 冬季冷色调搭配

冬季冷色搭配以冰蓝色、亮绿色和紫色等寒冷色调为主，这些颜色可以给人带来冷静、低调的感觉。

8. 冰蓝色搭炭黑色

冰蓝色搭炭黑色能够营造神秘、高冷的氛围。选择一件冰蓝色毛衣或外套，搭配一条炭黑色长裤或裙子，如冰蓝色大衣搭配炭黑色长裤，既高冷又显瘦。

9. 亮绿色搭深灰色

亮绿色搭深灰色能够凸显个性和时尚感。选择一件亮绿色毛衣或外套，搭配一条深灰色长裤或裙子，如亮绿色大衣搭配深灰色连衣裙，既时尚又显瘦。

10. 冬季中性色搭配

冬季中性色搭配以米色、灰色和棕色等中间色调为主，这些颜色能够凸显服装的品质和质感。

11. 米色搭深蓝色

米色搭深蓝色能够营造简约、大方的氛围。可以选择一件米色毛衣或外套，搭配一条深蓝色牛仔裤或半身裙，如米色大衣搭配深蓝色半身裙，既简约又显瘦。

通过以上关于冬季色搭配的案例分析，我们可以看到，不同的颜色搭配可以呈现不同的风格和氛围。希望通过介绍，大家能对服装搭配有所了解。

黑白灰经典色
如何搭配.MOV

三、肤色与服装色彩的搭配

肤色作为一张天然的调色板，与我们的服装选择息息相关。不同的肤色类型往往决定着适合我们的服装颜色和风格。肤色不同的人适合不同的色彩搭配。通常，肤色偏黄的人适合穿亮度较高、偏冷色的服装，如浅蓝色、浅绿色等；肤色偏红的人则适合穿粉色、紫色等柔和色调的服装；而肤色偏黑的人则适合选择黑白灰等经典色系，以凸显肤色的健康与活力。接下来将探讨肤色类型与搭配，冷色皮肤与搭配、暖色皮肤与搭配和中性皮肤与搭配的特点及适合的服装颜色，同时介绍服装色彩与搭配的技巧。

(一)肤色类型与搭配

肤色主要分为冷色、暖色和中性三大类。冷色皮肤通常呈现粉色、蓝色或紫色调；暖色皮肤为黄色、橙色或红色调；中性皮肤则介于两者之间，呈淡粉色、灰色或棕色。了解不同肤色类型的特点有助于我们找到适合自己的服装搭配。

(二)冷色皮肤与搭配

在个人形象塑造中针对冷色皮肤与服装色彩搭配给出以下一些建议。

(1) 冷色皮肤适合穿偏冷的颜色，例如，淡雅的色调如灰色、米色、浅蓝色、淡紫色、薄荷绿和淡蓝色等。这些颜色可以平衡皮肤的冷色调，并给人一种清新和优雅的感觉。

(2) 避免穿过于暖色调的颜色，如深红色、橙色、棕色和黄色等，因为这些颜色会使皮肤看起来疲惫或蜡黄。

(3) 选择中性颜色，黑色、白色和深蓝色等是不错的选择，它们不会强调皮肤的色调，并可以与其他冷色调完美搭配。

(4) 对于外套和风衣等大型服装，可以选择柔和的色调，如米色、浅灰色和淡蓝色等，以强调肤色的冷色调并平衡整体造型。

(5) 在搭配服装时，最好遵循色彩搭配的原则。例如，可以选择灰色针织衫和浅蓝色牛仔裤搭配，或者淡紫色衬衫和薄荷绿西裤搭配。这样可以使整体造型更加协调和统一。

对于冷色皮肤的人来说，选择合适的服装色彩是非常重要的。通过选择偏冷的色调和中性的颜色，并遵循色彩搭配的原则，可以打造出美丽而协调的个人形象。

(三)暖色皮肤与搭配

在个人形象塑造中针对暖色皮肤与服装色彩搭配给出以下一些建议。

(1) 暖色皮肤适合穿暖色调的颜色，如红色、橙色、黄色和棕色等。这些颜色可以使皮肤看起来更加明亮和健康，同时也可以强调肤色的温暖和活力。

(2) 除了暖色调，还可以选择一些中性颜色，如黑色、白色和灰色等，这些颜色可以平衡暖色调的强度，并使整体造型更加优雅和得体。

(3) 在选择外套和风衣等大型服装时，可以选择与暖色调搭配的柔和颜色，如米色、浅黄色和浅棕色等，以强调肤色的温暖和平衡整体造型。

(4) 避免穿过于冷色调的颜色，如蓝色、紫色和绿色等，因为这些颜色会使皮肤看起来暗淡或蜡黄。

(5) 在搭配服装时，可以遵循色彩搭配原则，例如，通过红色针织衫和橙色长裤搭配，或者黄色外套和棕色内搭衣物搭配，可以保持整体造型的协调和统一。

(四)中性皮肤与搭配

在个人形象塑造中针对中性皮肤与服装色彩搭配给出以下一些建议。

(1) 中性皮肤适合选择多种颜色进行搭配，如选择冷色调、暖色调或中性色进行搭配。

(2) 推荐颜色包括蔚蓝色、藏蓝色、军绿色、葡萄紫色、枣红色、棕红色、卡其色等，这些颜色能使皮肤看起来更加明亮、有光泽，同时也能强调肤色的自然和匀称。

(3) 在选择外套和风衣等大型服装时，可以选择柔和的颜色，如米色、浅灰色和淡棕色等，以平衡整体造型，并强调肤色的自然和匀称。

(4) 避免选择过于鲜艳或荧光色系的配色，以免给人带来肤色蜡黄、肤色不均的感觉。

(5) 在搭配服装时，遵循色彩搭配的原则，例如，蔚蓝色毛衣和葡萄紫色长裤搭配，或者棕红色外套和卡其色内搭衣物搭配。这样可以保持整体造型的协调和统一。

对于中性皮肤的人来说，选择合适的服装色彩是非常重要的。灵活运用色彩搭配的原则，可以打造出美丽而协调的个人形象。

一招教你判断合适的用色类型.MOV

四、色彩在形象塑造中的运用

(一)场合色

场合色是指在特定场合中运用的一种色彩搭配方案，它通过色彩的组合和搭配来传达与场合相适应的情感和氛围。场合色可以是一种颜色或一种颜色搭配，如红色代表喜庆、蓝色代表冷静、绿色代表自然等。在选择场合色时，需要根据不同场合的需求来选择适当的颜色。在形象塑造中运用场合色，主要需要考虑以下方面。

(1) 活动的性质：根据参加的活动性质，选择适当的场合色。例如，参加正式的商业会议或职场面试，一般选择色彩搭配简洁、高级感的颜色，如黑色、灰色、深蓝色等，以展示专业和严谨的形象;参加庆典、婚礼等欢庆场合,可以选择鲜艳的暖色调,如红色、橙色、黄色等,以营造热情、活力的氛围。

(2) 环境的色彩:考虑活动场地的颜色和氛围。如果场地以暖色调为主,可以选择搭配一些冷色调的服饰,以形成视觉上的对比,使自己更显眼;如果场地以冷色调为主,则可以选择搭配一些暖色调的服饰,以给人一种亲切温暖的感觉。

(3) 自己的角色:根据自己在活动中的角色和目的,选择合适的场合色。例如,如果自己是主持人或发言人,可以选择明亮或高级感的颜色,以展现活力、自信或对场合的重视程度;如果自己是旁观者,则可以选择低调、自然的颜色,以保持平和、低调的形象。

(4) 个人偏好与肤色:根据自己的肤色、发色以及个人偏好来选择适合的颜色。一般来说,肤色白皙的人适合穿柔和的颜色,如粉色、淡蓝色等;肤色偏黄的人则更适合穿中性色调,如白色、米色等。同时,还要注意发色与服饰颜色的搭配,以保持整体的协调。

(5) 色彩的搭配:在选择场合色时,还需考虑颜色的搭配。如果选择的颜色过于单一或过于复杂,都会影响整体形象。因此,要注意选择合适的主色调,再搭配一些辅助色彩,使整体形象更加协调、有层次感。

在形象塑造中运用场合色需要注意整体性和协调性。要根据活动的性质、环境的色彩、自己的角色、个人偏好与肤色以及色彩的搭配等多方面因素来选择合适的场合色,例如,严肃的场合选择黑色、白色、灰色,无彩色(用有彩色的配饰点缀);应聘的场合选择深蓝色、藏蓝色加白色等知性的颜色组合;动感休闲的场合选择适合自己肤色的时尚色;参加宴会时,西式晚宴以黑色为主,中式晚宴以红色或喜庆色搭配黑色、白色、灰色,无彩色系等等。运用合适的场合色,以打造出最佳的形象效果。

(二)印象体验色

印象体验色是指通过色彩的运用,传达一种特定的情感、氛围或意象,从而让人们形成对个人形象的独特感受和印象。以下是几种常见的印象体验色的运用方法。

(1) 暖色调:运用暖色调可以营造亲切、热情、温暖的氛围。如橙色、黄色、红色等颜色可以表现热情、自信、有活力的形象。在形象塑造中,选择穿着一件暖色调的服装或搭配一些暖色调的配饰,以展现温暖、积极的形象。

(2) 冷色调:运用冷色调可以传达专业、冷静、优雅的形象。如蓝色、紫色、灰色等颜色可以表现沉稳、理性、高雅的形象。在形象塑造中,选择穿着一些冷色调的服装或搭配一些冷色调的配饰,以展现冷静、专业的形象。

(3) 清新色调:运用清新色调可以传达清新、自然、年轻的形象。如绿色、浅蓝色、白色等颜色可以表现自然、清新的形象。在形象塑造中,选择穿着一些清新色调的服装或搭配一些清新色调的配饰,以展现清新、自然的形象。

(4) 暗色调:运用暗色调可以传达神秘、高贵、典雅的形象。如黑色、深紫色、深蓝色等颜色可以表现神秘、高贵的形象。在形象塑造中,选择穿着一些暗色调的服装或搭配一些暗色调的配饰,以展现神秘、高贵的形象。

在运用印象体验色时,需要注意不同颜色所代表的象征意义和文化含义。要避免因为色彩选择不当引起误解或让人产生不舒适的感觉。同时,要注意整体形象的协调性和搭配性,以使个人形象更加鲜明、独特。

(三)衬肤色

形象塑造中衬肤色的运用，主要通过选择合适的服装颜色和款式来突出肤色的优势，掩盖不足，使人看起来更加精神、自信、美丽。以下是几种常见的衬肤色方法。

(1) 选择深色或鲜艳的颜色：深色或鲜艳的颜色可以更好地突出肤色的白皙和细腻，增强整体形象的视觉冲击力。例如，黑色、深蓝色、酒红色、深紫色等颜色可以穿出高贵、典雅的气质；红色、橙色、黄色等颜色则可以穿出活泼、热情的气质。

(2) 避免与肤色相近的颜色：与肤色相近的颜色容易使肤色看起来无光泽，应尽量避免。例如，深棕色、土黄色、墨绿色等颜色与肤色相近，穿在身上会使肤色显得黯淡无光。

(3) 选用鲜艳的配饰：通过选用鲜艳的配饰来点缀整体形象，增强形象的活泼感和趣味性。例如，一顶红色的帽子、一条黄色的围巾、一个紫色的包包等，都可以为整体形象增色不少。

(4) 注意款式与搭配：服装的款式和搭配也很重要，根据个人身材和肤色选择适合的款式和搭配方式。例如，身材高挑的人可以选择一些修身的款式来凸显身材；肤色偏暗的人，可以选择一些宽松、明亮的款式来提亮肤色。

(四)协调平衡色

形象塑造中协调平衡色的运用，主要通过选择合适的服装颜色来达到整体形象的平衡和协调。以下是几种常见的协调平衡色的方法。

(1) 保持色彩的一致性：在选择服装颜色时，可以选择与肤色、头发颜色等相近的颜色，使整体形象保持一致性，给人和谐的感觉。例如，肤色偏黄的人，可以选择一些暖色调的衣服与肤色相协调；而肤色白皙的人，可以选择一些冷色调的衣服，以增强形象的清新感。

(2) 选用相邻色：相邻色是指在色相环上相邻近的颜色。通过选择相邻色来搭配服装，能使整体形象更加协调、自然。例如，挑染成蓝色头发的人，可以选择一些蓝绿色、蓝绿色的衣服与头发相协调；而蓝色眼睛的人，可以选择一些紫红色、橙红色的衣服与眼睛相协调。

(3) 选用对比色：虽然使用对比色可能会给整体形象带来强烈的视觉冲击，给人个性鲜明的感觉，但通过合理的搭配和运用，是可以突出肤色的优势，掩盖不足的。例如，通过将深色或鲜艳的颜色与浅色或柔和的颜色进行对比搭配，可以更好地突出肤色的白皙和细腻。

(4) 注意色彩的面积和形状：色彩的面积和形状也是影响整体形象平衡和协调的因素。例如，上装选择了鲜艳的颜色，下装就可以选择一些暗淡的颜色进行平衡；一件衣服的图案较大，则可以选择一些纯色的配饰进行调和。

(五)综合简约配色

综合简约配色是指将两种颜色或多种颜色搭配在一起，以打造简洁、大方、时尚的形象。以下是几种常见的综合简约配色的方法。

(1) 基本色搭配：基本色包括红色、黄色、蓝色、绿色、紫色等颜色，这些颜色可以与任何颜色进行搭配。选择两种基本色或多种基本色进行搭配，能打造出简洁、大方、时尚的形象。例如，黑色和白色是最经典的基本色搭配，可以搭配出高贵、典雅的气质。

(2) 选用中性色：中性色包括灰色、米色、卡其色等颜色，这些颜色既可以与鲜艳的颜色进行搭配，也可以与暗淡的颜色进行搭配。选择一种中性色作为主色调，再搭配其他颜色作为辅助色，可以打造柔和、自然、时尚的形象。例如，米色毛衣搭配黑色或深蓝色的牛仔裤，可以打造柔和、自然的形象。

(3) 选用渐变色：渐变色是指将两种颜色或多种颜色自然地渐次过渡，以打造柔和、自然的形象。渐变色可以通过服装的款式或配饰来实现，例如，一件淡蓝色的外套搭配一件深蓝色的内搭，可以打造柔和的渐变效果。

(4) 注意色彩的明度和纯度：色彩的明度和纯度也是影响整体形象效果的重要因素。如果想要打造简洁、大方的形象，可以选择一些明度和纯度较低的颜色进行搭配；如果想要打造鲜艳、活泼的形象，可以选择一些明度和纯度较高的颜色进行搭配。

在形象塑造中运用简约配色时要根据个人肤色、身材、场合等多种因素选择合适的颜色和款式，以打造最佳的形象效果。同时，也要注意色彩的搭配比例和位置，以打造整体协调的形象。

讨论与思考

1. 服装搭配与色彩之间有何关系？
2. 如何根据肤色选择适合自己的服装颜色？
3. 如何根据场合选择适合自己的服装颜色？
4. 如何根据季节选择适合自己的服装颜色？
5. 如何根据个人风格和气质选择适合自己的服装颜色？
6. 如何进行服装颜色的搭配，以达到和谐的效果？
7. 如何避免服装颜色搭配上的失误？
8. 如何运用色彩来突出服装的特点和亮点？
9. 如何利用色彩来修饰身形，达到显瘦或显高的效果？
10. 在不同服装款式中如何运用色彩，营造出不同的风格和氛围？

第五节　体形与着装概述

一个人的着装风格能否恰当地体现，与本人的体形有着十分重要的关系，良好的体形着装更美。一个人的体形一般与民族遗传因素、家庭遗传因素有着直接的关系，同时也与个人的生活习惯、身体锻炼以及其他因素的影响有关。体形与着装之间关系密切。不同的体形适合不同的服装款式和风格，通过合适的着装，可以凸显身体的优点，掩饰不足之处，增强个人形象魅力。

喜欢等于合适吗？.MOV

一、体形分类

着装是指一个人的穿衣打扮，通过着装，可以看出每个人不同的品位。正确的着装可以增强人的自尊和自信，优化人们的生活态度。穿衣关键在于扬长避短，特点因人而异，着装切不可盲目随大流，追求时髦，那样只会弄巧成拙，适得其反。

(一)标准体形

拥有标准身材是人们共同的期盼，那么标准体形有哪些特点？以中等身材为例，身体比例为 7 个半头长或 8 个头长，上半身的坐高至少是全身高的 1/2，或者下半身比上半身略长一点。双臂下垂，手的中指指尖大约到大腿一半的位置。小腿比大腿长，整个腿部粗细和长短都很匀称，膝盖部分的线条柔和，髌骨不过于突出。小腿部分肌肉不发达，踝骨与腿部相比纤细柔和。

拥有标准体形的人在选择服装款式时自由度较大，穿衣的灵活性更优于常人。如果能应时、应人、应地，有选择地搭配好服装的款式，就会使自己更加光彩照人。

(二)体形自测

了解自己的体形对于健康和形象都非常重要。通过自测体形，我们可以更好地选择适合自己的服装款式、颜色和材质，达到最佳的穿着效果。同时，不同的体形类型也与健康状况有关，因此通过自测体形能更好地关注自己的健康。

1. 体形自测方法

要自测体形，首先需要准备一根软尺或皮尺，以及一面镜子。下面介绍自测体形的步骤。

(1) 测量身体高度：站直，用软尺或皮尺测量从头部最高点至地面的垂直距离，记录测量结果。

(2) 测量体重：在称重时，要站直，不要吸气或收腹，记录测量结果。

(3) 测量腰围：将软尺或皮尺放在腰部最细处，水平环绕一周，紧贴皮肤但不压迫，记录测量结果。

(4) 测量肩围、胸围、臀围：将软尺或皮尺放在肩部、胸部和臀部最宽处，分别环绕一周，紧贴皮肤但不压迫，记录测量结果。

通过以上测量结果，我们可以得到自己的身体数据，并据此判断自己的体形类型。

2. 判断标准与类型

根据测量结果，我们可以将人的体形分为以下几种类型。

(1) 肥胖型：BMI 指数大于或等于 28，男性腰围大于或等于 90 厘米，女性腰围大于或等于 85 厘米。

(2) 苹果型("O"型)：腰围较大，身体曲线明显，下半身相对较细。

(3) 梨型("A"型)：上半身曲线明显，腰围较细，下半身丰满。

(4) 沙漏型("X"型)：女性通常具有较低的腰臀比，一般为 0.6～0.7。

(5) 直筒型("H"型)：胸围、腰围和臀围差距相对较小，肩围与臀围相差不超过 2 厘米，(肩围+臀围)÷2-腰围 ＜20 厘米。直筒型身材也可以被细分为"H 型"和"I 型"。

(6) 倒三角型("T"型)：上半身宽厚，肩围与臀围相差 5 厘米或以上，臀部及四肢较窄。

(7) 高大型：较高的身高和相对健硕的体形，体重一般在 70 公斤以上。

(8) 苗条型：BMI 指数为 18.5～20.9，腰部纤细，四肢修长，不干瘦。

(9) 肌肉型：肌肉发达，骨架粗壮。男性体脂率为 15%～20%，女性体脂率为 20%～25%。

(10) 矮小型：较矮的身高和相对娇小的体形，体重一般在 50 公斤以下。

每个人的身体数据都不完全一样，因此需要根据自己的具体情况来判断体形的类型。不同的体形类型也具有不同的特征和健康状态。

3. 不同体形的特征

(1) 肥胖型：四肢较为粗壮，脸部和身体上有较多的脂肪，身体曲线圆润。

(2) 苹果型（"O"型）：腰围较大，上半身曲线明显，下半身相对较细。苹果型身材也称为"O"型身材。

(3) 梨型（"A"型）：上半身曲线明显，腰围较细，下半身丰满。梨型身材也称为"A"型身材。

(4) 沙漏型（"X"型）：胸部丰满、腰细、臀部宽、大腿丰满，是拥有曼妙腰胯线的身材。沙漏型身材又称为"X"型身材，特指腰窄臀宽，而不是腰细臀翘。

(5) 直筒型（"H"型）："H"型身材的肩部和臀部宽度相似，没有明显的腰部曲线，看起来像一块板子；而"I"型身材则是肩部和臀部宽度相似，腰部非常窄，看起来像一条直线。

(6) 倒三角型（"T"型）：肩宽臀窄，肩臀比大，也称为"V"型身材、"Y"型身材、"T"型身材或草莓型身材。

(7) 高大型：身高较高，体形偏瘦。

(8) 苗条型：身高适中，体形苗条，线条流畅。

(9) 肌肉型：身高较高，肌肉线条较为明显。

(10) 矮小型：身高较小，体形偏胖。

(三)体形与着装

不同体形的人在服装搭配上应扬长避短，突出自己的优点，遮盖或改善自己的缺点。以下是不同体形与服装搭配的建议。

1. 肥胖型

肥胖型的人在着装上要注意遮盖或淡化身体曲线，以避免让整个人看起来更加臃肿，可以选择宽松、柔软的服装款式，如宽松 T 恤、直筒裤等，来打造随性、自然的形象。深色的服装也可以帮助淡化身体的丰满程度。在配饰上，选择简单而精致的饰品，如金属链条、太阳镜等，来增强整体造型的时尚感。但要注意避免过于夸张的饰品，使整体造型显得过于花哨。

2. 苹果型（"O"型)

"O"型身材的人通常腰部较粗，但腿部较细，适合穿宽松的上衣和随身裤装，以突出上半身的宽松和下半身的曲线。选择高腰设计的裙子和裤子，以拉长腿部线条。推荐的颜色包括黑色、深蓝色、灰色、棕色和白色等，这些颜色可以让身材看起来更加修长。

3. 梨型("A"型)

"A"型身材的人通常上半身较瘦，下半身较胖，适合穿宽松的上衣和紧身裤，以淡化上身的瘦弱和下身的丰满。选择高腰设计的裙子和裤子，以拉长腿部线条。选择上浅下深的色彩搭配，使下半身显得更加苗条。例如，白色或浅色调的短款上衣搭配深色系的高腰裙或长裤，突出腰线，拉长腿部线条。选择一些淡雅、柔和的色彩，避免过于鲜艳的颜色。例如，黑色、浅灰色、浅蓝色、茶色、橄榄绿色等都是比较适合梨型身材的颜色。另外，白色、米色、淡粉色等浅色调也能让梨型身材看起来更加轻盈。

4. 沙漏型("X"型)

"X"型身材的人通常腰部较细，适合穿腰部有装饰的服装，如腰部有荷叶边的裙子或腰部带有松紧带的裤子，以突出腰部的曲线。选择修身但不过于紧身的服装，以展现身体的优美曲线。"X"型身材适合选择突出腰部线条的色彩，如白色、浅粉色、浅蓝色、红色、黑色和黑白搭配色等，这些颜色可以强调腰部线条，使整体身材看起来更加苗条。

5. 直筒型("H"型)

"H"型身材的人通常上下一致，腰部没有曲线，可以选择有腰线设计的服装来强调腰部曲线，如高腰设计的裤子或裙子，或者将上衣塞进裤子中以突出腰线。选择一些宽松的上衣和裤子，以打造随性、自然的形象。另外，也可以选择颜色鲜艳或者图案丰富的款式，以吸引人们的视线，同时拉长腿部线条，让下半身看起来更加美丽。

6. 倒三角型("T"型)

"T"型身材的人通常肩膀较宽，胸部较丰满，适合穿插肩款式的上衣和宽松的裤子，以平衡肩膀和胸部的线条。选择有腰线设计的服装来突出腰部曲线，或是选择深色系的服装，如黑色、深蓝色、墨绿色等来平衡上半身的丰满感。此外，选择颜色鲜艳的服装也可以转移人们的视线，使"T"型身材的人看起来更加苗条。

7. 高大型

高大型的人在着装上可以选择简洁、大气的服装款式。例如，宽松的直线剪裁的服装可以凸显高大型身材的高挑和瘦长，而深色的服装则可以打造更加优雅和大气的风格。在搭配上，选择简单而经典的配饰，如简约的手表等，来增强整体造型的亮点。

8. 苗条型

苗条型的人通常很适合穿着合体的服装，以展现身体的优美曲线。苗条型身材的人也可以尝试一些轻盈、飘逸的服装款式，如 A 字裙、宽松的衬衫等，以突出自己的优雅和时尚。在颜色上，选择明亮的颜色来增加整体造型的轻盈感和活泼感。

9. 肌肉型

肌肉型的人在着装上要注意遮盖或淡化肌肉线条，以避免让整个人看起来过于粗犷，可以选择宽松、柔软的服装款式，如休闲西装、宽松 T 恤等，来打造随性、自然的形象。

深色的服装也可以帮助淡化肌肉线条的明显程度。在配饰上，选择简单而精致的饰品，如金属链条、太阳镜等，来增强整体造型的时尚感。

10. 矮小型

矮小型的人在着装上要注意拉长身形，让整个人看起来更加高挑，可以选择高腰设计的服装款式，如高腰裤、高腰裙等，来提高腰线，拉长腿部线条。垂直线条的服装也可以带来更加修长的感觉。在颜色上，选择明亮或浅色调的服装来增加整体造型的轻盈感和活泼感。同时，注意避免过于宽松或过于紧身的服装款式，以避免整个人看起来更加矮胖。

不同体形的人在选择服装时应注意扬长避短，根据自己体形的特点选择适合自己的款式和颜色，突出自己的优点。

(四)不同体形特征与着装分析

1. 身材矮小者的着装

身材矮小者穿着单一颜色或素色、小方格和小印花面料的衣服，可使人的外形看起来较高，选择与上衣同色或同色系的裤、裙，直条纹的面料、直褶等都有增高的作用。但如果穿着有许多大花色图案或宽条格的服装，再加上较多的服装层次，身材会显得更矮。服装面料的选择以光滑平整为佳，服装式样也要尽可能简单。颜色的搭配最好是上浅下深，以将他人的注意力引向头肩部。

身材矮小者宜穿鲜明的直条纹衣衫，且不宜将上衣束在裙子或裤子里面，可在腰部装饰一条纤细的腰带呈现较好的身材比例。直线型裤子，裤子口袋的开口可尽量以纵切线或斜切线为主。裤子及裤口不宜过大，长度适当长一些，最好到脚面，并烫出笔直的裤线，这样会显得十分挺拔。

较矮的人不宜背体积大、带子长的包，因为在视觉效果上它会占据身体的较大比例，显得人更为矮小。

2. 体形较胖者的着装

体形较胖者的特征是脸庞较大，脖颈粗、短，胸、腹、臀部均较丰满，腿部粗壮。这类体形的人在选择服装时难度较大，如选择不当，会显得更加臃肿，且显露老态。

服装面料宜采用柔软而挺括、薄厚适度的材质，过厚会更显沉重感，而过薄会贴身而显露体形。以素色、冷色系为宜，或选择条纹和小图案面料，在视觉上能给人苗条的效果。忌用大格、大花图案和过亮、过于跳跃的颜色，因为张扬的色彩有夸大体形的效果。

常见一些体胖的人穿较宽松的、直身的衣物，其实这样并不一定有好的视觉效果。肥胖者穿衣要松紧适度，宜选择两件或三件套，长外套的长度在臀部以下，这样可以把腹部和臀部遮住。如下半身配裤子，则衣服可以再略长一些，以遮住大腿最粗的部分。上衣可选择纵向条纹，产生纵向拉伸的效果。以"V"字领、长方领、尖领等领型搭配直条衬衫效果为佳。下半身以西裤和较简洁的长裙为宜，裙长可在小腿最粗点往下 2～3 厘米处，这样既遮住了粗壮的腿部，又露出脚踝，给人清秀、挺拔之感。

体形较胖者忌穿短到腹部最高点以上的上衣。上衣的横向隔断效果，会使上身呈正方形，给人肩宽、背厚的感觉，同时将肥胖的腹部和臀部暴露无遗；同时，应避免穿关门领或较窄小的领口和领型。

带圆领的上衣会使肥胖者的脸显得更胖、更圆，脖子更为粗短。另外，体形较胖者不宜把上衣束在裤子或裙子里，这样会突出腹部和臀部。腰部抽褶对体胖的人最不合适，由于褶皱的膨胀感，会使腹部和臀部更显粗壮，增加肥胖感。

3. 体形偏瘦者的着装

体形偏瘦者的特征是脖颈细长，三围差别不大，曲线不明显，肌肉不丰满。这类体形的人要恰到好处地选择服装也是颇有讲究的。球状纤维粗厚的服装材料，会给人"胖"的感觉。比如宽松的短毛衣，有膨胀感，且最好是高领的，可以遮住细长的脖颈，再配上一条质地挺括、厚实面料的长裙(注意不是筒裙，而是下摆微微展开的"A"字形裙)，既显得身材苗条，又隐藏了臀部不够丰满的缺陷。体形偏瘦者可选择棉等看起来有分量的布料，尽量回避丝绸类无款型的面料，衣服的搭配以多层次为原则。

褶皱和花边的装饰对于瘦弱的人来说很有用，特别是在领口、肩部、腰臀部，搭配大裙摆，既有动感，也有一分扩张感。在色调方面，不妨选择暖色调，增加鲜亮度，使衣服更为华丽，冲击视觉效果。

如果喜欢穿裤装，裤子不要过瘦，直筒型和宽松型都比较适合。若穿牛仔裤，要选后面有大贴袋、绣花和漂亮装饰线的那种，可使臀部"丰满"起来。

体形偏瘦的人一般缺乏优美的曲线，最忌束身和过于暴露的衣服，找到最合适的版型与装饰，可增加着装的美感。在颜色的选择上，不宜穿黑色或者深色系的衣服。

4. 头大身小者的着装

"大头娃娃"的特征是头偏大，身体相对偏小，有头重脚轻的感觉。这种体形的人需要靠服装的搭配来改变上下比例不匀称的局面。

头大身小者，肩膀是个关键。如果用垫肩略微加宽肩部尺寸，可使肩膀廓形，拉长肩膀的长度，调整头肩比例，或者用大翻领，也可以获得同样的效果。头大者容易显得头部较重，重心下移，可平衡比例，加大下装的摆度，如打褶的裙子，膨胀感可使体形显得丰满。领口可选择一字领、"V"字领等，露出脖子与锁骨，以转移他人的视线，达到拉长脖子的效果。

头大身小者也可以穿宽松的服装，服装的款式可稍复杂，但要线条流畅，既避免显得过于累赘，又能吸引他人的注意力，比如运动休闲装。

头大身小者也可以靠服装的色彩来调节身体比例，如鲜亮明丽的色彩有扩张效果。避免穿深色紧身衣服，因为深色的收缩作用会使身体看起来更小，而头部却更加重。

头大身小者不宜穿紧身衣服，它会使本来就偏小的身体更加矮小。另外，不宜留卷曲蓬松的发型，紧贴头部的短发会更为适合。

5. 头小身大者的着装

头部较小的人会给人一种上下比例失调的印象。为了遮掩这一缺陷，就要设法缩小身体的比例，同时增加头部的分量。

在服装的款式上可力求大方、简洁、合体、线条简练，比如，穿收腰的长衣，搭配直筒裙或长裤，这样既有收缩体形的效果，又可使身材显得修长。

在色彩选择上以深色为主，注意上下装的色彩搭配的统一和协调，这样也能起到收缩体形、衬托头部的效果。另外，可以留长发或波浪形的发式来增加头部的比重。

头小身大者，不宜穿宽松的服装，以及有横向扩展效果的服装，这些服装都会使身体看起来更宽，给人肩宽、背部粗壮的感觉，容易将他人的视线集中于面积较大的躯干部位，而忽略头部的"重量"，导致比例更加失衡。

6. "枣核形"身材的着装

"枣核形"身材是一种通俗而形象的说法，其特征是腹部较大，肩膀较窄，小腿部不是很粗壮，呈现两头小、中间大的枣核形状。这种体形在中年人中较常见。虽然腹部凸起的程度有所差异，但其往往使溜肩现象更为明显。

肚大溜肩的体形，适宜穿直身长裙，简洁的式样能使腹部显得小一些。若将衬衣束在裙子里面，则一件敞开式长外套是最好的搭配，且外套的长度宜在大腿的一半处，这样可以遮住突出的腹部。肩部用垫肩来增加肩的宽度和高度。款式宜力求大方、简洁，适当地利用纵向线条可给他人瘦削、利落的感觉。

肚大溜肩的人，不宜穿无垫肩、露胳膊的衣服，没有垫肩的衬托，会使溜肩的缺陷显露出来。而两截式的装束，正好在腹部中间形成一个横向分割，给人身体粗壮的感觉，使肚子显得更大。

"枣核形"身材的人，不宜把贴身的毛衫当外套，尤其是插肩袖款式的外套，会让肩部看起来更窄更溜，而腹部看起来更大。同时，也不宜穿裤口窄的锥形裤，这种裤子不但无法掩饰缺点，反而会让缺点更加暴露。

7. 高低肩者的着装

高低肩，会给人一种不平衡的感觉。我们可以直接用弥补法来调整肩部缺陷，即上衣两侧垫肩厚度不同，肩高的一侧垫肩薄一些，肩低的一侧垫肩厚一些。

高低肩的人比较适宜穿套装，套装能把人的视觉注意力引到整体形象上，且套装的肩部大多比较方正，从而在一定程度上弱化了肩斜的差别。服装的款式亦可有些变化，如采用不对称式的门襟，以缓和肩斜差别，用不平衡的式样达到平衡的效果。

高低肩的人尽量避免穿没有垫肩的服装，尤其是材质比较轻薄的衬衫和插肩袖式的毛衣。贴身的衣物会使体形缺陷清楚地呈现出来，而肩部的不平衡感会让人觉得缺乏朝气和活力。

8. 习惯性驼背者的着装

驼背是亚洲人中常见的体形，其缺陷表现为含胸、凸肚、颈部前倾、背部隆起。不合适的服装搭配会强化这些缺陷，因此选择合适的服装对于驼背者尤为重要。

驼背的人宜穿立领或带褶皱花边饰领的衣物，稍高的领形遮住了前倾的脖颈；胸前打褶裥花边的连衣裙，既能遮住凹陷的胸部，又能平衡人们的视觉，使隆起的背部相对不那么显眼。同时，长连衣裙也能很好地避免驼背人衣服后摆上翘的问题。

驼背的人也可以穿大下摆的长上衣，衣服下摆呈自然褶裥，巧妙地掩饰了背部弯曲的脊柱。

秋冬季，驼背的人宜穿面料比较厚实、带大翻领的大衣。丰满挺括的大衣能使肩背显得挺拔；宽大的翻领能遮掩前倾的颈部，同时盖住隆起的后背。

驼背的人不宜穿无领和过于紧身、合体的衣服，这样会使前倾的脖颈和弯曲的脊背暴露无遗。对于驼背的人，留齐肩或更长的中长发型比露出脖颈的短发要好得多。

9. 平胸者的着装

平胸者表现为胸部较平坦，腰节线条清晰但较短，臀部相对偏大，呈上小下大的形状。弥补平胸者缺点的关键是使胸部及上半身显得丰满。

平胸的女性宜穿有垫肩的衣物，如西装外套或有垫肩的长衬衫，运用服装肩部水平线使上身显得略宽一些。同时，在衬衫的胸前可适当增加一些装饰，如装饰花边或蝴蝶结，或将领子设计成像荷叶边一样的低领，这些都可造成胸部丰满的假象，花边等装饰吸引了人们的注意力，从而忽略了对体形的注视。

平胸的人不宜穿过于简洁、紧身和质地柔软的衣物，因为紧贴身体的款式能够清楚地展现出体形的特征，体形也就自然暴露出来。

10. 胸部丰满者的着装

与平胸相对应是挺胸体形，胸部丰满，富有女性的曲线美自然很好，而过于丰满的胸部会给人负重感，尤其是对于身材矮小的人来说更是缺点。

胸部丰满的人宜穿式样简洁、宽松适体的上衣，V形敞领或低领口的设计，或松松地系一根与上衣同色系的腰带降低腰线，以弱化胸部轮廓，掩饰过于丰满的胸部，注意腰带的选择不宜太宽。

高领口、高腰的上衣或裙子以及胸前繁复的装饰会更夸大胸围的尺寸，使脖子到胸部位置变得更加拥挤，暴露胸大显胖的问题。胸部丰满者往往伴随着肩膀宽厚、胳膊粗壮、斜方肌大等问题，落肩设计、面料软塌的衣服会增强上半身的重量感，无法达到修饰身材的效果。

11. 腰粗者的着装

腰粗者是指胸围与臀围相比，腰部显得较粗，没有明显的腰节。要掩饰这一体形弱点并非一件难事，关键是避免突出腰部。

腰粗的人应避免穿着腰围处绷得过紧的服装，宜穿稍宽松衣服，但要注意腰部周围的松度应适当，不宜过分宽大。

不宜穿腰部有装饰的裙子和裤子，否则会将他人的注意力吸引到腰部，更突出腰粗的体形特点。同时，注意不宜将上衣束在裙腰或裤腰里，而要用上衣的下摆遮住腰节部位。

另外，着装时可搭配有助于掩饰腰部的服装，如背心、开衫、套衫等，以弱化腰部缺乏曲线的不足。注意服装上切不可采用细小的腰带作装饰。

12. 腰节短者的着装

腰节短者表现为腰部位置较高、臀部位置也较高，使上身显得较短，而腿部显得修长。

腰节短的人穿裤子往往比穿裙子更合适、更美观，穿裙子会使躯干显得更短，而裤子会将体形的优点表现得恰到好处，且以直裆短的款式为宜。这类款式的裤子可使上身显得修长，进而使整个体形的比例显得较为匀称。相反，直裆过长的裤子则使腿部显得较短，从而影响体形美。

腰节短的人切忌穿宽腰和高腰节的服装，由于腰带的宽度占去了腰以上的较大面积，从而使躯干显得更短。

为了使腰和臀部看起来有下降的趋势，腰节短的人可以系一条与上衣同色的窄腰带，穿略微宽松的服装。

13. 腰节长者的着装

腰节长的人一般上半身较长、下半身较短，给人一种重心偏下的感觉。这类体形的人穿衣的关键是调节上、下半身的比例，尽可能使腿部显得长一些。

腰节长的人宜穿高腰节的服装，如短上衣或高腰节的裙装，这种设计可以使重心和人的视线上移，从而缩短上身的视觉长度。高腰裙能遮掩腰节过长的缺点，使腿部看上去修长一些。

腰节长的人穿裤子也可以，但裤腿要长一些，最好盖住一部分鞋面，使从腰围线开始向下延伸的直线尽量延长。搭配高跟鞋和较宽大的腰带，可以将腰带系在略高于腰围线的部位，让人从视觉上忽略腿短的不足，高腰裤是更合适的选择。我们还可以利用服装面料的颜色来掩饰体形的弱点，穿着同一色调的服装有助于给人腿部修长的感觉。

腰节长的人可选择略微宽松的服装，以遮盖腰身的缺陷，例如，长款宽松外套搭配长裙，既掩饰了缺陷，又增添了层次感，若鞋的颜色与外套相匹配，更有一种和谐美。

腰节长的人不宜穿低腰的裙子或裤子，这类服装会使本来就长的上身显得更长，而下半身则更短。此外，应避免在腰线上系皮带，而应尽量弱化腰节点的高低，搭配中确需腰带装饰时，可把较细的腰带松松地系在衬衣外面，让它搭在胯部。

14. 臀大者的着装

臀部肥大的体形也是很常见的，臀围较大，导致与上身及腿部比例失调。主要的弥补手段是视线转移和遮盖法。

臀大的人可选用特殊的领型或色彩、图案鲜明的围巾，以转移他人的视线，将他人的注意力集中于上半身。上衣的长度以到臀下为宜，色彩以深色为主。可穿着合体的西装套裙，下摆略微内收，使人显得干净、利落，注意上衣下摆不宜过大。也可穿质地柔软的长款衬衫，搭配合体的西裤和同色系的高跟鞋，同样能获得极佳的效果。

臀大的人切忌穿着紧身的连衣裙，也不宜将裙子或裤子束在上衣外面，这样可能会暴露体形的弱点。例如，穿牛仔裤时可选择暗色、合身而光滑的，不选择过紧、裤管窄小以及臀部有口袋、有横向分割线或绣花的牛仔裤，这些设计会把他人的视线吸引到臀部上来。

15. 落臀者的着装

落臀的人的体形特征是：重心低，腰节较长，臀部松弛而下坠，腿部相对较短。因此需想办法使腿部显得更长。

落臀的人可穿立裆合适的长裤，切不可因为图舒服而加大立裆尺寸；搭配高跟鞋时，裤长要长一些，最好能盖过一部分鞋面；烫出裤线，使向下延伸的直线尽量延长。选用较宽大的腰带，来提高腰围线，腰带系在略高于腰围线的位置，让人从视觉上感觉不出腿的不足。利用服装面料的颜色来掩饰体形的弱点，穿着同一色调的服装有助于腿部修长的视觉效果。如果腿型不错，也适合穿短裙，但要注意不要显露体形弱点。比如不宜穿一步短裙，尤其不要把裙子套在上衣外面，因为一步裙由腰至裙摆呈现内收缩的轮廓，对于落臀者的缺陷恰恰起到了张扬的作用。相比较而言，下摆散开的喇叭裙或褶裙更为合适。在短裙外面套一件长外衣，长长的衣摆遮掩了较长的腰节线，也盖住了下坠的臀部。

对于落臀者来说，穿连衣裙比半身短裙更适合。没有明显腰节线的连衣裙，从结构上提高腰节位置，人为制造腰节线，散开的大裙摆遮住了臀部下坠的缺点，整体感不错。在领口和胸前装饰些花边，能把他人的注意力吸引到胸前来，从而忽略了对臀部及腰身的注意力，效果会更好。

落臀的人，不宜穿臀部有大贴袋、横线条或绣花的牛仔裤，尤其是锥形的牛仔裤，因为任何装饰都能吸引他人的注意力，同时锥形裤较短，裤口又窄，使臀部的缺点暴露无遗。

16. 窄臀者的着装

窄臀体形由于臀围过小，腰身曲线不明显，使女性缺乏柔和的曲线美感。

窄臀的人可穿宽松的裤子和有褶裥的上衣，束腰带，强化腰节，掩盖不足。也可以穿立裆较短的或者低腰的紧身裤，色彩可以鲜亮些，配以宽松的短款毛衫，可以利用其窄臀的特点来突出苗条的形象。

窄臀的人如果穿裙子，可选择下摆散开的"A"字形裙或喇叭裙，也可在臀围位置增加一些装饰，人为制造腰部曲线。

窄臀的人应尽量避免穿紧身裙或没有明显腰节的衣服，下装颜色忌深暗色，过于收缩的款式与色彩只会让小臀围的弱点更加突出。

17. 大腿粗壮者的着装

大腿粗壮是由于从事某种运动或长期缺乏运动造成脂肪堆积而形成的一种体形。其特点是相对于臀部和小腿部，大腿的肌肉层过厚，尤其是大腿的前面和内、外侧面，从腰部以下呈纺锤形。

大腿粗壮的人宜穿圆裙、"A"字形裙和宽松形的裤子，夏季可穿下摆宽松的百慕大式短裤，裤腿长度在膝上10厘米左右，以遮住大腿最粗壮的部位。

大腿粗壮的人忌穿裤管紧、裤口窄小、裤缝上有双缝线的牛仔裤，这样会突出大腿线条。可选择直筒式、裤口略微宽大的牛仔裤，同时注意裤长尽量长一些，以使腿部线条挺拔。

18. 小腿粗壮者的着装

小腿粗壮与大腿粗壮相似，多因长期运动而成，小腿肚肌肉明显突出。对于这种体形，以遮盖方式为主，宜穿直筒裙、喇叭裤、宽松裤等，遮挡小腿赘肉，凸显腿部的纤细。另外，小腿粗壮的人也可以选择穿长裙，裙子长度应在小腿肚以下。

小腿粗壮的人一般忌穿裸露小腿的短裤和短裙，尤其忌穿高跟鞋与短款下装搭配，因为穿上高跟鞋后，腿部肌肉紧绷而使小腿肚突出更加明显，而且线条结实、硬朗，缺乏柔和美感。

19. 腿部细长者的着装

腿部细长者多见于发育未成熟的少女，也有体质较瘦弱的人。此种体形通常腰节较短，腿部细长而缺乏曲线，两条大腿根部之间有缝隙，膝盖骨突出。

腿部过于细长的人宜穿着长裙或长裤，以掩饰腿部。如穿宽松长裤，直筒形的裤管会使人的视觉产生一定的宽度效果，若再配一件长款背心，则效果更佳。若腰比较细，则穿长裙也是很好的选择，裙腰可以宽一些或配一条宽腰带，而裙子的褶裥也可以多一些。这样，大大的裙摆遮住了细长的双腿，只露出纤细的脚踝，给人一种亭亭玉立之感。

腿部细长的人不要穿短裤和超短裙，因为这样会使双腿显得愈加细长。

20. "O"形腿或"X"形腿者的着装

"O"形腿和"X"形腿是两种常见的腿形。"O"形腿亦称"罗圈腿"或"内撇腿"，从臀下到脚跟呈现两膝盖向外弓，两脚向内偏。"X"形腿又称"八字腿"或"外撇腿"，与"O"形腿相反，臀下至膝盖向内并拢，两脚平行外偏，膝以下至脚跟外撇呈八字形。

对于这两种腿形，长裙和宽松的长裤是最理想的选择。也可穿休闲类套装，如宽松、厚实的运动装，既能遮盖腿部，又能使人显得年轻、活泼、精力充沛。

"O"形腿和"X"形腿的人不宜穿紧身长裤，因为穿紧身裤的目的是突出优美的腿形，双腿呈"O"形或"X"形的人若穿上紧身裤，会放大腿部形状，使腿部看上去更加缺乏美感；也不要穿短裙或短裤，这些衣物的长度无法遮掩腿部的形状。

二、着装风格

时代风格和个人风格是服饰风格鉴定的主要依据。服饰的时代风格、个人风格的形成，与当时的政治经济、社会生活状况以及物质条件等各方面的因素之间有着密切的联系。

那么，什么是"着装风格"呢？着装风格是指着装在整体上呈现的具有代表性的独特面貌。着装风格是通过着装表现出来的相对稳定、更为内在和深刻，从而更为本质地反映时代、民族或个人的思想、审美、精神气质等内在特征的外部显现。

(一)着装风格的确立

着装风格的确立需要考虑多个方面。下面从服装基本要素、个人内在特质、社会文化背景、场合与情境需要、时尚流行趋势、服装品牌与风格等方面展开讨论。

1. 服装基本要素

服装基本要素包括颜色、款式、面料等。颜色方面，选择适合自己的颜色能够让着装者更加出彩。例如，暖色系适合肤色偏黄的人，可以提升气色；而冷色系适合肤色偏白的人，可以让人看起来更加精神。款式方面，根据自己的身形特点选择合适的款式能够扬长避短，比如，宽松的款式适合身形丰满的人；而紧身的款式则适合身形苗条的人。面料方面，不同面料有不同的特性，例如，纯棉柔软舒适，丝绸光洁高贵，根据场合和需求选择合适的面料非常重要。

2. 个人内在特质

个人内在特质包括性格、个性、气质等。在选择着装风格时，需要考虑自己的内在特质。例如，性格开朗的人可以选择明亮的颜色和活泼的款式；而性格内向的人则可以选择素净的颜色和简约的款式。气质高雅的人可以选择正装或者优雅的连衣裙；而气质休闲的人则可以选择运动装或者简约的 T 恤等。

3. 社会文化背景

社会文化背景包括时代文化、地域文化、传统文化等。在确立着装风格时，需要考虑所处的社会文化背景。在不同的时代背景下，着装风格也会有所不同，如复古风、未来主义等。因此，在选择着装风格时，需要充分考虑所处的社会文化背景。

4. 场合与情境需要

场合与情境需要是确立着装风格的重要因素之一。不同的场合需要不同的着装风格。例如，参加正式场合如晚宴、婚礼等需要穿着正装；而参加休闲活动如逛街、爬山等则可以选择休闲装。同时，情境也需要考虑，如天气、季节等。例如，夏季应选择轻薄透气的面料；而冬季则需要选择保暖的面料。

5. 时尚流行趋势

时尚流行趋势是影响穿着风格的重要因素之一。了解当前的时尚流行趋势，并选择符合趋势的服装款式和颜色可以让自己更加时尚。例如，当前流行的街头风、运动风等都是以舒适、休闲为主题的风格，可以选择宽松的 T 恤、牛仔裤和运动鞋等来搭配。需要注意的是，追求时尚的同时也要考虑是否适合自己。

6. 服装品牌与风格

选择适合自己的服装品牌和风格也是确立着装风格的重要因素之一。不同的服装品牌和风格有不同的特点和适用场合。例如，有些品牌注重舒适与时尚的结合，适合日常穿着；而有些品牌则注重高品质与细节，适合正式场合或高端场合。在选择品牌的同时，也要考虑自身的风格，选择适合自己的品牌。

(二)着装风格的分类

着装风格是指一个人在穿着上所展现出来的整体形象和风格，它可以反映一个人的个性、职业、文化背景、品位等多方面的因素。

(1) 简约风格：以简单、干净、整洁为主要特点，喜欢选择黑色、白色、灰色等素色服装，追求线条流畅、质感舒适，呈现一种简洁、干练的风格。

(2) 复古风格：以过去的时尚元素和经典款式为主要特点，喜欢选择格子、波点、复古色调等经典元素，呈现一种怀旧、经典的风格。

(3) 运动风格：以舒适、休闲、自在为主要特点，喜欢选择宽松的款式和棉质、聚酯纤维等舒适材质，呈现一种休闲、随性的风格。

(4) 文艺风格：以清新、自然、简单为主要特点，喜欢选择棉麻、草编等材质，搭配简单的线条和图案，呈现一种文艺、清新的风格。

(5) 甜美风格：以可爱、甜美、梦幻为主要特点，喜欢选择粉色、白色、花朵等元素，呈现一种甜美、浪漫的风格。

(6) 成熟风格：以稳重、优雅、大方为主要特点，喜欢选择黑色、灰色、深蓝色等经典色调，呈现一种成熟、端庄的风格。

(7) 个性风格：以独特、前卫、与众不同为主要特点，喜欢选择创意的款式和特别的元素，呈现一种个性化的风格。

每个人的着装风格都是独特的，需要根据自己的个性、职业、场合和文化背景等因素来综合考虑，以找到最适合自己的着装风格。同时，随着场合和情境的变化，也需要灵活地调整自己的着装风格。

(三)着装风格自测

(1) 观察自己的衣柜：看看衣柜里的衣服都是什么样的风格和款式，是简约风格、复古风格、运动风格、文艺风格、甜美风格、成熟风格还是个性风格？

(2) 观察自己的日常穿着：观察日常穿着的衣服，包括款式、颜色、材质和搭配等，看看最喜欢的穿着是什么风格。

(3) 喜好和偏好的判断：根据自己的喜好和偏好来判断自己的着装风格。比如，喜欢穿什么样的衣服，喜欢什么样的颜色和材质，喜欢什么样的搭配，等等。

(4) 考虑场合和职业：根据不同的场合和职业需要，选择适合自己的着装风格。比如，在工作场合需要穿着简约、成熟和专业的风格；而在休闲场合则可以穿着休闲、文艺或甜美的风格。

(5) 借鉴他人的搭配：通过观察他人的搭配和时尚表现，可以启发自己的灵感和思路，找到适合自己的着装风格。

通过以上方法，我们可以初步了解自己的着装风格。需要注意的是，着装风格不是一成不变的，可以根据场合、职业和个人喜好的变化而变化。最重要的是，要找到最适合自己的着装风格，让自己感到自信和舒适。

案例分析

莉莉是一个年轻的女孩，她拥有高挑的身材和较好的身形。她的衣橱里总是充满了各种时尚的衣服，每一件都能展现出她的好身材。某一天，莉莉突然发现自己的衣橱里都是清一色的修身款服装，没有一件能够完美遮盖她最近略微突出的腹部。

分析

在这个案例中，莉莉近来略微突出的腹部成为她穿衣搭配的难题。虽然她有很多时尚的衣服，但所有的衣服都是修身款，无法遮盖住她的腹部。这就需要她重新审视自己的服装搭配，选择适合自己体形的衣服。

针对莉莉的问题，以下是一些服装搭配的建议。

(1) 宽松的上衣：莉莉可以选择一些略微宽松的上衣，以遮盖住她的腹部。宽松的上衣还可以给人一种随意的时尚感，与她的修身裤装或裙装搭配，可以打造出完美的身材比例。

(2) 宽松的连衣裙：如果莉莉想要穿连衣裙，她可以选择一些宽松的款式。宽松的连衣裙可以完美地遮盖住她的腹部，同时也可以展现她的优雅和女人味。

(3) 搭配饰物：莉莉可以通过搭配一些饰物来转移他人的注意力，例如，一条夸张的项链或腰链，以突出自己的优势部位。

(4) 自信：最重要的是，莉莉要保持自信。无论穿什么衣服，自信的姿态总是可以提升自己的魅力。

通过以上建议，莉莉可以找到适合自己的服装搭配方式，以展现她的着装风格和掩饰略微突出的腹部，同时提升自己的自信和魅力。

讨论与思考

1. 体形与着装之间有何关系？
2. 如何根据不同体形选择适合的服装款式和颜色？
3. 如何利用服装来修饰身形，达到显瘦或显高的效果？
4. 如何避免穿着不适合自己体形的服装？
5. 在不同场合中如何选择适合自己体形的服装？
6. 如何根据个人风格和气质选择适合自己体形的服装？
7. 如何运用服装搭配来突出自己的优点和掩饰缺点？
8. 在不同的季节中如何选择适合自己体形的服装？
9. 如何根据职业要求选择适合自己体形的服装？
10. 在不同文化背景下如何选择适合自己体形的服装？

第六节　商　务　着　装

在商务场合中，穿着得体能让他人感受到认真和负责的态度，是建立信任和尊重的基础；一个企业的员工穿着得体、严谨、规范的商务着装，可以彰显该企业的专业性和品牌价值，提升企业的形象和信誉；穿着得体可以让他人感受到尊重和重视，有助于建立良好的人际关系和商业合作关系；当一个人的穿着符合自己的身份和地位时，会感到更加自信和从容，在商务交往中更加游刃有余；在商务场合中，得体的商务着装可以传递出积极的非语言信号，有助于建立良好的商业关系。

商务着装在商务交往中发挥着至关重要的作用，它可以塑造良好的个人形象，体现企业文化和品牌价值，提升沟通效果，增强自信，传递积极的非语言信号等。因此，在商务场合中，得体的商务着装是不可或缺的，它属于职业装范畴，不仅能够展现一个人的专业形象和职业素养，还能够影响他人对自己的第一印象和评价。

一、女士商务着装

女士正式场合
如何着装.MOV

得体的商务着装可以展示职业女性的专业素养和干练的形象，赢得他人的信任和尊重。穿着得体可以让女性更加自信和从容地处理工作任务，提升工作效率；穿着得体可以让他人感到尊重和重视，有助于建立良好的人际关系和商业合作关系。

女士商务着装在商务交往中扮演着至关重要的角色，它可以塑造职业形象，提高工作效率，展示企业的价值观，建立良好的人际关系，传递积极的非语言信号等。因此，在商务场合中，得体、规范的女士商务着装是不可或缺的。

(一)职业装种类

女士商务着装虽然不用像男士着装那样拘泥于颜色，但是款式选择也同男装一样，应以简洁、大方为主。在正式隆重的商务场合，建议女士选择深色的西服套装。套装中的首选为裙装，其次为裤装。套装内搭配的衬衣颜色，以淡雅纯色的为佳。

1. 办公室职业装

办公室职业装的主要特征是端庄、持重和亲切。因此，在相对严肃的职业环境中宜选择质地考究、色彩纯正、衣料不容易起褶皱的职业套裙，忌穿袒露、花哨、反光的服装；在宽松的职业环境中宜选择稳重的服饰，如造型简洁、明快、图案简单的服装，切忌有过多绣花、褶皱、饰物。

2. 外出职业装

在外出工作的商务场合，职业女性需要时刻注意保持整体的职业形象：在正式的商务场合，可选用简约、质地好的上衣与裤装，并配以女式中高跟鞋；在较宽松的场合，可以稍微调整服装和鞋的款式，但仍然要以职业特性作为着装的第一标准。

外出职业装款式应舒适、得体，要便于走动，不穿着不透气或质地粗糙的服装。服装的色系不宜复杂，并能与发型、妆容、手袋、鞋等相搭配，所用饰品不宜夸张，以免给对方造成视觉压力。

3. 女士职业套装

女士职业套装通常是无袖连衣裙加小外套(小外套为西服款式)，既能凸显职业女性端庄、大方的气质，又非常符合商务场合的着装要求。

在正式职业场合，套裙应该整套穿，这样能表明职业女性对工作的严谨认真；在休闲场合，可与其他服装搭配起来。若下班后要参加社交活动，可以把外套脱下，搭配相应的配饰，如围巾、项链等，恰当地展示时尚魅力，同时也省去了换衣服的麻烦。这是一种既方便又得体的穿着方式，最适合繁忙的商务人士。

(二)着装注意事项

1. 扬长避短

身材矮胖的人，应避免选择过于鲜艳、大花、大格子的衣服，而应穿着垂直线条式样、颜色素雅、剪裁合体的服装。身材高瘦的人，则要避免穿着垂直线条、过于紧身的衣服。

2. 适应肤色

肤色白皙的人穿什么颜色的衣服都适合，例如，穿深色衣服，会更显得肤色细腻、洁白、润泽；肤色黝黑的人则最好选择颜色素雅且较为明亮的颜色，可获得健美的效果。

3. 搭配协调

上装与下装的质地和款式应相配，不要上装十分厚重而下装十分轻薄，也不要上穿职业装而下着牛仔裤。同时，还要讲究色彩的和谐统一，服装与鞋子在颜色款式上也应搭配，如套装配高级皮鞋、运动装配运动鞋或小白鞋等。

4. 注意禁忌

女士穿丝袜时不能穿有钩丝、破洞的袜子，不能将袜口露在裙外。内衣如同隐私，不可外露。不要盲目追求时髦。近年流行的露背低胸的吊带装，构成一道亮丽的风景线，但此类服装在休闲娱乐时可以穿着，而在办公室、图书馆、教室等场合穿着却有伤大雅。

女士职业套装一定要合身。女士用来搭配西服的配饰并不像男士那样有明确的要求，除搭配传统款式的衬衫以外，也可以选择无领衬衫。一般情况下，衬衫可以是纯色的，也可以是花色的，但不要太鲜艳抢眼。在正式的商务场合，无论什么季节，正式的商务套装都必须是长袖的。

(三)着装配饰

1. 丝巾

伊丽莎白·泰勒(EliZabeth Taylor)曾说过："不系丝巾的女人是最没有前途的女人。"奥黛丽·赫本(Audrey Hepburn)说："当我戴上丝巾的时候，我从没有那样明确地感受到我是一个女人，美丽的女人。"丝巾的魅力无穷无尽，飘动时妩媚，静止时温柔，无一不让人沉醉。同一套衣服，换一条不同风格的丝巾就可以轻松完成角色和场合的完美转换。

长方巾—水手结.MOV	长方巾—心形结.MOV	长方巾—麻花结.MOV
大方巾—知性水手结.MOV	大方巾—韩式侧边结.MOV	大方巾—精致辫子结.MOV
小方巾—单扣蝴蝶结.MOV	小方巾—红领巾结.MOV	小方巾—帅气牛仔结.MOV

职场的服装通常中规中矩，特别是色彩深沉的黑色、白色、灰色等理性色职业装，颜色、款式都相对单调，配上一条有颜色的丝巾，不但能画龙点睛，还能立刻让过于严肃单调的职业装丰富多彩起来，增强了着装的精致度和时尚度。值得注意的是，在选择丝巾时要考虑规格、颜色和图案三个要素。

1) 规格

职场常用的丝巾规格有方形丝巾(90 厘米×90 厘米，70 厘米×70 厘米，53 厘米×53 厘米)、长条形丝巾(15 厘米×150 厘米，60 厘米×180 厘米)。不同尺寸的丝巾可以系出不同的效果。丝巾的系法非常多，不是越花哨越好，或许越简单的越经典，职场常用的有平结、蝴蝶结、钻石结及配合衣领形状简易系法。

2) 颜色

丝巾的色彩需要结合个人肤色以及五官立体度来选择。肤色浅、五官立体度高的人更能驾驭色彩偏浅、鲜艳且色差大的丝巾；肤色深的人尽量规避色彩偏浅、鲜艳色调的丝巾，否则更反衬其肤色深；五官比较平缓的人更适合色差变化小一些的丝巾。

3) 图案

因为丝巾一般都是折起来的，图案会隐藏，所以选择丝巾的关键是选对颜色和规格。

2. 首饰

职场女性经常佩戴的饰品有项链、耳坠、耳环、戒指、胸针、手镯、手表、脚链、脚环等。佩戴的首饰并不是越多越好，要注意选择佩戴时能体现自己的优点和特点，能烘托自身魅力的首饰。

职场中女士在佩戴首饰时原则上不超过三件，常见的是项链、耳饰(耳环、耳钉或耳坠)、戒指三件套，但工作场合应尽量简约。下面介绍一下耳饰和项链的选择建议。

1) 耳饰

耳饰离脸最近，要精心选择最能体现自身魅力的材质、造型、色彩的耳环、耳钉或耳坠。职场的耳环、耳钉最好选择金、银、铂金、珍珠等材质，直径最好不要超过 10 毫米，否则显得招摇不稳重；耳坠适合休闲或下班后佩戴。

2) 项链

(1) 根据体形：项链的选择应与身高、体形相符合。娇小体态可选择短细项链；体形高大可选择长粗项链。

(2) 顺应季节：春季和夏季单颗颈链能够体现简洁干练；秋季和冬季多层次的长链可以搭配出时尚华丽之感。

(3) 适应场合：珍珠或银色的饰品体现职场的低调干练。黄金色或多光泽的饰品太过张扬，不适合商务场合。

3. 鞋子

与男士相比，女士鞋子的款式可谓琳琅满目。皮鞋能改变衣服的整体效果，如果选择的鞋子不搭配，或者脏、破、旧，即使服装穿得再好，整体形象也会大打折扣。因此，鞋子首先是穿对，其次才是穿得美观。比如，晚礼服搭配精致的皮鞋，套装搭配干练的浅口单鞋，运动服配运动鞋。职场要穿简洁、干练、高档的皮鞋，忌穿运动鞋或凉鞋。

1) 不同职场的选择

(1) 严肃职场：应选择简单的黑色中高跟皮鞋。

(2) 商务职场：鞋子在颜色和款式的选择上相对宽松一些，依然是皮鞋，但可以有一些简单的装饰，鞋跟的高度也可以适当变化。

(3) 一般职场：鞋子的颜色可以完全根据当日服装来选择，如鱼嘴鞋、包头露跟鞋、平底鞋、高帮鞋等。

2) 选择原则

(1) 与服装同色系，比衣服深的色度最佳。

(2) 与配饰品相呼应，比如与手提包、腰带的颜色一致或接近。

3) 风格选择

(1) 鞋子的风格一定要和服装风格搭配和谐，尖头鞋搭配率更高。

(2) 中高跟露脚背的鞋显腿长，适合裙装；低跟，满脚背的鞋适合裤装。

(3) 尖头鞋比圆头鞋、方头鞋更显修长，更有气场。

4. 丝袜

丝袜是女士的第二层皮肤。丝袜的柔顺、光滑可增加腿的美感，穿上丝袜会给人庄重、美观、高雅的感觉。在许多行业和正式的社交、商务、服务场合，一般要求女性穿着丝袜。

出席非常正式的商务和社交场合时，如商务会谈、商务晚宴、外交仪式等，女性应穿着裸色无花丝袜修饰腿部，不宜光腿，这和在正式场合需要化妆是一样的道理。同时，也应尽量避免穿着黑色丝袜，尤其是黑色带花纹的丝袜，以免给人性感、轻浮之联想。

丝袜的长度一定要高于裙子下摆边缘，最好选择连裤袜。白色和黑色的裤袜穿着应多加小心，一般穿黑色裙装时可以配黑色或深肤色裤袜，这样可以显得整体搭配更为和谐；穿浅颜色的裙子时切忌穿黑色长袜，否则会给人不协调的联想。白袜子在正式社交场合不多见，应尽量避免穿着。但小姑娘穿着白色丝袜会显得活泼可爱。

无论穿着哪种丝袜，都应该保持丝袜的完好，不要穿着脱丝或有修补痕迹的丝袜。丝袜一旦破洞或脱丝就只能丢弃。如果日常穿着常常需要搭配丝袜，最好在包里或办公室放上几双备用丝袜。

5. 包

1) 颜色

(1) 严肃职场：应选择纯色，如黑色、藏蓝色、酒红色、墨绿色等深沉稳重的颜色。

(2) 一般职场：虽然可选择的色彩较多，但还是建议以纯色为首选。可选择易搭配的高级灰色系、复古色系或者各种带金属弱光泽的华丽时尚颜色。也可选择制造视觉冲击的各种拼接色。职场忌选择过于女性化或者卡通图案的包。

2) 款式

女士包包种类繁多，关键在于把握国际通用的"TOP"原则，"TOP"是三个英语单词的缩写，它们分别代表时间(time)、场合(occasion)和地点(place)。运动包、休闲包以及手抓包不适合出现在职场。

(1) 商务职场：适用大气、简单、直线条的手提包。

(2) 一般职场：适用手提包、单肩背包等。

3) 搭配

女士包包的选择除了场合要求，还要注意美感的搭配。因为包包是脱离人体单独存在的一个配饰，所以在颜色搭配上的选择就会宽泛很多。既可以选择与衣服或者其他搭配饰品同色系的颜色，打造色彩和谐统一或者色彩呼应的高级感效果；也可以选择完全不同色系的颜色，起到视觉冲击、绚丽点缀的作用，打造魅力四射的职场女性形象。

二、男士商务着装

得体的商务着装，可以展现个人的专业素养和严谨的工作态度，赢得他人的信任和尊重。在商业交往中，能影响他人的评价和合作意愿。在商业场合中，穿着得体可以彰显对他人和职业的尊重，有助于建立良好的商业关系；一套精致的商务着装能让男性更加有魅力，提升其社交能力和商业机会。男士商务着装不仅是外表的装扮，更是其内在修养和自信的体现。因此，在商业交往中，得体、专业的商务着装对男性非常必要。

(一)着装原则

1. 三色原则

三色原则是选择正装西装色彩的基本原则，它的总体原则是要求正装

男士西装礼仪
小常识.MOV

西装的色彩秉持"以少为宜",最好将其控制在三种色彩之内,其服装及配饰包括套装、领带、皮鞋、袜子等。其中,男士的皮鞋、皮带、手提包三者颜色要求一致,也称为"三一定律"。三色原则有助于保持庄重的总体风格,使着装更加规范、简洁、和谐。西装的颜色若超出三种,会给人繁杂的感觉,难以呈现严肃、正式的视觉效果。

2. 三要素原则

男士在穿着正装西装时,对西装的色彩、款式、面料三要素要统一考虑,合理搭配。其中色彩是最重要的,所以着装要先看颜色。

3. 三大禁忌原则

(1) 禁忌未拆西装左袖商标。商务男士在购买西装后,首先要将西装左袖上面的纯羊毛标志、品牌标志等商标拆除,穿着带有商标的西装,往往会被其他商务人士的笑话。即使购买的西装是世界名牌,也不能在穿着时挂着商标。

(2) 禁忌男士穿深色西装着浅色袜子。例如,穿一身深蓝色西装,配一双白色袜子。另外,男士也不能穿尼龙丝袜,它在一定程度上会显得十分不庄重。

(3) 禁忌错误的领带搭配。穿非职业装和短袖装不需要打领带,穿夹克也不需要打领带。

(二)着装注意事项

1. 扣好纽扣

正确地扣好西装纽扣,是对西装穿着礼仪的准确把握。单排两粒扣西装,通常只扣上面一粒,全扣上会显得很死板。单排三粒扣西装,通常只扣中间一粒,或者最上方的和中间的两粒,而如果穿的是三件套的西服,则要把三粒扣子全解开,里面的西装马甲最下面的一粒扣子不能扣。双排扣西装可全部扣,也可只扣上面一粒,但不可不扣。起身站立时,扣上上衣的所有纽扣,以示庄重。就座之后,解开所有的纽扣,以防衣服走样。

2. 保持整洁

西装要保持整洁,熨烫平整,穿着皱皱巴巴的西装,会降低交往对象对你的印象分,也是一种不尊重对方的表现。高档西装不能水洗,要定期干洗,在穿之前熨烫平整。熨烫过的西装穿起来平整挺括、线条笔直,能够充分地展示你的魅力。

3. 注意细节

(1) 不卷裤管、不挽袖子。在商务场合,每个商务人士都要时刻注意细节,悉心呵护自己的整体形象。而卷裤管或者挽袖子,都是不太文明的行为。

(2) 衬衫一般直接穿在西装里面,在衬衫内不穿背心,要注意每天更换衬衫。如果是在寒冷的地区穿西装,需要穿内衣保暖,内衣要选择圆领的,不要在不打领带时,让人看到内衣领。

(3) 西装口袋主要起装饰作用。因此,不能让西装口袋鼓鼓囊囊,使西装走样。不同位置的口袋有不同的作用。例如,西装上衣下部的两个口袋可以放置松、软、薄的东西,如纸巾等;上衣左胸上部口袋专插装饰手帕,不应放其他东西,尤其不应当放钢笔、挂眼镜。若是穿三件套的西装,其马甲上的口袋主要是装饰功能,除可以放置怀表外,不宜再放别的东西。而西裤前部两侧的口袋可以放钥匙等厚硬的物品；西裤后部的两个口袋，右边的可以用来放手帕，有纽扣的左后袋可以用来放钱包等。

(三)着装配饰

1. 衬衫

衬衫的选择要注意，戴领带时穿的衬衫要合身，不戴领带时穿的衬衫可以宽松一些。成熟讲究的男士，一般会穿着定做的衬衫，并在袖口或胸前口袋上绣上自己的英文或中文的简写名字，这是很讲究的做法。

衬衫应合体，不能太小。如果太小，胸部纽扣之间会被撑开，这是一件很尴尬的事，应极力避免这类事情发生。另外，要穿出层次感。衬衫领子应高于西装领子 1.5～2 厘米，衬衫袖子应外露于西装袖子 1.5～2 厘米。衬衫门襟、腰带扣与裤子门襟正中对齐。

2. 小手帕

西装上面的口袋多用来放装饰手帕，起装饰作用。折手帕的方法很多，这里介绍两种常用折法。一种方法是以小手帕的中心点为轴，随意收卷捏在一起，塞入袋中，整理出多层次的造型；另一种方法是把小手帕对折，再对折成正方形，放入口袋。要善于把握整体色彩的协调，比如，系了一条蓝色和红色相间的领带，可选用一条纯蓝色或纯红色的手帕，这样就可形成两种搭配。

3. 领带

(1) 男士的领带若带有图案，则可选择格子、点状、几何等图案，不过于花哨。在领带的搭配中，若是短袖衬衫，则无须打领带，除非是短袖制服。另外，领带也不能与夹克相配，两者搭配在一起会显得不伦不类。

(2) 遵守"两个单色，一个图案"的规则。西装套装、衬衫、领带三者中，只能有一个有图案。比如，西装套装有暗色图案，那么衬衫和领带就最好是单色或极暗的图案。

(3) 领带最常用的颜色是红色和蓝色，或以黄色为主并带有图案，可根据衬衫的颜色来挑选领带的颜色。例如，衬衫是白色的，那么领带上的图案中可带有一点儿白色，以呼应衬衫的白色，这样效果会很好。如果换成蓝衬衫，领带上的图案中也应该找到一点儿蓝色。

(4) 在颜色方面还有一个规则：如果衬衫和西装是单色，那么领带和小手帕可以是多种颜色的。相反，如果西装是很明亮的颜色，就需要一条朴素的、不耀眼的颜色的领带来搭配；而在穿着单色西装时，则可以选择一条色彩明亮的领带来搭配。

四手结.MOV　　　　　半温莎结.MOV　　　　　温莎结.MOV

4. 手表

手表能展现男士的品位与价值，佩戴古典风格的手表，会尽显时尚感。出席社交礼仪场合时，佩戴一款正统与简约风格的高纯度冷色调男士腕表，会与众不同，男士的风采也会展现得淋漓尽致。

在西方国家，手表、钢笔和打火机曾一度被称为成年男子的"三件宝"，是每个男士须臾不可离身之物。出席社交礼仪场合时，腕间佩戴一款得体的名表，更是不二选择。男士在正式场合佩戴手表，应注重其种类、形状、色彩、图案和功能五个方面。

(1) 种类：选择手表的具体种类时，首先应根据自身的经济情况，量力而行。另外，还要兼顾个人的职业、出入的场合、交往的对象和选用的服饰等一系列相关因素。

(2) 形状：手表的造型往往与其价位、档次有关。在正规场所佩戴手表，形状造型要庄重、保守，年长者要特别注意。

(3) 色彩：选择在正式场合所戴的手表，其色彩应避免繁杂凌乱，宜选择单色手表、双色手表，不选择超过三种颜色的手表。无论是单色手表还是双色手表，其色彩都要清晰、高贵、典雅。银色、黑色的手表，是商务职场最理想的选择。

(4) 图案：除数字、商标、厂名、品牌外，手表上不应出现其他没有任何作用的图案。用于正式场合的男士手表，尤其需要牢记此点。

(5) 功能：计时是手表最主要的功能。因此，正式场合所用的男士手表，无论是指针式、跳字式还是报时式，都应具有这一功能，并且应当精确到时、分，能精确到秒则更好。男士手表的功能要少而精，注重实用价值。

5. 鞋子

很多人愿意花重金购买衣服，却忽略了鞋子的搭配。场合不搭配的皮鞋、保养不好的皮鞋，都会使形象大打折扣，尤其是职场人士，鞋子是有助于展现职场男士完美形象的单品。同样，鞋子也可以是毁掉其职业形象的重要单品。

1) 选择要点

(1) 面料一定是优质皮革。

(2) 做工精细，不能毛糙，否则看上去很廉价。

(3) 款式最重要的依据是 TOP 原则，也就是符合时间、地点、场合的要求。除了这三点，还要与服装搭配协调，先穿对，再穿美。不需要追赶流行、前卫的设计，可以是经典款，但不能是过于落伍的款式。

(4) 穿着舒适，只有舒适的鞋子才能提高工作效率。

(5) 无论什么鞋，穿着时必须干净、完整，不能过于破旧。

2) 款式

有两双黑色的皮鞋，就能完成多个场合的搭配。

(1) 硬挺正式的系带皮鞋：适用于严肃的场合和任何职场，搭配小脚裤配上船袜也可以是时尚的搭配。

(2) 简单的无带休闲皮鞋：材质可以稍软，但不能过于休闲。黑色百搭，这样一双鞋除了一些正式场合不能穿之外，其他很多场合都可以派上用场。

这两双鞋子，除了运动的时候不适用，在职场完全可以轻松驾驭。当然，对自己形象有更高要求和追求的人，还可以添置更多的皮鞋，比如，搭配不同颜色商务休闲装的深蓝色、墨绿色、咖啡色、米色、灰色等皮鞋，适当的时间、地点、场合穿着它们更有利于彰显个人品位。

6. 皮包

职场男士的整体形象包含了发型等仪容要求和着装要求，很多人认为做到这些已经足够好了，往往容易忽视手提包的作用。"木桶理论"说明，组成木桶的最短木板决定了木桶的装水容量。同样地，一个人的外表形象也是由众多的内外因素组成的，对于商务人士来说，手提包也是非常重要的一项，影响个人形象的完美呈现。优质的皮包，是职场男士的必备品。

1) 选择方法

(1) 颜色：哑光，正式场合中男士手提包只选黑色，与皮鞋、皮带同色。一般职场可以选择藏青色、墨绿色、深棕色、深灰色等颜色，更有时尚气息。

(2) 款式：正式场合优先选择横式手提包，一般职场可以选择竖式、双肩背的电脑包等时尚款式。

2) 选择注意事项

包包的选择，不一定是名牌，但要注重品质。

(1) 材质上一定要选优质皮革，质感要好。

(2) 包包在某种程度上决定了自己的身份，所以做工要精细，不能粗糙。

(3) 廓形一定要简单，线条呈直线感，避免过多的装饰和过大的 Logo。

(4) 使用率高，既实用又高档的包是职场人士的贴心"棉袄"。

(5) 无论什么包，使用时必须护理好，保持干净、完整，不能过于破旧。

因为不同职场的要求不一样，对于时尚行业、民族风等特色行业，以上要求除外。

📝 **案例分析** ▶

李某是一家大型企业的高级经理，他年轻有为，专业知识丰富，深受公司员工的认可和敬重。在参加一次重要的商务会议时，他穿了一件休闲款式的衬衫，配了一条深色的牛仔裤，看起来很时尚。

分析

在这个案例中，李某犯了一个着装上的错误。虽然他的休闲衬衫和牛仔裤看起来时尚，但不符合商务会议的正式场合。

针对李某的问题，提出以下一些商务着装的建议。

(1) 西装：在商务场合中，西装是最正式、最得体的着装选择。选择一套合身的西装可以凸显李某的身材优势，同时营造严谨、专业的形象。

(2) 衬衫：在西装里面，李某可以选择一些质地良好、颜色与西装相配的衬衫。白色或淡蓝色的衬衫与西装搭配最为经典。

(3) 领带：如果李某需要系领带，可选择一条颜色与衬衫和西装相配的领带。领带的材质以丝质为佳。

(4) 鞋子：李某可选择一双正式的商务鞋，以配合他的西装。他可以选择黑色或深棕色的皮鞋，并确保鞋子干净整洁。

(5) 袜子：李某需要注意袜子的选择，以避免出现尴尬的情况。他可以选择深色的袜子，以与西装的颜色相协调，同时注意袜子没有破洞或抽丝。

(6) 注意细节：在商务场合中，李某需要注意细节的搭配，如袖口、领口和口袋巾等。这些细节可以增强整体着装的层次感和质感。

通过以上建议，李某可以打造出适合商务会议的着装，以展现他的专业素养和对会议的重视程度。

商务着装是商业交往中不可或缺的一部分，它能够直接反映个人的职业素养和对他人的尊重程度。因此，应重视商务着装的选择，根据不同的场合选择适当的服装和配饰。同时，我们也应该理解并遵守商务着装的规范，以展现最佳的形象和气质。在商业交往中，良好的商务着装习惯可以为我们加分不少，让我们在事业上取得更好的发展和成功。

讨论与思考

1. 什么是商务着装？
2. 商务着装有哪些基本要求？
3. 如何根据不同行业和公司文化选择适合的商务着装？
4. 男士在商务场合中应该穿什么样的服装？
5. 女士在商务场合中应该穿什么样的服装？
6. 如何搭配商务正装，打造出专业、得体的形象？
7. 在不同季节如何选择合适的商务着装？
8. 如何根据个人风格和气质选择适合的商务着装？
9. 如何避免穿着不得体的商务着装？
10. 在特殊场合(晚宴、婚礼等)，应该如何选择着装？

第六章　走进彩妆

有一种艺术，它不需要华丽的舞台，也不需要繁复的道具，只需要一副纯净的面容和一支精致的画笔，就可以创造无尽的美丽。它是女性的秘密武器，是她们展现自我、追求美丽的方式。

课程思政要求

- 培养学生的社会责任感。
- 弘扬社会主义核心价值观。
- 增强学生的自信心。
- 培养学生的审美情趣和艺术修养。
- 培养学生的创新精神和实践能力。
- 培养学生的团队协作能力。

彩妆是形象塑造中的重要组成部分。彩妆是一种通过化妆来美化面部的艺术形式，是一种表达自己个性的方式，一直以来备受大家的喜爱。无论是在日常生活中还是在特殊场合，彩妆都能为我们带来自信、优雅和美丽。它包括各种化妆品，如口红、眼影、粉底、腮红、眉笔以及各种彩妆工具刷等。

彩妆能使人看起来更加自信、漂亮，并且能够反映一个人的个性和品位。不同颜色、不同质地和效果的彩妆可以展现个人不同的风格和气质。例如，红色口红可以让女性看起来更加自信，粉色妆容则更适合甜美可爱的形象。除了表达个性外，彩妆还可以起到修饰和改善面部缺陷的作用。例如，使用遮瑕膏可以遮盖黑眼圈和痘印；使用粉底可以让肤色变得更加均匀自然；使用高光可以突出面部的立体感。

化妆是有效提高自信以及自身审美的最好方式。化妆是运用化妆品和工具，对面部、五官进行渲染、描画、整理，增强立体感，从而达到美化视觉感受的目的。化妆，能表现出个人独有的美；能改善个人原有的"形""色""质"，增添美感和魅力；化妆，能作为一种艺术形式，表达一种感受。化妆能让人看起来气色更好、更加自信、更加精神，从而提升个人的形象。在职场中，化妆也是非常重要的，它可以让人们看起来更加专业、有精神，提高竞争力。

本章主要讲授认识彩妆、走进彩妆、拥有精致妆容的内容。在课堂教学中，教师应注意以下几个方面。

(1) 安全卫生：彩妆涉及化妆品的使用，教师需要确保所有的工具和产品都是清洁的，避免学生因为使用不洁的工具或产品引发皮肤问题。

(2) 基本技巧：教师需要教授学生正确的彩妆技巧，包括如何选择适合自己肤色的底妆，如何打造自然的眼妆等。

(3) 实践操作：理论教学是必要的，但彩妆更多的是实践操作，教师需要让学生有足够的机会进行实践操作，通过实践来提高技巧。

(4) 个性化教学：每个人的肤色、脸型、眼型等都是不同的，教师需要根据每个学生的具体情况，进行个性化教学。

(5) 产品知识：教师需要教授学生关于彩妆产品的知识，包括各种产品的功能、使用方法、适用肤质等。

(6) 健康观念：教师需要强调彩妆只是提升自信和美感的一种方式，不应该过度依赖，更不能忽视皮肤的健康。

(7) 情绪管理：化妆过程中可能会出现失败的情况，教师需要教会学生如何处理这些情况，保持良好的情绪状态。

第一节　认 识 彩 妆

一、彩妆的概念

"彩妆"，这个看似简单的词汇，实则包含了无尽的魅力和深度。它是我们日常生活中的一部分，更是我们表达自我、塑造形象的重要工具。让我们一起踏上认识彩妆的旅程，深入了解它的基础知识、种类和应用技巧，从而更好地掌握和使用这一强大的美妆工具。

彩妆，顾名思义，是指用于修饰、美化面部的各类产品。包括粉底液、眼影、口红、腮红、眉笔等。彩妆的作用不局限于改善我们的外观，还是一种自我表达的方式，是展示个性和情感的一种手段。彩妆的主要功能是改变我们的肤色、眼睛的形状和大小，以及嘴唇的颜色，让我们看起来更加美丽和自信。

(一)彩妆的作用

1. 改善外观

彩妆的主要作用是改善面部的外观。通过使用不同的彩妆产品，改变肤色，强调眼睛，甚至改变面部轮廓。例如，通过使用深色的眼影来强调眼睛，或者通过使用亮色的唇膏来让嘴唇看起来更加饱满。此外，还可以使用彩妆产品来遮盖皮肤上的瑕疵，如痘痘或黑眼圈。

2. 自我表达的方式

彩妆是一种自我表达的方式。每个人都有自己独特的审美观，而彩妆可以帮助我们实现这种审美观。通过选择不同颜色和质地的彩妆产品来展示个性。例如，一些人喜欢大胆的颜色和丰富的质地；而另一些人更喜欢自然的颜色和简单的质地。无论你的风格是哪一种，彩妆都可以更好地表达自己的审美观。

(二)彩妆的意义

彩妆的意义远远超过了它的作用。它是自我照顾的一部分，是对自己的一种尊重。通过化妆，可以提升自信心，在面对外界时感到更加自在。同时，彩妆也可以帮助我们更好地适应不同的社交场合。例如，在工作场合，一个精致的妆容可以让我们显得更加专业；在休闲场合，一个自然的妆容可以让我们显得更加随和。

彩妆是一种强大的工具，它可以帮助我们改善外观，表达自我，提升自信，以及适应各种社交场合。因此，了解彩妆的概念及其作用和意义，对于我们来说是非常重要的。

二、彩妆的种类

彩妆的种类繁多，每一种都有其特殊的用途和效果。例如，粉底液可以均匀肤色，遮盖皮肤上的瑕疵；眼影可以让眼睛看起来更有神采；口红则可以增加嘴唇的颜色，使嘴唇看起来更加饱满和诱人。腮红、高光、阴影等其他类型的彩妆产品，都可以帮助我们打造出理想的妆容。

(一)妆前隔离

妆前隔离(见图 6-1)是许多化妆步骤中至关重要的一环。它的主要作用是在使用粉底或遮瑕产品之前，为肌肤提供保护屏障，减少化妆品对皮肤的刺激和损害。妆前隔离通常由多种有效成分组成，如保湿剂、抗氧化剂、维生素和植物提取物等，旨在滋养肌肤并增强其对外界环境的抵抗力。

妆前隔离能够有效补充肌肤水分，使肌肤保持水润状态。在化妆过程中，肌肤容易因为化妆品的干燥而失去水分，导致皮肤紧绷、脱皮甚至出现细纹等问题。而妆前隔离中的保湿成分可以渗透到角质层，为肌肤提供持久的水分补给，使肌肤保持柔软光滑的状态。

妆前隔离具有抗氧化的作用。生活中，紫外线、空气污染等因素都会对肌肤产生损害。妆前隔离中的抗氧化剂能够中和自由基，可防止其对皮肤细胞造成氧化损伤，减缓皮肤老化的过程。抗氧化剂还能够促进肌肤新陈代谢，使肌肤更加健康、有光泽。

妆前隔离中常常添加维生素成分，如维生素 C 和维生素 E。维生素 C 是一种强效的抗氧化剂，能够抑制黑色素生成，提亮肤色并均匀肤色；而维生素 E 则具有修复受损细胞的功能，能够减少细纹和皱纹的出现，使肌肤看起来更加年轻紧致。

除了以上主要成分外，妆前隔离中通常还会添加一些植物提取物，如绿茶提取物、薰衣草提取物等。这些植物提取物富含多种活性成分，具有舒缓、镇定的效果，能够缓解因化妆品使用引起的肌肤不适感。同时，它们还具有一定的抗菌和抗炎作用，有助于预防和改善痘痘问题。

妆前隔离是一款多功能的护肤品。它能够保护肌肤免受化妆品的伤害，并提供滋润、抗氧化和修复等多种功效。因此，在化妆之前使用妆前隔离是非常必要的，它能够让妆容更加持久、自然且健康。

(二)粉底

粉底的主要成分有油脂、粉料、水和色素，根据油脂、水及色素的含量，可配制出各种不同的粉底，如液体粉底、膏状粉底等。在选择粉底时，要考虑粉底的涂敷性，应该易于涂抹，且涂层薄厚均匀，有良好的遮盖性，无明显的化妆痕迹，最好能使皮肤有晶莹透明的感觉。粉底一般分为液体粉底和膏状粉底(见图 6-2、图 6-3)。

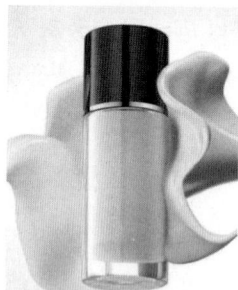

图 6-1　妆前隔离　　　　　图 6-2　液体粉底　　　　　图 6-3　膏状粉底

1. 液体粉底

液体粉底含水量丰富，其主要特点是质地轻薄，易于涂抹和推开，能够提供自然的遮瑕效果。同时，它还具有保湿和滋润肌肤的功能。在日常生活中，液体粉底适合用于裸妆和日常妆。液体粉底不会给皮肤带来沉重感，较强的流动性使其可以轻松地涂抹在脸部的各个部位，无论是眼角、鼻翼还是下巴，都能均匀覆盖，不会出现色差或者结块的现象。液体粉底还具有一定的遮瑕效果，能在一定程度上遮盖脸部的瑕疵，如痘痘、黑眼圈、斑点等，使肌肤看起来更加光滑细腻。同时，其轻薄的质地能与肌肤完美融合，不会产生厚重的妆感。

2. 膏状粉底

膏状粉底含有较多的油脂成分，遮瑕力较强，通常呈半固体状，质地较液体粉底更为厚重，适合用于新娘妆和晚宴妆以及对遮瑕效果有一定要求的妆容。膏状粉底涂抹在皮肤上后会迅速吸收，留下一层薄薄的膜，良好的保湿效果使其可以在遮盖瑕疵的同时保持肌肤的水润状态。由于其不易脱妆的特性，它可以帮助我们长时间保持妆容的完美，持久性通常也比液体粉底更高。同时，其中的防晒成分，能防止肌肤受到紫外线的伤害。

液体粉底和膏状粉底各具优点，它们都能让肌肤看起来更加光滑均匀。但在使用过程中也需要注意一些问题。首先，要根据自己的肤色和肤质来选择适合自己的粉底色号，避免出现不协调的情况。其次，其保湿和滋润效果不同，因此对于干性肌肤的人需要在使用前做好基础护肤工作，保持肌肤的水润状态，并选择具有保湿功效的粉底；而油性皮肤的人则要选择控油清爽的粉底。另外，根据对妆感、使用习惯和遮瑕的不同需求，液体粉底和膏状粉底还可以相互调配使用。

(三)遮瑕

遮瑕是一种专门用于遮盖面部瑕疵(痘痕、斑点、黑眼圈等)的化妆品。它通常具有轻薄的质地，适合局部遮盖瑕疵，易于涂抹和混合，能够有效地隐藏瑕疵，使肌肤看起来更加光滑无瑕。遮瑕产品的主要成分通常包括色素、润肤剂、乳化剂和防腐剂等。其中，色素是遮瑕产品的关键成分，它能够吸收多余的光线，减少瑕疵的可见度；润肤剂能滋润肌肤，提高遮瑕产品的贴合度和持久性；乳化剂则帮助色素和水混合在一起，形成一种可以均匀涂抹在皮肤表面的液体。

遮瑕产品一般有遮瑕膏(见图 6-4)、遮瑕棒和遮瑕笔。遮瑕能帮助我们遮盖面部的瑕疵，展现自信、美丽的一面。在选择和使用遮瑕产品时，需要根据自己的肤质和需求来选择合适的产品，并掌握正确的使用方法，以达到最佳的遮盖效果。

(四)高光

高光(见图 6-5)是化妆品中一种非常重要的修饰工具，它能够为面部轮廓增添立体感和光泽度，让整个妆容更加生动和迷人。高光产品通常是细腻的粉状、膏状或液体，分为哑光和珠光，具有轻盈的质感，不会给肌肤带来负担。高光产品通常以珠光质地为主，通过添加一些金属粒子来增加光泽感，这些金属粒子会在光线的照射下，使面部的肤色变得更加明亮。

在化妆过程中，使用高光刷、海绵或者手指将高光产品轻轻涂抹在面部的高点区域，如颧骨、鼻梁、眉骨、上唇等部位，让整个面部轮廓看起来更加立体饱满，并且能够增强面部的亮度和立体感。

高光产品还可以用来提亮脸部的阴影部分，使整体妆容更加平衡和谐。在修容的过程中，利用高光产品的反射效果，将高光点涂在脸颊两侧的阴影处，使阴影处视觉效果饱满，提升脸部的明亮度和立体感，让整个妆容显得更加自然而富有层次感。

在使用高光产品时需根据个人肤色和妆容需求选择合适的色号和亮度。白皙肤色的人用浅色的高光产品会更加适合；偏黄、暗沉肤色的人可使用深色的高光产品凸显皮肤的亮度和光泽。如果希望达到更加自然的妆效，可以选择带有微珠光的高光产品，避免过度闪亮的效果。

高光产品作为化妆品中的必备品之一，能为妆容增添魅力和立体感。通过正确的使用方法和选择适合的产品色号打造出令人惊艳的妆容效果。无论是日常妆容还是重要场合的妆容，高光产品都是塑造面部轮廓的秘密武器。

(五)散粉

散粉(见图 6-6)是化妆品中一种常见的定妆产品，被广泛应用于各种妆容的最后步骤。散粉的主要作用是吸收面部多余的油脂，使妆容更加持久，同时提亮肤色，让肌肤看起来更加光滑细腻。我们先了解散粉的主要成分。散粉主要由滑石粉、二氧化钛、氧化锌等成分组成，这些成分具有很好的吸附性，能够有效地吸收面部的油脂和汗水，保持妆容的持久度。

图6-4　遮瑕膏

图6-5　高光

图6-6　散粉

散粉还具有修饰肌肤纹理的作用。它能有效地遮盖毛孔和瑕疵，让肌肤看起来更加平滑。散粉还能调整肤色，使肌肤看起来更加健康有光泽。使用散粉是化妆过程中非常重要的一步，它能保持妆容的持久度，提升肤色和肤质。

散粉有珠光和哑光之分，定妆的厚薄取决于底妆的厚薄。珠光在新娘妆中运用较多，有膨胀感，适合年轻、脸小的人，舞台妆和平面模特妆中也运用较多；生活妆中通常用哑光散粉，使用散粉刷时妆感会轻薄一些，而使用粉扑时则会使妆感显得密实一些。

(六)修容饼

修容饼(见图 6-7)是化妆品的重要组成部分。它是一种用于修饰面部轮廓的化妆品，通过使用不同的颜色和质地，有效地改变脸部的形状和立体感。合理选择产品和使用合适的方法，可以达到美化脸部轮廓、提升整体形象的效果。

修容饼通常由多种粉末混合而成，这些粉末包括深色的矿物粉、浅色的高光粉或者是带有珠光效果的闪粉等。这些粉末的颜色和质地可根据个人喜好和需要进行选择。有些修容饼会添加一些保湿成分，以保持肌肤的水分平衡。

正确使用修容饼，可使脸部轮廓更加立体饱满，从而打造瘦脸、小脸的效果。修容饼还可以修饰脸部的不对称问题，使整个面部看起来更加协调和谐。当然，修容饼的效果也受到个人肤质、化妆技巧等因素的影响，所以只有不断尝试和练习才能找到最适合自己的方法和效果。

(七)眉妆产品

在化妆品领域，眉妆产品是不可或缺的重要组成部分。它们以其独特的魅力和实用性，为女性带来了无尽的美丽与自信。眉妆产品包括眉笔、眉粉、眉膏等多种类型，每一种都有其独特性和适用人群。

眉笔(见图 6-8)是最基础的眉妆产品之一，它的质地通常比较硬，便于描绘出清晰的线条。眉笔的优点是易于操作，适合初学者使用。它可以轻易地填充眉毛间的空隙，使眉毛看起来更加浓密。眉笔的颜色选择也非常丰富，根据个人的发色和肤色选择合适的颜色，以达到最佳的妆效。

眉粉(见图 6-9)则是一种更为自然的产品，它的质地比眉笔要软一些。眉粉含有微细粉体颗粒，粉质细腻，延展性好，附着力强，修饰眉形自然，更适合追求自然妆容的女性。眉粉的使用方法相对简单，用刷子轻轻扫过眉毛即可。眉粉的颜色通常比眉笔更柔和，能更好地融入肌肤，使眉毛看起来更加自然。

图6-7 修容饼

图6-8 眉笔

图6-9 眉粉

眉膏是眉妆产品的另一种选择，它的质地介于眉笔和眉粉之间，既有眉笔的硬度，又有眉粉的柔软。使用眉膏的方法比较复杂，需要用刷子蘸取适量的产品，然后从眉头开始，顺着眉毛的生长方向一笔一笔地描绘。眉膏的优点是可以打造浓郁且立体的效果，使眉毛看起来更加有型。

眉妆产品是化妆品中的重要一环，在帮助女性打造完美眉形的同时，提升整体的妆容效果。无论是选择眉笔、眉粉还是眉膏，都应根据个人的喜好和需求来决定。

(八)眼妆产品

在化妆品的众多种类中，眼妆产品以其独特的魅力和卓越的效果，赢得了无数消费者的喜爱。眼妆产品种类繁多，包括眼影，眼线笔、眼线液和眼线膏，以及睫毛膏和假睫毛等，每一种都有其独特的使用方法和效果。

1. 眼影

眼影(见图 6-10)是眼妆的基础，为眼部增添色彩，使眼睛看起来更加有神和立体。眼影的颜色丰富多样，从自然的裸色到鲜艳的红色，从深邃的黑色到活泼的彩色，总有一款能够满足你的需求。

眼影的主要成分是色粉，包括含有各种有色矿物质的是天然色粉和含有人工色素的则是人工色粉。 眼影有液体、固体和膏状三种类型，主要由无机颜料和云母钛类有色珠光颜料表现各种颜色。眼影按质地分为珠光和哑光。珠光分为微珠光和大珠光，微珠光适用于拍摄平面照片。眼影的不同质地有其各自独特的使用方法和效果。使用眼影的目的是表现眼部的立体结构，选择准确的颜色是关键。

2. 眼线笔、眼线液和眼线膏

眼线笔(见图 6-11)、眼线液和眼线膏通常是眼妆的重要工具，它们可以帮助修饰眼部形状，使眼睛看起来更加大而有神。眼线笔质感柔软，适合淡妆；眼线笔的线条粗细可根据个人喜好进行调整，无论是粗犷的猫眼妆还是细腻的日常妆，都可以轻松实现。而眼线液和眼线膏的颜色通常比较深，可有效地填充眼部空隙，使眼睛看起来更加明亮，它们会更适合浓妆，或者希望更加突出眼部妆容的时候使用。

3. 睫毛膏

睫毛膏(见图 6-12)是增强眼部魅力的重要产品，它可以使睫毛看起来更加浓密、纤长和卷翘，从而提升整体妆容的效果。睫毛膏大多使用油脂溶剂和高分子纤维素原料制成，可使睫毛显得浓密且弯曲而长，增加美感和立体感。睫毛膏还能为睫毛提供保护和定型功能，它能够形成一层薄膜，防止空气中的尘埃和其他杂质附着在睫毛上。睫毛膏有多种类型可供选择，如增长型、浓密型、卷翘型等，每种类型都有其独特的效果。睫毛膏的使用方法也很简单，只需将刷头轻轻刷过睫毛即可。

4. 假睫毛

假睫毛是提升眼妆效果的选择之一，它可以增加眼睛的神采并打造出不同的妆面。假睫毛的形状与长度可以依据个人喜好进行选择，无论是自然款还是夸张款，都能轻松实现。假睫毛的粘贴方法也很简单，只需将其紧贴睫毛根部的位置即可。

因此，无论是日常妆还是特殊场合妆，眼妆产品都能帮助我们打造最美的自己。

图 6-10　眼影

图 6-11　眼线笔

图 6-12　睫毛膏

(九)腮红

腮红(见图 6-13)，作为化妆品中不可或缺的一部分，是打造完美妆容的关键之一，也是增强面部立体感的重要产品。它能为面部增添一抹自然的红润色彩，让脸部看起来更加健康和有活力，还能提升整体妆容的立体感和气色。

下面让我们来了解腮红的常见分类。根据不同的质地和效果，腮红可以分为膏状、粉状、液体等多种类型。其中，膏状腮红因其丰富的色彩选择和持久的保持力而备受推崇。它们通常具有柔滑的质地，易于上妆，能够轻松地与肌肤融合，展现自然而迷人的红润效果。粉状腮红则以其轻薄的质地和易于叠加的特点受到许多人的喜爱。无论是初学者还是专业化妆师，都能够通过粉状腮红轻松打造各种风格的妆容，从自然清透到浓郁烟熏都能游刃有余。液体腮红则以其水润的质感和高光效果成为时下热门的选择之一。它能够提亮面部的光泽度，使肌肤看起来更加年轻有活力。

除了选择合适的质地，选购合适的颜色也是打造完美腮红妆容的关键。对于亚洲人来讲，适合的腮红色系通常是带有一点桃色调或橘色调的自然粉色。这些颜色既能展现健康明亮的肤色，又不会过于夸张。而对于白皙肤色的人来讲，可以选择一些带有金色调或玫瑰色调的腮红色系，以突出面部的立体感和轮廓。当然，不同肤色和个人喜好也会影响到腮红颜色的选择，因此在购买前最好多试几款颜色，找到最适合自己的那一款。

在使用腮红时，也需要注意一些技巧。首先，建议使用腮红刷轻轻蘸取适量的腮红粉或液体轻柔涂抹，避免过多地涂抹造成浓重的效果。其次，可将腮红轻轻打在笑肌处，即颧骨下方的位置，以更好地突出面部的立体感和气色。如果想要更加持久的效果，可在使用腮红前先涂抹一层散粉或定妆粉，然后轻轻扫上腮红，这样能够增加腮红的持久性和稳定性。

腮红作为化妆品中的点睛之笔，能为妆容增添无限魅力。无论是膏状、粉状还是液体腮红，都能满足不同人的需求和喜好。在挑选和使用腮红的过程中，腮红的颜色应根据个人肤色和妆容风格来选择；注意选择合适的质地和颜色，最好与眼影、口红的色系相似，这样，就能够轻松打造和谐的完美妆容。

(十)唇妆产品

口红(见图 6-14)在化妆品中占据了重要的地位，它们以其丰富的色彩和多样的质地，为妆容增添了无限的魅力。无论是日常的淡妆还是华丽的晚宴妆容，唇妆产品都是不可或缺的一部分。它可以让双唇变得更加丰满，改变整个妆容的氛围。市面上有很多种类的口红，从哑光到亮光，从唇膏到唇釉，从红色到粉色，每一种颜色都可以为不同的场合和风格量身定制。

口红的主要成分包括蜡质、油脂、色素和香料等。其中，蜡质和油脂是唇妆产品的主要保湿成分，可以有效地保持唇部的湿润度，防止唇部干燥；色素则决定了唇妆的颜色，不同的色素使唇部呈现不同的颜色，如红色、粉色、橙色、紫色等；而香料则是赋予唇妆产品香味的成分，它可以提升使用者的使用体验。

唇妆产品是一种非常实用的化妆品，它们能美化嘴唇，并保护嘴唇免受外界的伤害。为了加深及修饰嘴部轮廓，塑造立体感，唇膏和唇蜜结合使用效果更佳；而唇釉则更适合年轻女性使用。因此，无论是在日常生活中还是在特殊场合下，我们都应学会正确地使用唇妆产品，以展现自己的魅力。

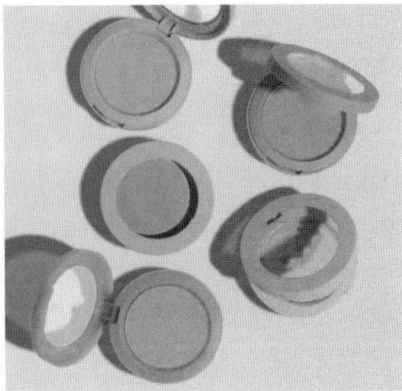 

图 6-13　腮红　　　　　　　　　　　图 6-14　口红

三、彩妆的基本要素

在选择彩妆的颜色之前，我们需要了解一些基本要素，以便更好地进行彩妆的色彩搭配。这些基本要素包括肤色、发色、性格和场合等。

(一)肤色

肤色是选择彩妆颜色的重要因素之一。不同肤色的人适合不同的颜色。例如，浅色皮肤的人适合淡雅的妆容；而深色皮肤的人则适合选择带暖色调的妆容。

(二)发色

发色也是选择彩妆颜色的重要因素之一。不同发色的人适合不同的颜色。例如，黑色头发的人适合选择红色等色彩；而金色头发的人则适合选择淡雅的色彩。

(三)性格

性格也是选择彩妆颜色的因素之一。不同性格的人适合不同的颜色。例如，性格开朗的人适合选择明亮的色彩；而性格内向的人则适合选择淡雅的色彩。

(四)场合

场合也是选择彩妆颜色的因素之一。不同场合需要选择不同的颜色。例如，日常场合适合选择简单、清新的颜色；而正式场合则适合选择优雅、端庄的颜色。

四、彩妆的色彩选择

在了解了彩妆的基本要素之后，我们就开始进入色彩选择的环节。色彩选择是整个彩妆过程中的关键步骤。根据不同的场合和需求，选择不同的颜色来搭配。

(一)日常色彩选择

日常妆容以简单、清新、时尚为主，可选择流行色进行搭配。例如，淡粉色、裸色等都是近年来比较流行的颜色。这些颜色可以突出自然、清新的特点，让人看起来更加年轻有活力。不过要注意不能过于夸张或张扬，以免让人感觉过于浓艳。

(二)职业色彩选择

职业妆容往往以优雅、端庄和富有层次感为主，可以选择简单、大方、柔和的颜色进行搭配。例如，粉色、米色等都是非常适合职业场合的颜色。这些颜色可以提升气质，能让人感觉专业可靠。同样需要注意不能过于张扬或夸张，以免影响职业形象。

(三)夸张色彩选择

对于特殊场合，如晚会、音乐会等，可以选择夸张、个性、有张力的颜色进行搭配。例如，暗红色、深蓝色和金色等都是非常具有视觉冲击力的颜色，这些颜色可以突出个性特点，营造独特的氛围。需要注意颜色搭配得当，不能过于杂乱或太过刺眼，以免影响整体效果。

五、彩妆中色彩的重要性

色彩在彩妆中扮演着至关重要的角色。下面从五个方面来描述彩妆中色彩的重要性。

(一)改变面部肤色

运用恰当的色彩，可以调整面部肤色，使其更加均匀。例如，偏黄的肤色，可以选择带有微红色调的粉底或腮红，以中和并提亮整个面部。偏红的肤色，则可以选择带有绿色调的隔离或遮瑕产品，以减少红色的显著性。通过色彩来调整肤色，以达到理想的效果。

(二)突出面部特点

每个人的面部都有独特的特点，如嘴唇的形状、眼睛的大小等。通过色彩的运用，可以突出这些特点，使其更加明显。例如，嘴唇较薄的人，可选择深色或鲜艳的口红，以增强嘴唇的饱满感。眼睛较小的人，则可以选择眼线和眼影，以使眼睛看起来更加明亮和深邃。合理运用色彩能够让面部特点更加突出，使整个妆容更加生动。

(三)表达个人风格和情绪状态

色彩能将不同的个人风格和情绪状态表达出来。例如，喜欢浪漫风格的人可以选择淡粉色或淡紫色的眼影，以展现柔美和优雅；而喜欢个性时尚的人，则可以选用亮色调的眼影和口红，以达到鲜艳夺目的效果。色彩的使用不仅能够展现个人风格，还能够帮助人们舒缓情绪，增强自信心。

(四)注重技巧和搭配

在运用色彩时要从个人肤色、发色、眼睛颜色等方面来选择。对于肤色白皙的人，可以选择冷色调的化妆品；而对于肤色较深的人，则可以选择暖色调的化妆品。此外，使用化妆时还要注意色彩的搭配，避免过度混搭而使整个妆容显得杂乱无章。通过学习色彩搭配的技巧，可以使妆容更加和谐统一，展现最佳效果。

(五)发挥造型作用

运用色彩的对比关系，可以使五官和脸部轮廓产生视觉的效果。例如，通过色彩的对比可以制造出眼睛立体感等效果。

色彩在彩妆中的重要性不容忽视。恰当的色彩运用能够提升个人魅力、表达个性风格、增强自信，也能通过妆容传递出情感与态度。恰当的色彩运用会让人整个妆容美丽动人且富有立体感。

六、彩妆的作用

无论是在职场、社交场合，还是在日常生活中，彩妆都扮演着一个不可或缺的角色，其重要性不言而喻。它能提升自信，展示个性，还能帮助我们适应不同的场合，塑造不同的个人形象，提升生活质量。因此，学会正确地使用彩妆，让它成为我们生活中的一份美好礼物。

(一)提升自信

彩妆能帮助我们提升自信。一个精致的妆容能让我们看起来更加自信、大方，无论内心是否强大，都会感到更加自信。这种自信既可以增强我们的人际交往能力，也可以让我们在面对挑战时更有信心。通过彩妆，强调面部优点，掩饰面部轮廓缺点，打造最适合自己形象的彩妆，在社交场合中也能更加得心应手。

(二)展示个性

彩妆是我们展示个性的一种方式。每个人都有自己独特的风格和审美观，而彩妆就是反映个性的工具之一。不同颜色、质地的彩妆的使用和搭配，可以创造各种不同的妆容，展示独特的个性魅力，从人群中脱颖而出。

(三)塑造个人形象

彩妆可以帮助我们塑造不同的个人形象，如职业妆、日常妆、晚宴妆等，展现出不同的形象，以满足不同场合的需求，帮助我们适应不同的场合。例如，在职场中，我们需要展现出专业和稳重的形象；而在派对上，我们则需要展现出活泼、时尚的形象。灵活运用彩妆技巧，让我们能轻松应对各种场合所需的个人形象。

(四)提升自我认同感

彩妆从一定程度讲也能提升我们的自我认同感。一个精致的妆容不仅能让我们看起来更加美丽，还能让我们的心情变得更好。当我们看到镜子中的自己时，会感到满足和快乐。这种快乐会渗透到我们的生活中，让我们的生活质量得到提升。

七、彩妆的注意事项

通过掌握正确的彩妆理论和技巧，我们可以打造出更加美丽、自信的个人形象。同时，我们也要关注彩妆在使用过程中的细节处理，从而保护好自己的皮肤健康。在彩妆的使用过程中，有一些重要的注意事项需要我们牢记，正确使用和维护彩妆产品是保持肌肤健康和美丽的关键。

(一)选择合适的产品

购买彩妆产品时，选择适合自己肤质的彩妆产品是非常重要的。不同的肌肤类型需要不同的护肤品和彩妆产品，因此，了解自己的肤质并选择适合的产品是保持肌肤健康的关键。尽量选购品质好、适合自己肤质的产品，避免使用劣质产品对皮肤造成伤害。

(二)正确使用彩妆产品

使用彩妆产品时，一定要洗净双手。因为手部的细菌和油脂会污染彩妆产品，导致肌肤问题，如粉刺、痤疮等。所以，在使用任何彩妆产品之前，都应该彻底清洁双手。

使用彩妆产品时，也要注意不过度使用。过多的彩妆产品会导致肌肤负担过重，引发肌肤问题。所以，我们应该根据自己的需求适度地使用彩妆产品。

(三)彩妆产品的保存

彩妆产品的保存也需要重视。彩妆产品通常含有化学成分，如果保存不当，可能会导致其变质或失效。因此，应该将彩妆产品存放在阴凉、干燥的地方，避免放置于阳光直射和高温的地方。

养成定期更换彩妆产品的好习惯。彩妆产品在使用过程中会因接触到我们的皮肤和空气，导致其滋生细菌。因此，应定期更换彩妆产品，保持其清洁和新鲜。

(四)定期清洁化妆工具

如果希望拥有健康肌肤和精致的妆容，就一定要重视对化妆工具的定期清洁和养护。化妆刷、海绵等工具在使用一段时间后容易滋生细菌，定期清洁并自然风干，使工具保持卫生和较好的蓬松度，利于继续使用。

(五)卸妆彻底

彩妆过后，仔细、彻底地卸妆直接影响皮肤的肤质水平，避免化妆品和油脂残留在皮肤上导致毛孔堵塞，形成痘痘等问题。

八、如何选择彩妆产品

当今社会，彩妆已经成为女性日常生活中不可或缺的一部分。无论是日常的妆容还是特殊场合的妆容，都需要我们精心选择和使用合适的彩妆产品。那么，如何根据自己的需求和肤质来选择合适的彩妆产品呢？下面将为大家提供全面的指导。

(一)了解肤质

在选择彩妆产品前，我们首先要了解自己的肤质。油性肌肤适合使用控油持久的产品；干性肌肤则需要更多的保湿和滋润；混合性皮肤则可以在 T 区使用控油产品，而在其他部位使用保湿产品；敏感性肌肤则需要选择无刺激、温和的产品。

(二)根据场合选择产品

不同的场合需要不同的妆容。例如，日常妆容应以自然为主，可以选择轻薄的粉底和淡雅的眼影；而参加派对或者晚宴等正式场合，需要更浓重的妆容，这时可以选择遮瑕力强、颜色丰富的彩妆产品。

(三)了解产品的成分

在购买彩妆产品时，一定要了解产品的成分。一些成分可能会引起皮肤过敏反应，因此在选择产品时，应避免含有这些成分的产品。另外，应尽量选择含有天然成分和无害化学成分的产品，以减少对皮肤的伤害。

(四)品牌的选择

在选择彩妆产品时，品牌也是一个重要的考虑因素。知名品牌通常会有更好的产品质量保证，而且它们的产品也会有更多的色彩选择。但这并不意味着小众品牌就不好，很多小众品牌也有出色的产品，它们往往更注重产品的创新性和个性化。

(五)试用产品

试用产品的重要性不容忽视。每个人的肤色和肤质都不同，同一款产品在不同人的皮肤上的效果会有所不同。因此，在购买前试用是非常重要的一步，可以在自己的手背或者颈部试试，质地是否舒适，持久度如何，等等。

选择彩妆产品并不是一件简单的事情，需要我们根据自己的肤质、需求，以及品牌等因素进行综合考虑。只有这样，我们才能找到最适合自己的彩妆产品，展现最美的自己。

讨论与思考

1. 你通常多久化一次妆？
2. 你最喜欢哪种类型的妆容？
3. 你认为化妆最重要的目的是什么？
4. 你在化妆时，有没有特别注重的地方？
5. 你认为什么样的化妆品是化妆的关键？
6. 你在化妆时，有没有特别喜欢的化妆品牌？
7. 你在化妆时，有没有遇到过什么困难？你是如何解决的？
8. 你对化妆有什么特别的感触或者体验？
9. 你认为化妆对你的日常生活有何影响？
10. 你有没有试过自己制作化妆品？如果有，你觉得效果如何？

第二节　走进彩妆

彩妆是一种强大的美妆工具，帮助我们展现个性和魅力。通过学习和实践，使我们能更好地理解和使用彩妆，选择适合自己的彩妆产品，打造属于自己的妆容，让自己更加自信和美丽。

彩妆虽然看起来很简单，但是要正确地使用它还是需要一些技巧和方法的。首先，要选择适合自己肤色和肤质的彩妆产品。其次，要学会如何正确地使用这些产品。例如，在使用粉底液时，应从脸部的中心开始向外涂抹；在使用眼影时，应先涂上浅色的眼影，然后再用深色的眼影进行晕染。在化妆完成后要注意保持彩妆产品的清洁和卫生，以防止皮肤问题的发生。

一、彩妆工具

"工欲善其事，必先利其器"，彩妆工具是打造完美妆面的必备条件之一，也是化妆过程中的重要助手。它们能够更精准、均匀地呈现彩妆产品的质地、颜色、衔接和融合，从而提升妆容效果。

彩妆工具刷(见图 6-15)被设计用于各种不同类型的彩妆产品，如粉底、眼影、腮红和唇彩等。这些工具刷通常由高品质的材料制成，如天然纤维或合成纤维，以保证其耐用性和舒适性。除了形状、大小和适用的差异外，彩妆工具刷的材质也各不相同。天然毛刷通常比较柔软，能够更好地吸附彩妆产品，但也容易变形和损坏；合成毛刷则更坚固耐用，但不如天然毛刷那么柔软。因此，在选择彩妆工具刷时，可根据自己的需求和喜好做出权衡。

(1) 散粉刷　(2) 腮红刷　(3) 修容刷　(4) 遮瑕刷　(5) 大号眼影刷　(6) 小号眼影刷　(7) 眉刷

图 6-15　彩妆工具刷

(一)粉底刷

粉底刷(见图 6-16)是用于涂抹粉底的工具，它通常由柔软的合成纤维或动物毛发制成。刷头的形状和大小各异，以适应不同肤质和需求。粉底刷的设计旨在提供均匀、自然且轻薄的妆容效果，使肌肤看起来更加光滑、无瑕疵。

粉底刷的主要优点在于其能够保留粉底的水分，使粉底不会过于厚重，并能更好地控制用量，避免浪费。与传统的手指或海绵相比，粉底刷能更精确地将粉底涂抹在脸部各个部位，让每个角落都得到充分的覆盖。粉底刷还能帮助将粉底均匀地推开，使其与肌肤更好地融合，以减少浮粉和不均匀的现象。

平头刷适用于遮盖瑕疵和毛孔；斜角刷适用于轮廓修容；圆形刷适用于打造水润光泽的妆容，等等。选择适合自己肤质和需求的粉底刷，可以让妆容更加完美持久。

(二)遮瑕刷

遮瑕刷[见图 6-15(4)]是一种专门用于遮盖面部瑕疵的化妆工具。它的设计独特，能够轻松地在皮肤上涂抹粉底或遮瑕膏，以达到均匀、自然的妆容效果。遮瑕刷的刷毛通常由优质的合成纤维或动物毛发制成，具有柔软、细腻的特点，能够完美贴合肌肤轮廓，使遮瑕产品更好地融入肌肤。

遮瑕刷的刷头部分通常分为圆形和扁平两种形状，以满足不同部位的遮盖需求。圆形刷头适用于大面积的脸部区域，如脸颊、额头和下巴，能够快速地涂抹粉底或遮瑕膏，达到整体均匀的效果；而扁平刷头则适用于细节部位的修饰，如眼睛周围的细纹、痘痘等，能够精确地控制遮瑕产品的用量和位置，使瑕疵得到有效的遮盖。

(三)化妆海绵

化妆海绵通常由天然材料或合成材料制成。它的表面覆盖着一层细腻的海绵，可以吸收和释放适量的液体化妆品，如粉底液、眼影、腮红等。

化妆海绵具有许多优点。首先，它的质地柔软且弹性十足，可以轻松地涂抹在皮肤上，使妆容更加均匀自然。其次，它的表面有许多细小的气孔，可以吸附和释放更多的液体，提高化妆品的遮盖力和持久度。最后，它可以帮助控制化妆品的使用量，避免浪费和过度使用。

不同类型的化妆海绵适用于不同的化妆品，其使用方法也有所不同。例如，粉底海绵通常较厚且柔软，适合用于涂抹厚重的粉底液；而干湿两用海绵则可以在湿润时用于涂抹液态粉底，干燥后则可用于定妆和修容。还有一些特殊设计的化妆海绵，如眼部遮瑕海绵、唇部打底海绵等，专门用于特定部位的妆容打造。

(四)散粉刷

散粉刷[见图 6-15(1)]通常由天然毛质或合成纤维制成。它的形状类似于海绵，但更加紧凑和柔软，以便于在脸部肌肤上均匀涂抹散粉。散粉刷的刷毛通常会更厚、更圆一些，可以容纳大量的散粉，使妆容更加持久。

散粉刷刷毛的质地也非常重要，优质的散粉刷具有柔软、亲肤、不掉毛的特点，使散粉能够均匀地覆盖在肌肤表面，同时不会对肌肤造成任何刺激。

散粉刷主要用途是定妆和扫掉多余散粉，让妆容变得更干净。如果使用散粉刷代替粉扑来营造更自然轻透的妆感，一定注意在遮瑕的地方要更轻柔，否则很容易破坏遮瑕效果。散粉刷首选蓬松的大刷头，不管采用的是天然刷毛还是人造刷毛，都应该非常柔软舒适，当用手握住刷毛轻轻划过手掌，刷毛不容易脱落的才是品质好的刷子。

(五)腮红刷

腮红刷[见图 6-15(2)]是专门用于涂抹腮红的工具，它通常由柔软的刷毛制成，刷头较小。腮红刷的设计使它可以精确地在脸颊上涂抹适量的腮红，以达到自然而又立体的效果。腮红刷的刷毛通常比粉底刷或眼影刷要硬一些，这样可以更好地抓住腮红粉末，避免粉末在使用过程中散落。

腮红刷有不同材质和形状，其中，以斜形或圆弧形刷头且毛质柔软有弹性的为佳。斜形刷头，可以修饰脸部线条，也可以在颧骨上刷出长条形修颜腮红；圆弧形刷头能自然地晕染腮红，在苹果肌上打造自然的好气色。

(六)修容刷

修容刷[见图 6-15(3)]是精细的化妆工具，主要用于修饰脸部轮廓和提升面部立体感。其设计独特，刷毛柔软且密集，能够轻松地在皮肤上滑动，使妆容更加自然而均匀。

修容刷通常由高品质的合成纤维或天然毛发制成，刷毛的长度和形状各异，以适应不同的需求。修容刷的刷头较大，刷毛较长，多为圆形或斜角形，用来修饰脸部线条和形状。修容刷的刷毛也较为硬挺，能够精准地勾勒出脸部的线条和阴影效果或轻刷在下眼圈或 T 字部位提亮。

(七)粉扑

粉扑(见图 6-17)通常由柔软的海绵或绒布制成。粉扑的形状多样，有圆形、方形、椭圆形等，以满足不同人的需求和喜好。

除了传统的粉扑外，还有一些特殊设计的粉扑，如湿粉扑、干湿两用粉扑等。湿粉扑适用于湿润状态下的化妆品，如粉底液、BB 霜等；干湿两用粉扑则可以在干湿两种状态下使用，更加方便实用。

图 6-16　粉底刷

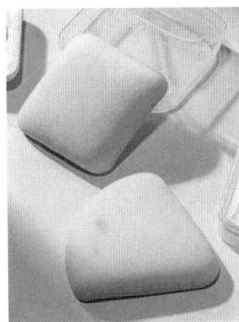

图 6-17　粉扑

　　粉扑不但有各种不同尺寸，也有不同质地和毛质长短。大尺寸(散粉盒附赠)的粉扑适合扑按散粉时使用；小型的适合在补妆时使用；而长毛的散粉扑容易让粉附着在粉扑上，也能达到粉刷的效果，并在不破坏底妆的情况下，让粉底和散粉的服帖性更好。

(八)眉刷

　　眉刷[见图 6-15(7)]是一种专门用于梳理和修饰眉毛的工具。它的设计通常包括一个或多个细长的刷头，刷毛柔软而密集，能轻松地捕捉并整理眉毛的每一根毛发。

　　眉刷的主要作用是塑造理想的眉形。眉刷可以精确地梳理眉毛，使其看起来更加整齐有序。眉刷的细小刷头也使它非常适合用来填充稀疏的眉毛部分，让眉毛看起来更浓密有光泽。

　　眉刷可以分为螺旋形、牙刷形和斜角形。其中，螺旋形可以刷掉多余的眉粉；牙刷形可以修整眉形；而斜角形的眉刷有软毛、硬毛之分，硬毛适合蜡状的产品，软毛则适合眉粉等粉质的产品。

(九)眼影刷

　　眼影刷[见图 6-15(5)、图 6-15(6)]通常由天然材料或合成材料制成，如动物毛发、人造纤维或合成纤维等。眼影刷的设计和形状各异，以适应不同的眼部妆容需求和个人喜好。

　　眼影刷的刷毛质地直接决定了眼影的妆效。刷毛的质量和柔软度直接影响到眼影色彩的显色效果，其中以貂毛为首选。高品质的眼影刷使用高质量的刷毛，能提供细腻、均匀的上色效果，同时不会刺激或损坏眼部肌肤。

　　眼影刷的形状也是影响其使用效果的重要因素。常见的形状包括扁平刷头、斜角刷头、圆形刷头和扇形刷头等。不同类型的眼影刷适用于不同的妆容效果。例如，扁平刷头适用于大面积晕染眼影，利于勾勒线条；斜角刷头适用于眼角和眼尾的细节修饰；圆形刷头较为圆厚，较易均匀晕色，适用于提亮眼部中央区域；而扇形刷头则适用于打造立体感的眼妆。

　　眼影刷的尺寸也是需要考虑的因素之一。大范围使用时，刷子大小以能盖住眼窝为佳，用在整个眼窝的上色，适合打造整体妆容，使眼影更加均匀自然；若是使用在眼影晕开、精细的局部妆容，如眼角和眼尾等小范围，选择尺寸较小的眼影刷能较好地掌握力道和晕染范围。

(十)眼线刷

眼线刷主要用于绘制精细的眼部妆容。它的设计独特，形状和大小都非常适合眼睛的形状，使用者可以轻松地控制眼线的粗细和长度。

眼线刷通常由高质量的刷毛制成，这些刷毛既有弹性又有韧性，可以轻易地在眼睑上滑动，无论是描绘细长的眼线还是粗犷的烟熏妆，都能得心应手。而且，这些刷毛的材质通常是天然的，如猪鬃或羊毛，对皮肤非常温和，不会引发过敏反应。眼线刷通常为扁平刷头，便于描绘、延展线条。

(十一)唇刷

唇刷是专门用于涂抹唇部化妆品的工具，它通常由柔软的动物毛发或合成材料制成。唇刷能够精确地控制唇部妆容的厚度和形状，使涂抹唇膏或唇彩时更加均匀、自然。

唇刷的刷头部分通常呈扁平状，宽度适中，可以覆盖整个唇部区域。刷头质地柔软，不会刺激唇部皮肤，良好的吸附能力可以轻松地将唇部化妆品均匀地涂抹在唇部表面。

除了涂抹口红和唇彩外，唇刷还可以用于修饰唇型。通过调整唇刷的角度和压力，改变唇部的轮廓和线条，使双唇看起来更加饱满、立体。

二、了解面部五官比例

彩妆的另一个功能是可以使面部结构看起来更加和谐、更加美观。美学家用黄金分割法分析人的五官比例分布，以"三庭五眼"为修饰的标准，即是对人的面部长宽比例进行测量的方法，如比例失调，那么人的五官布局就会显得松散或紧凑，缺乏美感。在这里我们对"三庭五眼"进行简单的解读。

"三庭五眼"是中国传统美学的标准之一，是对面部五官位置和比例的一种理想的要求，用于衡量面部五官的协调性和美感，对于面部五官的调整有着重要的指导意义。

"三庭"：指脸的长度比例，将脸部正面长度分为三等份，从额头发际线到眉间的距离、从眉间到鼻底的距离和从鼻底到下巴的距离(见图6-18)。

"五眼"：是指脸的宽度比例，以眼睛的长度为单位，把脸的宽度分成五等份，从左侧发际至右侧发际，为五只眼的宽度(见图6-19)。

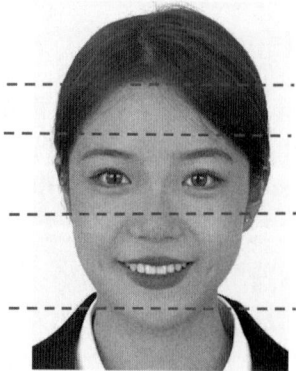

图6-18 "三庭"

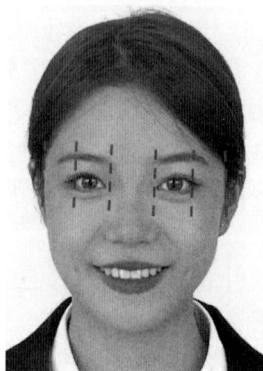

图6-19 "五眼"

这只是一种参考标准，每个人的面部特点都是独一无二的。在调整三庭五眼的比例时，还需要考虑到个人的具体情况和喜好。

五官比例.mp4

三、彩妆基本步骤及方法

(一)妆前的洁肤

妆前洁肤是化妆之前必不可少的重要步骤，洁净的面部有助于妆容的体现。在开始化妆之前，正确的洁肤和护肤程序保证肌肤清洁、滋润。

(1) 使用适合自己肤质的洁面产品进行彻底的清洁。可选择温和的洁面乳或洁面啫喱，避免使用含有刺激性成分的产品，以免刺激皮肤。

(2) 将适量洁面产品倒在手心，加水搓揉起泡后，轻柔地按摩脸部，特别是 T 区和易出油的部位。注意不要用力过度，以免损伤皮肤。

(3) 温和地洗净洁面产品，用清水彻底冲洗干净。

(4) 用柔软的毛巾轻轻拍干脸部，避免擦拭过度造成肌肤刺激。

(二)妆前护肤

(1) 清洁后，在面部轻拍少许柔肤水或爽肤水以收缩毛孔，水轻拍至不粘手，如皮肤过油，可以拍少许收缩水。

(2) 根据自己的肤质选择合适的护肤产品，在面颊及颈部涂抹适合肤质的乳液或护肤乳。例如，干性肌肤可以选择保湿型的乳液或面霜，油性肌肤则适合使用控油型的产品。

(3) 在皮肤特别干燥的情况下，推荐使用精华液。

通透、精致的底妆基础护肤不可马虎，它们可以为后续的妆容打下良好的基础。正确选择适合自己肤质的洁面产品和护肤产品，并按照正确的步骤进行操作，可以保持肌肤的健康状态。坚持做好妆前洁肤和护肤工作，你将会拥有光滑细腻、水润有光泽的美丽肌肤。

(三)妆前隔离

光亮、透明、白皙的肌肤是我们最喜欢的皮肤类型，这种皮肤类型使用任何粉底效果都非常好。要达到完美的效果，光靠涂抹粉底是达不到的，为了使粉底效果通透、色彩亮丽，一定要对皮肤做调整，这个时候我们就需要用到妆前隔离。妆前隔离在底妆前使用，它既能起到调整肤色的作用，又能起到保护肌肤隔离彩妆的作用。因此，在护肤后、底妆前，妆前隔离是必不可少的重要步骤。

(四)底妆

底妆是化妆过程中最重要的一步。底妆是整个妆容的基础，其作用是调整、均匀肤色，遮盖瑕疵，增加立体感，修饰脸型，让肌肤看起来自然光滑，为整个妆容打好基础。

1. 遮瑕步骤及方法

(1) 在粉底中加入遮瑕膏。

(2) 用手指或刷子将其点在需要遮瑕的部位。

(3) 用指腹的温度或遮瑕刷让遮瑕更服帖。

2. 粉底

粉底是彩妆中最基础的产品之一。它可以遮盖面部的瑕疵和色斑，让肤色看起来更加均匀自然。市面上有很多种类的粉底，从液体到膏状再到粉饼、气垫，每一种类型都有其独特的特点和使用方式。

那么，我们应该如何选择适合自己肤色的粉底颜色呢？选择粉底颜色时要根据自己皮肤的肤色来选择最为相近的色号，而不是一味地追求特别白皙的效果，这样往往会因为面部肤色和颈部肤色反差过大，造成假面感。也有许多人在上完底妆之后出现皮肤暗沉或发灰等现象，主要的原因还是粉底液色号没有选对。

要选对粉底颜色，首先要学会判断自身皮肤的冷暖类型。我们可以检查自己手腕内侧的血管，如果是发紫，就是冷调皮肤，如果是发青，就是暖调皮肤，以此给自己皮肤定性。其实绝大多数亚洲人都是属于暖调肌肤或者中性肌肤，这种人比较适合涂黄调的粉底，黄调的粉底液底色是橙黄色。在挑选粉底颜色的时候，我们可以先挑出与自己肤色较为接近的 3 个色号，分别试用在脖子与脸颊交界的部位，切记这个时候一定要留出一点点的时间让粉底渗透到皮肤里，并千万不要着急购买，一定要在不同光源下感受粉底的颜色是否贴合肌肤，经过一小段时间以后，看看粉底在皮肤上呈现的颜色是否贴近真实的肤色，然后再准确判断和自己肤色看起来最为接近的颜色，这就是最适合自己的色号了。

粉底不但可以保护肌肤，而且能营造另一个零瑕疵的第二层肌肤。粉底也像时装一样，具有季节性的特点：春夏时节使用粉底的重点在于粉底的控油性以及透气性，而秋冬时节使用粉底则讲求保湿度与滋润度。大面积上粉底时，使用手指、海绵、粉底刷等效果各有千秋，手指的温度能让粉底更服帖，而海绵能更节省上妆时间。

粉底的使用步骤及方法如下。

(1) 先将粉底刷用保湿喷雾喷湿。

(2) 将粉底液置于掌心，利用手掌温度让粉底更易上妆。

(3) 从鼻翼两侧毛孔较粗大的地方向两颊刷。

(4) 从额头中间往发际处刷。

(5) 从下巴中间向两侧耳垂刷。

(6) 刷鼻翼、眼下、嘴角等细节处。

(7) 鬓角、发际线都要仔细照顾到。

(8) 用微湿的海绵从上往下、由内而外地涂上粉底。

(9) 用海绵顺着毛孔方向由下往上以按压方式将粉底遮盖毛孔较大的地方。

(10) 用粉饼按压在毛孔修饰的地方。

(11) 用海绵蘸取散粉轻拍全脸。

(12) 用散粉刷扫去多余的粉。

3. 散粉(定妆粉)

使用散粉的方法也非常简单，步骤及方法如下。

(1) 用散粉刷取适量的散粉，轻轻按压在面部，特别是在 T 区容易出油的地方。

底妆篇.mp4

彩妆基本化法 1.mp4

(2) 用化妆刷或粉扑均匀地扫开，使散粉与肌肤充分融合。

这样，妆容就会变得更加持久，而且肤色也会变得更加亮丽。

(五)眉毛

眉毛的标准位置在额头发际线至鼻底的中分线上，眉头和内眼角在同一垂直线上，眉峰在整个眉毛从眉头到眉尾的 2/3 处，眉尾在鼻翼与眼尾的延长线上，眉尾应平齐或略高于眉头的水平线。眉梢在鼻翼至外眼角连线的延长线上为长眉，眉梢在嘴角至外眼角连线上为短眉，如果眉的长度长于或短于上述这两个尺寸，化妆时就应适当地调整。眉毛的颜色建议选择和发色相近的颜色进行搭配，这样能平衡与额头发际颜色的块状分层感。

标准眉毛与"三点一线"的关系如下。

(1) 眉头：眉头起始于鼻翼至内眼角的延长线上。

(2) 眉峰：位于眉头至眉梢 2/3 部位。在眼睛平视前方，鼻翼至黑眼球外边缘的延长线上。

(3) 眉尾：位于鼻翼外侧至外眼角的延长线上。

画眉的步骤及方法如下。

(1) 画眉之前先将眉毛梳整齐。

(2) 以眉笔画出眉峰高度。

(3) 用眉粉或眉笔把眉毛间的空隙填满，使眉毛看起来整齐有型。

(六)眼妆

想要拥有精致的眼妆，首先要了解眼睛的结构，即眼睛的轮廓由内外眼角、上下眼睑、睫毛组成。

彩妆基本化法 2.mp4

上眼睑：内外眼角呈水平线，上眼睑弧度大，弧度的最高点在中间部分，睫毛浓密而长。

下眼睑：内眼角略低于外眼角，弧度较小，弧度的最低点位于距外眼角的 1/3 处，睫毛少而短。

眼的标准位置应在额头发际线和嘴角水平线连接线的 1/2 处，两眼之间的距离等于一只眼的宽度，眼尾应略高于内眼角的水平线。

眼妆的步骤及方法如下。

(1) 使用眼影刷蘸取眼影盘中的浅色眼影涂抹于整个眼窝，提亮眼部整体亮度。

(2) 选择眼影盘中较深色的眼影沿睫毛根部做二次叠加，由睫毛根部向上晕开，晕染出层次，在眼窝处加深轮廓。

(3) 用眼线笔描绘睫毛根部，眼尾稍粗且微向上，使眼睛更加有神。

(4) 下眼尾 1/3 处以同色眼影晕染。

(5) 刷出浓密适中的睫毛。

(七)腮红

腮红可以增加脸部的立体感和气色，使面部轮廓更加明显。选择适合自己肤色的腮红，轻轻扫在颧骨上方的位置，从苹果肌向太阳穴方向晕染开。

腮红的使用步骤及方法如下。

(1) 自然好气色型：用刷毛蓬松的腮红刷，将两颊大面积晕染，鼻头、下巴也淡淡地带过。

(2) 可爱俏皮型：刷的位置在颧骨下面约两指宽的位置，刷出圆形的粉色腮红。

(3) 健康阳光型：刷的位置稍微高一点，靠近眼睛，看起来像是晒过太阳的感觉。

(4) 成熟个性型：选择咖啡橘色调的腮红，从太阳穴往颧骨方向刷，就能有瘦脸效果。

(八)唇妆

唇妆是整个妆容的亮点之一。选择适合自己的口红颜色，从唇中心开始涂抹至唇边，可以使用唇刷辅助涂抹以获得更精确的效果。如果想要嘴唇看起来更加饱满，可以选择带有珠光效果的口红或者使用唇釉打底后再涂抹口红。

唇的标准位置在下庭的中央部位，上唇和下唇厚度的比例一般为 1：1.5，唇峰的位置一般在从唇凹到唇角的1/3处。唇峰离得越近，人显得越年轻，反之则越成熟。

唇妆的步骤及方法如下。

(1) 若唇形不够明显，建议使用唇线笔勾勒唇部轮廓。这样可以统一平衡唇线外围与嘴唇内侧的色差，维持较久的唇妆效果。

(2) 用唇刷或手指将口红或唇釉轻轻晕开。

(九)高光

高光的使用步骤及方法如下。

(1) 高光主要涂在 T 区部位，以提升面部立体感，淡化细纹，淡化面部阴影。

(2) 下巴：想让下巴看上去变长，把高光涂在表面；想让下巴看上去变短，把高光涂在下巴尖。

局部彩妆篇.mp4

彩妆基本化法 3.mp4

(十)修容

修容的作用是增加面部立体感，暗影常用咖啡色。接下来，让我们来看看如何正确使用修容饼。首先，在使用修容饼之前，确认肌肤已经清洁干净并且涂抹了适当的底妆产品。其次，使用刷子将修容粉轻轻涂抹在需要修饰的面部区域，如脸颊、下巴、额头等。要注意的是，修容的颜色应该与肤色相近或者比肤色略深一些，以避免出现不自然的效果。

除了以上的基本步骤外，还有一些技巧可以帮助我们更好地使用修容饼。例如，可以通过调整使用的量来控制修容效果的深浅程度，也可以根据个人的面部特征选择合适的修容部位和方法。另外，还可以尝试不同的上妆工具和手法，以达到更加理想的效果。

讨论与思考

1. 你通常如何开始你的化妆过程？

2. 你在化妆前，有没有进行哪些准备工作？

3. 你通常会按照什么样的步骤来化妆？

4. 你在化妆时，有没有特别的技巧或者秘诀？

5. 你会怎样选择适合自己的粉底颜色？

6. 你在化妆时如何确定眉的长度及眉峰的位置？

7. 你在画眉的时候有没有遇到困难？你将如何解决？

8. 请你讲讲眼妆的化法。

9. 眼妆过程中应注意哪些问题？解决哪些关键点？

10. 请你总结高光在化妆过程中的作用，并举例说明。

第三节　拥有精致妆容

一、清透裸妆

清透裸妆注重皮肤提亮，眼影色彩、眼线与睫毛以及唇膏颜色的搭配和运用。在化妆过程中，要以自然、透明为核心，避免使用过于浓重的彩妆和线条。通过正确的颜色搭配和运用，打造迷人的清透裸妆。

清透裸妆的色彩搭配主要以自然、清新为主，突出肌肤的透亮感和妆容的柔和度。

清透裸妆的色彩搭配建议如下。

(1) 粉底：选择轻薄透气和水润的粉底，根据肤色和肤质的不同，选择不同种类的粉底，如液状、膏状和粉状等。使用粉底时要注意适量，避免过量使用导致妆容过于厚重。

(2) 眼影：选择低饱和度的粉色、紫色珠光等自然颜色，搭配杏粉色晕染在眼窝处，以避免妆容太过浓重。同时，选择浅色系眼影在下眼睑上，增加妆容的清新感。

(3) 眼线：选择淡雅的颜色，如浅棕色或米色等，画出柔和的内眼线，突出眼睛的柔和度。

(4) 睫毛膏：选择自然卷翘型的睫毛膏，突出睫毛的自然卷翘感。

(5) 腮红：选择稍有存在感的颜色，如玫瑰色等。腮红能突出面部轮廓，增加气色。

(6) 口红：选择裸色系的口红，如浅粉色、豆沙色等自然颜色，以突出唇部轮廓和增强整体妆容的清新感。

清透裸妆的色彩搭配要注重自然、清新和柔和度，避免使用过于浓重或夸张的颜色和手法，以达到清透裸妆的效果。同时，要根据个人的肤色、肤质和喜好选择适合自己的颜色和手法。

二、日常生活妆

日常生活妆的色彩搭配以自然为主，突出肌肤的通透、日常和妆容的协调程度。

日常生活妆的色彩搭配建议如下。

(1) 粉底：选择水润度较高，与肤色相近的粉底进行打底，以均匀肤色。使用粉底液或粉霜时，要遵循"少量多次"的原则，避免妆容过于厚重。

(2) 眼影：选择同色系或者大地色系的眼影，如棕色、灰色、米色等自然颜色，来打造日常妆容。也可选择珠光、哑光等不同质地的眼影来增强妆容的层次感。

(3) 腮红：选择粉色、珊瑚色等自然颜色的腮红，突出面部的轮廓和气色。也可选择不同质地的腮红打造不同的妆容效果。

(4) 口红：选择裸色、橘色等自然颜色的口红，突出唇部轮廓和增强整体妆容的清新感。也可选择不同质地的口红打造不同的妆容效果。

日常生活妆的色彩搭配要遵循自然、清新、柔和的原则。在选择颜色时要注意与个人肤色、个人风格和场合相协调。同时，要灵活运用不同的颜色和手法，打造个性化的日常妆容。

三、职业妆

职业妆的色彩搭配需要遵循自然、简洁、专业的原则，突出职业女性的专业素养和自信。

职业妆的色彩搭配建议如下。

(1) 粉底：选择水润度较高，与肤色相近的粉底进行打底，均匀肤色。使用粉底液或粉霜时，要遵循"少量多次"的原则，避免妆容过于厚重。

(2) 眼影：选择自然的颜色，如灰褐色、浅棕色等，以晕染眼部轮廓为主。眼影的颜色不宜过多或太鲜亮，突出眼睛的深邃感。

(3) 眼线：选择合适的眼线笔或眼线液，画出清晰流畅的眼线。眼线的颜色应与发色相近或比发色更深一些，增强眼神的锐利感。

(4) 睫毛膏：选择黑色或深棕色的睫毛膏，突出睫毛的浓密度和长度。避免使用过于浓密卷翘的睫毛膏，以免使妆容显得过于浓重。

(5) 腮红：选择橘色、浅粉色等柔和色系的腮红，增加气色。避免使用过于鲜艳的颜色，以免使妆容显得过于浓重。

(6) 口红：选择自然的颜色，如浅红色、豆沙色等，突出唇部轮廓。避免使用过于深或过于鲜艳的颜色，以免使妆容显得过于浓重。

(7) 发型：选择简洁、整齐的发型，突出职业女性的专业形象。选择短发、中长发或盘发等发型，以符合职业场合的要求。

职业妆的色彩搭配要遵循自然、简洁、专业的原则。在选择颜色时要注意与个人肤色、发色和场合的要求相协调。同时，要灵活运用不同的颜色和手法，打造个性化的职业妆容。

四、晚宴妆

晚宴妆的色彩搭配是整个妆容的重要组成部分，以突出女性的魅力和气质。

晚宴妆的色彩搭配建议如下。

(1) 着眼于暖色调：晚宴妆通常以暖色调为主，特别是红色、粉色和金色。这些颜色可以突出女性的艳丽和气质。

(2) 混用色彩：晚宴妆的色彩搭配可以多种颜色混用，但要注意色彩的协调。比如，深红色和金色搭配在一起可以营造高贵、神秘的氛围。

(3) 眼妆：晚宴妆的眼妆是整个妆容的重点之一，可以采用深色眼影、浓密睫毛膏和眼线液等方式突出眼睛的轮廓和神采。选择深蓝色或黑色眼影，搭配自然的假睫毛和浅色眼线，突出眼睛的形状。

(4) 腮红：晚宴妆的腮红也是重点之一，选择粉色或珊瑚色的腮红，突出面部的轮廓和气色。使用柔和的圆形刷法，从颧骨向太阳穴方向扫去，打造自然的红润气色。

（5）口红：晚宴妆的口红也是重点之一，选择鲜艳的口红或唇彩来突出唇部轮廓和色彩。选择红色、粉色或橙色等颜色的口红，与妆容的整体色调相协调。

（6）整体协调：晚宴妆的整体色彩搭配要协调、自然。选择一种主色调，再搭配其他颜色来打造整体的感觉。比如，如果主色调为金色或银色，可以搭配红色或粉色的腮红和口红，以营造高贵、神秘的氛围。

晚宴妆的色彩搭配要遵循协调、自然的原则。在选择颜色时要注意与个人肤色、个人风格和场合相协调。同时，要灵活运用不同的颜色和手法，打造个性化的晚宴妆容。

彩妆基本化法 4.mp4

讨论与思考

1. 你是如何打造你的精致妆容的？
2. 你认为什么样的妆容可以称为精致妆容？
3. 你在打造精致妆容时，有哪些步骤是必不可少的？
4. 你在打造精致妆容时，有没有特别的技巧或者秘诀？
5. 你认为什么样的化妆品是打造精致妆容的关键？
6. 你在打造精致妆容时，有没有特别喜欢的化妆品牌？
7. 你在打造精致妆容时，有没有特别注重的地方？
8. 你认为哪种肤质最适合打造精致妆容？
9. 你在打造精致妆容时，有没有遇到过什么困难？你是如何解决的？
10. 你对拥有精致妆容有什么特别的感触或者体验？

第七章 形 象 管 理

形象管理如同一位精心的园丁，用心灌溉每一片叶子，让每一朵花都绽放出最美的光彩。它是一种自我塑造的过程，通过对外在形象的打造，展现内心的独特魅力。

课程思政要求

- 培养学生的文化自信意识。
- 弘扬社会主义核心价值观。
- 提高学生的社会责任感。
- 强化学生的职业道德观念。
- 引导学生树立正确的人生观和价值观。
- 培养学生的审美情趣和艺术修养。
- 培养学生的团队协作能力。

好的形象不仅仅是为了引人注目，而是给别人留下深刻而积极的印象。初次进入新环境时，我们通过仪态释放信息，凭直觉判断他人。举手投足间，或建起信任的高墙，日后发展之路行稳致远；或错失良机，白白浪费命运的青睐。虽样貌不可改变，但着装可以重塑气质，言谈举止也可以在雕琢中塑造出一眼可辨的风格。端庄得体的形象，就是成功的开端。

本章包括个人形象管理的认知、不同类别的搭配、个人形象管理策略等内容。在教学中，教师应该注意以下几个方面的问题。

(1) 教师形象：教师应展现专业和热情的仪表，成为学生的良好榜样。

(2) 课堂纪律：维护课堂秩序，确保教学顺利进行。

(3) 教学方法：灵活运用案例、角色扮演等多种教学方法，增强实践体验。

(4) 互动交流：鼓励学生参与讨论，营造开放的课堂氛围。

(5) 反馈评价：及时给予学生学习反馈，帮助他们调整学习策略。

(6) 情感关怀：关心学生需求，提供必要的支持。

(7) 教学资源：充分利用多媒体、网络等资源，丰富教学内容。

(8) 教学计划：制订合理的计划，保证课程连贯完整。

(9) 教学反思：定期反思教学，不断优化教学方法。

第一节　个人形象管理的认知

当今社会，个人形象的重要性日益凸显。我们总是首先根据一个人的外在形象来判断其品质、能力和价值。良好的形象不仅能增加一个人的信誉，还能为其带来更多的成功机会。本节将探讨个人形象管理的认知，包括个人形象管理的重要性和形象管理与社会角色等内容。

一、个人形象管理的重要性

个人形象管理是指通过塑造个人形象，以适应不同场合和环境的需求，达到塑造良好印象、提升自信心、促进职业发展、建立互信关系、增强人际关系、提升生活品质、预防社交尴尬、传递积极信息等目的。

(一)塑造良好印象

个人形象是人与人之间相互认知的基础。在商业和社交活动中，我们常常通过观察他人的外表和言行举止来形成对一个人的初步印象。良好的个人形象可以给人留下深刻的印象，增加个人魅力和吸引力。通过适当的着装、言谈举止和形象设计，我们可以更好地适应不同的场合，打造出得体、优雅、自信的形象，从而赢得他人的尊重和好感。

(二)提升自信心

个人形象管理可以帮助我们提升自信心。当我们对自己的形象感到满意时，会更加自信地与他人交往，能更好地表达自己的观点和想法。这种自信是一种外在的体现，也是一种内在的素质和自我价值的体现。进行个人形象管理，能帮助我们逐渐克服自卑和不安，展现自信和积极向上的态度。

(三)促进职业发展

个人形象管理对于职业发展有积极的促进作用。在商业世界中，外表和形象直接关系到我们的职业发展和机会。一个得体、专业、有魅力的形象可以增加我们在职场上的竞争力，赢得更多的机会和信任。相反，一个不修边幅或过于随意的形象可能会削弱我们的竞争力，错失重要的机会。因此，良好的个人形象管理，能帮助我们为自己的职业发展加分，取得更好的成果。

(四)建立互信关系

个人形象管理能帮助我们建立相互信任的关系。在人际交往中，外表和言行举止是他人判断我们诚信和可靠性的重要依据。一个良好的个人形象可以赢得他人的信任和尊重，建立稳固的人际关系。塑造诚实守信、有责任感和真诚的形象，可以帮助我们更好地与他人建立互信关系，促进事业的发展和成功。

(五)增强人际关系

个人形象管理对于增强人际关系具有积极作用。外表和言行举止是我们与他人互动的重要媒介。一个良好的个人形象可以增强我们的人际吸引力，建立良好的人际关系网络。通过展示自信、友好和热情的形象，我们可以更好地与他人建立联系，拓展人脉资源，为自己的事业和生活创造更多的机会。

(六)提升生活品质

个人形象管理不仅影响着我们的职业发展和社会交往，还对生活品质方面也产生着积极的影响。一个整洁、有品位的形象可以增强我们的自信和生活态度，让我们更加热爱生活、享受人生。关注个人形象，可以提高审美水平，学会更好地照顾自己，从而更加健康、自信地面对生活中的各种挑战。

(七)预防社交尴尬

个人形象管理能有效地预防社交尴尬。在社交活动中，我们的外表、言行举止等都可能会引起他人的关注和评价。而一个得体、优雅的形象可以避免我们在社交场合中感到尴尬或成为被嘲笑的对象。通过合理的形象设计和对言行举止的调整，可以帮助我们更加从容自信地参与社交活动，享受愉悦的氛围。

(八)传递积极信息

个人形象管理是一种无声的语言，向外界传递出积极的信号。外表和言行举止是一个人内在素质和价值观的反映。一个积极向上、自信有为的形象可以传递出正面的能量和态度，激发他人的正面情绪和反应。这种积极的形象既能有效提升我们的人际关系质量，又能为我们赢得更多的机会和信任。

因此，良好的个人形象管理对于个人发展的各个方面都有着积极的影响。通过个人形象管理，在更好地展现自己的价值和魅力的同时，也为自己的事业和生活创造更多的可能和机会。

二、形象管理与社会角色

在社会生活中，每个人都需要扮演不同的社会角色，在参与不同社交场合时展现出不同的社会形象。形象管理既涉及了如何塑造个人形象，还涵盖了如何适应和展现出符合不同社会角色期望的个人形象。

(一)社会角色的多样性

社会角色是个人在社会互动中扮演的不同角色和身份。这些角色包括职业角色(职员、管理者、医生)、家庭角色(父母、子女、兄弟姐妹)、社交角色(朋友、合作伙伴)、领导角色等。不同的社会角色需要展现出不同的特征、行为和沟通方式。

(二)形象管理的一致性

尽管不同的社会角色需要对个人形象进行适度调整，以适应不同的期望，但核心的道德、伦理原则和价值观应该保持一致。形象管理的一致性有助于建立信任和可靠性，即不论在何种社会角色下都能维持一致的个人形象。例如，诚实和尊重他人的价值观应该贯穿于不同的社会角色中。

(三)适应不同环境

形象管理还包括适应不同社交和文化环境的能力。不同的环境和文化会有不同的社交规则和期望。每个人都要及时了解并适应这些文化和环境下的规则，做到个人形象不会冒犯他人或脱离环境的期望。例如，在跨文化环境中，需要了解不同文化的礼仪和价值观，以保证行为的得体。

(四)沟通和建立关系

形象管理与有效的沟通和密切关系的建立相关。个人需要学习如何在不同社会角色下与他人建立积极的互动和关系。包括学会倾听、尊重他人的观点和意见，以及适时地表现出理解和共鸣。有效的沟通有助于建立良好的人际关系，不论在何种社会角色下都能够维护积极的形象。

通过深入了解形象管理与不同社会角色之间的关系，可以帮助我们更好地适应各种社会情境，并建立起积极的形象，且有助于我们在职场、社交和家庭生活中取得更大的成功。

讨论与思考

1. 你认为个人形象管理的重要性是什么？
2. 你如何定义个人形象管理？
3. 你认为个人形象管理包括哪些内容？
4. 你认为个人形象管理对你的生活和工作有何影响？
5. 你是否有过个人形象管理的经验？如果有，你觉得效果如何？
6. 你认为个人形象管理有哪些挑战？
7. 你认为如何有效地进行个人形象管理？
8. 你是否愿意投入时间和精力进行个人形象管理？为什么？
9. 你认为个人形象管理和自我品牌建设有何关联？
10. 你对个人形象管理有什么建议或想法？

第二节　不同类别的搭配

一、风格类型的判断依据

在个人形象管理方面，判断自己的风格类型是极为重要的一步。通过了解自己的身材特点、面部特征、气质类型、个人喜好、社交场合、穿搭偏好以及形象目标，可以更好地确定自己的风格类型，并采取相应的形象管理措施。

(一)身材特点

了解自己的身材特点对于选择适合自己的服装款式和穿着搭配非常重要。判断身材特点通常从身高、体重、身材比例等方面入手。

例如，如果你的身高较高，可以选择线条感较强的服装款式，如直筒裤、宽松外套等，以凸显身材的优势；而如果你的身高较矮，则可以选择高腰裤、短款外套等，以拉长腿部线条。

(二)面部特征

面部特征是个人形象的重要体现之一。通常从自己的五官、轮廓、肤质等方面入手，了解自己的面部特征，进而选择适合自己的发型和化妆风格。

例如，如果你的五官较为立体，可以尝试成熟的化妆风格；而如果你的面部轮廓较为柔和，则可以尝试可爱、清新的化妆风格。

(三)气质类型

气质类型是个人形象管理中最为关键的因素之一。通常从自己的行为举止、言谈交流等方面来判断自己的气质类型。

气质可分为优雅、清新、前卫时尚等多种类型。如果你想展现自己的优雅气质，可以选择经典的服装款式和高档的服装材质；如果你想展现自己的清新气质，则可以选择明亮的颜色和舒适的服装款式；而如果你想展现自己的前卫时尚气质，那就可以选择独特的服装款式和时尚的配饰。

(四)个人喜好

个人喜好对于个人形象管理也是参考因素之一。在充分了解自己在穿着、化妆、发型等方面的喜好之后再选择适合自己的风格。

例如，如果你喜欢简约风格，可以选择经典的服装款式和简单的穿着搭配；如果你喜欢色彩斑斓的风格，则可以选择明亮的颜色和花哨的服装款式。

(五)社交场合

在社交场合中，个人形象也需要与出席的场合相符合。明确自己在不同社交场合中的角色，才可以帮助你选择适合自己的穿搭和妆容风格。

例如，在参加正式场合时，你需要选择庄重的服装款式和适当的妆容；在参加派对或聚会时，你可以选择时尚、活泼的服装款式和轻盈的妆容。

(六)穿搭偏好

穿搭偏好是指个人在穿着、搭配方面的喜好和习惯。了解穿搭偏好可以帮助你更快地找到适合自己的穿着搭配。

例如，如果你喜欢休闲服装，可以选择宽松、舒适的款式；如果你喜欢高跟鞋，则可以选择精致的高跟鞋来搭配你的服装。

(七)形象目标

形象目标是个人形象管理的核心。首先确定自己想要塑造成为什么样的个人形象，然后再采取相应的措施来实现这个目标。

例如，如果你想成为时尚、有魅力的人，可以选择时尚的服装款式和相应的化妆风格；如果你想成为知性、有气质的人，可以选择经典的服装款式和高档的服装材质。

在确定自己的身材特点、面部特征、气质类型、个人喜好、社交场合、穿搭偏好以及形象目标之后，通过综合评估明确自己的主要风格类型，并以此为基础进行个人形象的打造，完成个人目标形象的塑造。

二、不同风格的搭配

在形象管理中，找到最适合自己的风格类型是非常重要的。根据个人的喜好、生活经验和职业需求，可以选择一种或多种适合自己的风格类型。以下是一些常见的风格类型以及它们的特点和搭配方法。

(一)时尚风格

1. 色彩搭配

色彩是时尚风格搭配的基础，不同的色彩会给人带来不同的感觉。在选择颜色时，首先要了解自己的肤色、发色和眼珠颜色等，其次选择与自己肤色、发色相匹配的颜色。通常，皮肤偏黄的人可以选择暖色调，如橙色、黄色等；皮肤偏白的人可以选择冷色调，如蓝色、绿色等。同时，要根据季节和场合选择合适的颜色。例如，春夏季可以选择鲜艳的色彩，秋冬季则可以选择暖色调。

2. 款式搭配

款式搭配要根据个人的身材、气质和场合的需求进行选择。例如，高个子的人适合选择长款衣物来展现其修长的身材，而个子娇小的人则可以选择短款或修身的设计来拉长身线。同时，要根据场合选择合适的款式。例如，正式场合宜选择简约大方的款式，而休闲场合则可以选择一些随性的款式。

3. 材质搭配

材质是时尚风格搭配中不可忽视的一环，不同的材质能给人带来不同的感觉。例如，棉质给人一种休闲自然的感觉，而丝绸则给人一种高贵华丽的感觉。在选择材质时，要结合考虑自己的肤色、场合和季节等因素。例如，夏季宜选择轻盈透气的材质，如桑蚕丝、棉麻等；冬季则可以选择保暖的材质，如羊毛、羽绒等。

4. 配饰搭配

配饰是风格搭配中的一部分。通过搭配不同的鞋子、帽子、项链等，营造出不同的穿搭风格。例如，高跟鞋可以展现女性的优雅气质，棒球帽可以展现休闲运动的感觉，而华丽的项链则可以增添一份成熟稳重的气质。在选择配饰时，要考虑与整体风格的协调性和一致性，同时也要注意配饰的质量和质感。

5. 身材修饰

根据身材特点选择适合自己身材并对身材弱点进行修饰的服装是时尚风格搭配中的重

要环节。例如，对于身材高挑的人，可以选择修身的款式，以展现身材优势；而对于身材娇小的人，则可以选择修身的上衣和宽松的下装，以营造"上窄下宽"的视觉效果，拉长身材比例。

6. 流行元素运用

在时尚风格搭配中，流行元素是主要的组成部分。流行元素包括颜色、款式、配饰等多个方面。充分了解当前时尚圈的流行元素，掌握潮流趋势，并能合理运用到自己的形象管理中。但是需要注意的是，不能盲目跟风，要根据自己的风格和特点选择合适的流行元素。

7. 场合着装得体

不同场合需要选择不同的着装，并遵守一定的礼仪和规范，做到得体、大方、时尚。例如，正式场合宜选择简约大方的着装，而休闲场合则可以选择一些随性的着装。同时，要注意着装的舒适性和场合的适宜性。例如，参加晚宴时宜选择时尚的礼服，而在健身房则可选择舒适透气的运动装。

8. 个人风格塑造

个人风格是时尚风格搭配的灵魂，确定自己的风格特点，选择适合自己风格的服装和搭配，逐渐形成自己的时尚风格。每个人的风格特点都不同，有的人偏爱简约大方的时尚风格，有的人则偏爱夸张个性的时尚风格。

(二)简约风格

1. 颜色简约

简约风格注重基础色彩的运用，如黑色、白色、灰色、蓝色等。这些颜色不仅百搭，还能展现简洁大方的美。在服装搭配时，可以通过不同颜色之间的组合，打造出层次感。

2. 材质简约

在选择服装和配饰时，简约风格更注重材质的选择。可尽量选择天然材质的产品，如真皮、羊绒、棉质、丝质等，避免过于人工化的材料。天然材质不仅触感舒适，还能让人穿着更加自然。

3. 配饰简约

简约风格的配饰要尽量简单，不要过于花哨。宜选择简约的耳环、项链、手链等，以点缀整个搭配。同时，要注意配饰的数量适度，不宜过多，以避免喧宾夺主。

4. 发型简约

简约风格的发型宜简洁大方，不要过于烦琐。根据脸型和风格来选择适合自己的发型，如低马尾、高马尾、短发等。在打理发型时，应尽量保持发型的自然和清爽。

5. 妆容简约

简约风格的妆容需尽量简单，不使用过于鲜艳的色彩。宜选择简洁大方的哑光色系，以打造一种自然、清新的美。同时，还要注意避免妆容过重或过浓。

6. 鞋子简约

简约风格的鞋子宜选择黑色、白色、裸色等基础色系。在选择鞋子时，务必要根据自己的风格和场合来选择，同时还要注意鞋子的舒适度和清洁度。

(三)复古风格

1. 精致妆容

复古风格的妆容强调精致和立体感，适合选择大地色、暗红色、金色等与肤色相近的化妆品，以打造复古的妆容。同时，可以使用珠光、亮片之类的化妆品，以增强妆容的立体感和闪烁感。

2. 经典发型

复古风格的发型通常以优雅、知性、清新为主，可根据自己的脸型和喜好来选择适合自己的发型。如卷发、波波头、高马尾等都是比较经典的复古发型。在颜色上，宜选择棕色、黑色、酒红色等与肤色相近的颜色，以突出发型的优雅和自然。

3. 复古服饰

复古风格的服饰通常带有一些传统的元素，如旗袍、唐装、印花丝绒等。在选择服装时，要注意款式和颜色的搭配，可选择深色系、红色、橙色、紫色等比较有复古感的颜色。在配饰上，注意与服装的搭配，可选择玉石、珍珠等比较有复古感的配饰。

4. 高级配色

复古风格注重整体色彩的统一性和对比性，宜选择互补或相近的颜色进行搭配。例如复古红色与优雅蓝色、明黄色与紫色等都是比较经典的复古配色方案。在配饰和鞋子上，注意与服装的色彩搭配，以保持整体的一致性。

5. 怀旧配饰

怀旧配饰是复古风格中不可或缺的一部分，可以选择带有传统元素的项链、耳环、发簪等配饰。在材质上，可以选择一些玉石、银器等比较有质感的配饰。在选择手包时，注意与整体搭配的协调性，可以选择简约大方、颜色与服装互补或同色系的手包。

6. 时尚复古单品

在选择复古风格的单品时，如牛仔、毛呢、编织品等，其单品的时尚感和复古风格，能够让整体搭配更加丰富多彩。在选择这些单品时，要注意款式和颜色的搭配，通常选择与服装颜色相近或互补的单品，以增强整体搭配的协调感。

(四)商务风格

1. 颜色搭配

商务风格的颜色搭配通常以低调、中性和经典为主，常见的颜色包括黑色、灰色、白色、藏蓝色等。其中，同色系搭配和撞色系搭配是两种常用的搭配方式。

(1) 同色系搭配可以选择同一色系的不同色调进行搭配，如深蓝色和浅蓝色、灰色和米色等,这样可以使整个形象更加协调一致,彰显商务的严谨和稳重。

(2) 撞色系搭配可以选择对比鲜明的颜色进行搭配,如红色和黑色、白色和蓝色等,这样可以使整个形象更加醒目,展现商务的活力和创新。

2. 剪裁与款式

商务风格的剪裁与款式往往是简洁、大方的,常见的款式包括西装、衬衫、裤装、裙装等。

(1) 在西装的选择上,可以选择经典的单排扣西装,也可以选择双排扣西装,以深色为主,尺寸合身,不过于紧身或宽松。

(2) 在衬衫的选择上,宜选择白色、蓝色、灰色等经典颜色的衬衫,以纯色或细条纹为主,避免过于花哨的图案和颜色。

(3) 在裤装的选择上,常选择直筒裤、阔腿裤、烟管裤等,以黑色、灰色、藏蓝色等经典颜色为主,要特别注意裤子的版型和舒适度。

(4) 在裙装的选择上,可以选择长度适中的半身裙或连衣裙,以深色为主,宜选择纯色或细条纹的款式,避免过于花哨的图案和颜色。

3. 布料与质感

商务风格的布料与质感以舒适、优质为佳,常见的布料包括棉质、毛质、丝毛等。

(1) 棉质布料适合制作休闲商务装,因其具有较好的透气性和舒适度,适合日常办公穿着。

(2) 毛质布料适合制作正式商务装,因其具有较好的保暖性和质感,适合出席正式场合或高层商务会议。

(3) 丝毛质地的布料也适合制作正式商务装,因其具有较好的光泽感和高级感,适合出席重要场合或高级商务活动。

4. 图案与花色

商务风格的图案与花色主要突出简约、经典,常见的图案包括竖条纹、横条纹、小碎花等。

(1) 竖条纹图案可以营造修长、苗条的视觉效果,适合身材适中的人穿着。

(2) 横条纹图案可以营造饱满、稳重的视觉效果,适合身材较瘦的人穿着。

(3) 小碎花图案可以营造轻松、自然的视觉效果,适合休闲场合或春夏季节穿着。

5. 配饰与细节

商务风格的配饰与细节主要体现简洁、实用,常见的配饰包括公文包和手提袋,以及手表、戒指等。

公文包和手提袋可选择黑色或深色的皮质制品,尺寸要适中,不要过大或过小;手表宜选择经典的机械表或石英表,以黑色或深色为佳,不要过于花哨或复杂;戒指可选择简洁的、彩金色或银色的指环或单颗宝石的款式,不过于浮夸或花哨。

6. 鞋履与袜子

商务风格的鞋履与袜子以黑色系带鞋、黑色或黑灰色袜子为佳,其他颜色可以根据个人喜好进行选择。

黑色系带鞋是一种非常经典的商务鞋款，可以与各种款式的西装搭配，注意鞋子的质地和舒适度；黑色袜子可以选择棉质或羊毛质的款式，黑灰色的袜子也可以和商务鞋进行搭配。

7. 整体协调

商务风格的搭配需要特别注意商务形象的整体协调性。通过合适的发型、妆容和配饰来提升整体形象的专业度。例如，选择简洁的发型和自然的妆容来突出个人的干练气质。另外，服装和配饰之间的协调性也是非常重要的。整体搭配应该给人整洁、大方和得体的感觉。

(五)休闲风格

1. 颜色搭配

休闲风格的颜色搭配突出自然、柔和，选择自己喜欢的颜色，并注意深浅搭配，以及同一色系或邻近色系的搭配。同时，也可以尝试撞色搭配，以增强活力感。

2. 材质选择

休闲风格的材质多以棉、麻、毛等自然材质为主，这些材质不仅舒适透气，而且具有很好的亲肤性。休闲风格的材质也会选择合成纤维，如尼龙、聚酯纤维等，以增强服装的挺括感和耐磨性。

3. 图案选择

休闲风格的图案常选择条纹、波点、印花等。这些图案在增强服装的趣味性的同时，也可以用来表达自己的个性和情感。在图案选择时还应根据服装的材质和款式来选择相应的图案。

4. 鞋子与配饰

休闲风格的鞋子通常包括运动鞋、休闲鞋、低跟鞋等。在选择鞋子时，除了要考虑与服装的整体风格相协调外，还要注重舒适度和场合的搭配。比如，在运动场合可以选择运动鞋。

配饰也是休闲风格中不可或缺的一部分，可以通过选择简约、大方的配饰，如太阳帽、耳环、手链等，来增强整体搭配的层次感和时尚感。

5. 适度暴露

在休闲风格的搭配中，适度暴露也是一种常见的技巧，可以选择一些细节部位，如锁骨、手腕、脚踝等，进行适当的展示。在适度增强整体搭配的层次感和时尚感的同时，凸显自己的特点和魅力。

6. 对比搭配

在休闲风格的搭配中，常通过对比明显的颜色和款式的搭配，如黑色与白色、粉色与紫色等颜色搭配，来增强整体搭配的鲜明度。也可以通过选择不同款式的鞋子和配饰的搭配，来打造时尚的休闲风格。

7. 宽松剪裁

为了更好地展现休闲风格的特点，通常会选择较为宽松剪裁的服装款式。比如"H"型、"A"型等剪裁的服装款式，以凸显休闲风格的舒适和自然。根据自己的身材特点选择适合自己的剪裁方式，能达到更好的搭配效果。

(六)文艺风格

1. 简约色调

文艺风格的色调以简约、淡雅为主，如米色、灰色、白色、淡蓝色等。整体搭配要注意色调的协调和层次感，可以选择相近的颜色进行搭配，如米色上衣搭配灰色裤子。

2. 材质选择

文艺风格的材质以柔软、舒适、吸汗为主，如棉、麻、针织等。选择这些材质既舒适自然，又能展现出朴素、文艺的气息。但要注意材质的质感、颜色、厚薄度等，选择适合自己肤色和身材的质地。

3. 复古元素

文艺风格中加入一些复古元素，可以增加形象的独特性和魅力，可以选择经典的复古元素，如圆形领口、伞形裙摆、繁体字花边等。但须注意不要过于烦琐，避免整个形象显得杂乱无章。

4. 发型设计

文艺风格的发型以简单、大方为主，常选择高马尾、低丸子头、半披发等。发型的颜色、高度、轮廓等，以自然、清新为原则，避免过于夸张和个性化的发型。

5. 妆容修饰

文艺风格的妆容以清新、自然为主，使用适合自己肤色的口红、粉底、眼影等化妆品，化出清透、自然的妆容。妆容不宜过于浓重或夸张，尽量保持妆容的轻盈和自然。

6. 配饰搭配

文艺风格的配饰以简约、精致为主，如精致的耳环、项链、手链等。配饰的风格可以选择清新文艺或优雅复古，以符合文艺风格的氛围。同时注意配饰与整体形象的协调性，不要过于烦琐或夸张。

7. 姿态调整

良好的身体姿态可以提升个人的气质和魅力。文艺风格的身体姿态展现出优雅和自然，常注意挺胸收腹、肩膀放平、头颅微微扬起等。在正式场合或摄影拍摄中，良好的姿态调整技巧可以让自己的形象更加自信和有魅力。

8. 内在修养

除了外在形象的搭配，在文艺风格的形象管理方面还需要注重内在修养的提升。保持乐观积极的心态，培养幽默感和审美素养等，能让自己更好地展现文艺风格的内涵和魅力。空闲时多阅读书籍、欣赏艺术作品，以提升自己的文化素养和审美水平。

(七)甜美风格

1. 色彩选择

甜美风格的色彩通常是温暖、柔和、明亮的，如粉色、浅蓝色、浅黄色等。这些颜色不仅能展现女性的温柔和甜美，也能让自己看起来更加靓丽和有活力。在选择颜色时，要根据自己的肤色和喜好来选择，找到最适合自己的甜美色彩。

2. 服装款式

甜美风格的服装款式以简单、可爱、清新为主，可以选择雪纺、蕾丝、荷叶边等材质的服装，这些材质可以增强女性的柔美和甜美感。选择小清新风格的服装，如短裙、公主袖等，能更好地展现女性的甜美气息。

3. 发型与妆容

甜美风格的发型体现可爱、清新，通常选择简单、自然的发型，如马尾辫、低双马尾、空气刘海等。妆容方面选择明亮、可爱的妆容，如粉色系妆容、甜美眼妆等。同时，要注意妆容的清新和自然，避免过于浓重或夸张的妆容。

4. 配饰与道具

在选择配饰与道具时，要根据自己的风格和场合来选择，可以选择花朵、蝴蝶结、珍珠等可爱的配饰，如发夹、耳环、项链等，用来衬托甜美风格。也可以选择道具来增强甜美感，如气球、花环、小熊玩偶等。

5. 姿态与表情

姿态与表情也是展现甜美风格的重要方面，要保持优雅、温柔的姿态，如站姿挺拔、收腹挺胸、不跷二郎腿等。同时，还要注意微笑和眼神的表达，展现出甜美和自信。在表情上，要保持温柔可爱，可以多运用萌的表情，让自己看起来更加甜美可爱。

(八)成熟风格

1. 色彩选择

成熟风格的色彩选择以深色系为主，如黑色、藏蓝色、灰色、深棕色等。这些颜色可以传达成熟稳重的感觉，也能很好地掩饰一些身材上的不足。

2. 材质选择

成熟风格的材质选择以棉麻、丝绸等自然材质为主。棉麻材质的服装给人带来一种简约、大方的感觉，丝绸材质则能彰显成熟女性的优雅气质。同时，有质感的配饰也是成熟风格中不可或缺的部分，但要注意不要过度使用，以免整体效果过于华丽。

3. 款式选择

成熟风格的搭配中，西装、中山装等都是常见的款式。西装是成熟风格的代表，其挺括的版型和修身的剪裁都能凸显一个人的自信与稳重；中山装则是一种具有中国特色的成熟风格服装，其立领、袋盖、前片收腰等设计都能展现一个人的大气与端庄。

4. 配饰选择

在成熟风格的搭配中，配饰起着画龙点睛的作用，常见的配饰有手表、戒指、项链和耳环等。手表可以选择金属表带或皮质表带，但要注意款式要简单大方，不过于花哨；戒指可以选择简单的金属戒指或宝石戒指，以突出成熟稳重的气质；项链和耳环宜选择简约的款式，以避免喧宾夺主。

5. 发型与妆容

在成熟风格的搭配中，发型与妆容是非常重要的部分，建议选择简洁、大方的发型与妆容，以凸显成熟女性的自信与优雅。发型可以选择低马尾、卷发等；妆容上要注意底妆自然，不过于浓重，眼妆宜选择大地色系眼影和自然款的眼线，唇妆可以选择裸色或淡红色口红，以避免给人一种过于浓艳的感觉。

6. 鞋子与包

在成熟风格的搭配中，鞋子与包也是必不可少的部分，建议选择款式简单、颜色较深的鞋子与包。鞋子尽量选择黑色高跟鞋或米色休闲鞋等；在包的选择上，建议选择简约款式的手提包或单肩包，避免过于花哨或幼稚的款式。

7. 避免过度追求流行元素

在成熟风格的搭配中，要注意避免过度追求当下流行的元素。建议依据自身气质、风格，以及场合来选择合适的流行元素。例如，选择简约的流行元素来点缀整体形象，注意不要过于夸张。

8. 色彩搭配

色彩搭配是形象管理中的重要环节，在成熟风格的搭配中建议采用安全配色，如黑色配金色、粉色配蓝色等。在配色过程中，注意避免出现因使用太多颜色而显得不伦不类的情况。同时，也要注意色彩的明度和饱和度适中，尽量避免过于刺眼或过于沉闷的颜色搭配。

(九)清新风格

1. 简约色彩

清新风格的色彩以简约、自然为主，常见的颜色包括白色、淡粉色、淡蓝色、淡绿色等。这些颜色能展现清新、自然的形象，给人留下清爽宜人的印象。在清新风格搭配时，可以选择同色系或相近色系的服装进行搭配，以营造层次感和清新的氛围。

2. 材质选择

清新风格的材质多以柔软、舒适、自然的材质为主，如棉、麻、丝绸、雪纺等。这些材质具有很好的透气性，给人一种自然、大方的感觉。

3. 裁剪合身

清新风格的裁剪要合身，避免过于复杂的设计和过多的层次感，以简洁的线条和流畅的裁剪，展现服装的轮廓和人体的线条。在选择服装时，要根据自己的身材特点进行选择，突出自己的优点，避免过于烦琐的款式和裁剪。

4. 注重细节

清新风格注重细节的处理，可以选择具有清新元素的配饰，如花朵、树叶、丝带等，来增强整体搭配的时尚感和层次感。同时，要注意细节上的搭配，如袜子、鞋子、发卡等，都要符合清新风格的整体形象。

5. 适度搭配

清新风格的搭配要适度，避免过多搭配元素和颜色，宜选择一种色系或两种色系进行搭配，以简约、大方的风格为主。在选择服装时，颜色不宜过多，以免造成视觉上的混乱。

6. 素雅妆容

清新风格的妆容要素雅，以自然妆效为最佳，选择淡妆或裸妆，口红、眼影、指甲油等颜色以淡色系为主，避免浓妆艳抹和过于夸张的妆容。此外，要保持肌肤的清洁和清爽，避免油脂和汗渍对妆面的影响。

7. 清新发型

清新风格的发型主要通过整洁、干爽来呈现，可以尝试简单的发型，如马尾辫、低丸子头等，避免过于烦琐的发型和过大的发卡。同时，要注意头发的清洁和光泽度，保持自然、大方的形象。

(十)优雅风格

1. 色彩搭配

优雅风格的色彩搭配以中性色和冷色调为主，如灰色、米色、蓝色、白色等。这些颜色能够表现出优雅、高贵的形象。在搭配时，可以根据自己的肤色和喜好选择适合自己的颜色，并注意整体色彩的协调性和层次感。

2. 材质选择

优雅风格的材质选择以柔软、细腻的材质为主，如丝绸、棉麻、高级的化纤面料等。这些材质能够展现优雅、舒适的形象。同时，在选择材质时也要考虑颜色和款式的搭配效果，以及场合的适宜性。

3. 款式设计

优雅风格的款式设计以简洁、大方为主，强调身体线条的展现和气质的提升。例如，选择修身的长裙、简约的西装外套、蕾丝花边装饰的上衣等。同时，在选择款式时也要考虑自己的身材特点和个人风格。

4. 饰品搭配

优雅风格的饰品搭配以简单、精致为主，如小巧的耳环、简约的项链、细带的鞋子等。这些饰品可以增强整体搭配的亮点，提升优雅气质。同时，也要注意饰品与服装的整体搭配效果，以及饰品的材质和颜色是否与整体形象相符。

5. 鞋子与包

优雅风格的鞋子以高跟鞋和精致的平底鞋为主，可以选择经典的黑色或白色的鞋，也可以选择与服装搭配的同色系的鞋。包则以简洁、大方为主，可以选择经典的款型和颜色的包，或者与服装搭配的同色系的包。同时，还要注意鞋子与包的材质以及细节的处理，以展现优雅风格的特点。

6. 发型与妆容

优雅风格的发型以简洁、大方为主，可以选择中分的长发、短发或盘发等。妆容方面宜选择淡妆或裸妆，强调自然和清新。同时，也要注意发型与妆容和服装的整体搭配效果，以及个人脸型和气质的适宜性。

7. 言谈举止

在个人形象管理中，言谈举止是非常重要的。在正式场合，需要谈吐优雅，举止得体；在非正式场合，需要放松自如，增强个性。无论是哪种场合，都要保持自信和礼貌，尊重他人，注意言行举止的细节。

8. 体形与扬长避短

根据自身体形和身材特点，选择适合自己风格的衣服和搭配。例如，身材高挑的人可以选择修身的长裙和简约的西装外套，而身材娇小的人可以选择小巧的饰品和精致的平底鞋。同时，也需要考虑颜色和材质与自己体形的搭配效果，以及如何扬长避短，展现最佳的个人形象。

(十一)自然风格

1. 色彩搭配

自然风格的色彩以自然色系为主，如米色、灰色、棕色、绿色等。这些颜色能让人看起来更加自然，凸显皮肤的质感。在色彩搭配上，要避免过度使用颜色和图案的搭配，以保持整体形象的简约、大方。

2. 款式选择

自然风格的服装款式以简单、大方为主，不过分追求潮流或花哨的设计。常见的款式有男友风的衬衫、直筒裤、宽松的连衣裙等。

3. 面料选择

自然风格的面料以舒适、自然为主，如棉、麻、丝等。这些面料不仅质地舒适，而且符合自然风格的要求。在选择面料时，要注意面料的质地和手感，以及是否符合自己的肤质和性格特点。

4. 强调细节

在自然风格的搭配中，要注意一些小细节的搭配，如丝巾、项链、手机壳等。这些细节可以增强整个人的精致感和自然感。但是要注意不要过于夸张或花哨，以保持整体形象的简约、大方。

5. 简约搭配

自然风格注重简约搭配，不过分追求潮流或花哨的搭配方式。在搭配中要注意保持整体形象的简约、大方，避免过度装饰和颜色上的冲突，这样可以让整个形象更加舒适、自然。

6. 妆容自然

自然风格的妆容也要体现自然的感觉，选择接近肤色的粉底，简单的眼妆和自然的口红。整套妆容要清新、自然，不要过于浓妆艳抹。

7. 发型自然

自然风格的发型保持简约和大方，可以选择简单的发型，如马尾、直发等。在绑头发时，注意不要把头发绑得太紧。同时，可以选择一些简单的发饰来点缀发型，以增强整体的精致感和自然感。

8. 配饰点缀

在自然风格中，配饰可以选择简单的款式。注意配饰的颜色和整体搭配的颜色要相匹配。在选择配饰时还要注意不要过于夸张或花哨，以保持整体形象的简约、大方。

在形象管理中，如何确立自己的风格类型需要不断地探索和实践。了解自己的喜好和生活方式有助于找到最适合自己的风格类型。在搭配时，可以根据以上提到的不同风格类型的特点进行服装和配件的选择，以达到最佳的形象效果。另外，要记得保持自信和积极的态度，才能真正展现个人魅力。

三、不同角色的搭配

个人形象管理在不同的角色和场合中有着不同的搭配方式。下面我们分别探讨职业角色、社交角色和运动休闲角色的搭配方式。

(一)职业角色

1. 色彩搭配

在职业角色中，色彩搭配需要根据不同场合选择不同色系和颜色的深浅搭配。通常，职业装的颜色以深色为主，如黑色、灰色、藏蓝色等，这些颜色可以营造庄重、正式的氛围。同时，为了打破沉闷感，也可以选择一些浅色或明亮的颜色作为点缀，如白色、米色、淡蓝色等。

2. 款式搭配

职业角色的款式搭配需要考虑个人身材和行业特点。例如，律师、会计师等职业需要穿着正装，以呈现专业和严谨的形象；而创意类职业则可以更加自由，选择符合个性的搭配即可。同时，要注意服装的剪裁和材质，以突出身材优势，如选择简洁的线条、收腰的设计等。

3. 上下装搭配

职业角色的上下装搭配需要注意整体效果。上装选择简洁的款式，颜色可以偏深，而下装则选择略显时尚的款式和颜色。例如，浅色的西裤或烟管裤搭配深色的衬衫或 T 恤。

4. 场合搭配

职业角色需要根据不同场合选择不同的服装。工作场合需要穿着正式、得体，避免过于时尚或张扬；社交场合可以选择一些时尚得体的服装，以突出个人品位；休闲场合则可以选择舒适自然的服装，以突出轻松自在的感觉。

5. 考虑性格特点

职业角色的服装选择需要考虑自己的性格特点。例如，性格张扬、外向的人可以选择明亮鲜艳的颜色和有个性的款式；性格内向、沉稳的人可以选择柔和的颜色和简洁的款式。

6. 配饰的选择

职业角色的配饰选择同样需要注意整体效果和场合因素。例如，工作场合中不宜佩戴过于夸张的饰品，而应选择简洁的项链或耳环；社交场合中则可以佩戴一些时尚的饰品，如手链、耳环等。

7. 重视细节

职业角色的服装选择需要重视细节。例如，领带、丝巾、手表、鞋子等细节之处需要注重品质和风格的一致性。

8. 保持整洁

职业角色的服装选择需要保持整洁。在日常工作中，要注意保持服装的平整、洁净和无异味。同时，要定期更换服装，避免异味和褶皱的出现。为了使职业装保持整洁，最好是在下班后将其挂起或熨烫平整。

形象管理之
面试装.mp4

(二)社交角色

1. 角色定位

在社交角色定位方面，首先要确定自己将要面临的社交场合和自己的社交角色。例如，在正式场合，自己需要扮演一个成熟稳重的角色；在休闲场合，自己则需要展现自然轻松的一面。针对不同的角色要求，选择适合自己的着装、妆容和言行举止，以打造最佳的个人形象。

2. 服饰搭配

在服饰搭配方面，要注重色彩、款式、材质等方面的选择。首先，色彩搭配要根据肤色、发色以及所要出席的场合来选择，如黑色、白色、灰色等经典色系适合各种肤色和场合。其次，款式要简约、大方，避免过于花哨的设计和暴露的服装。最后，材质要尽量选择质地优良的面料，以突出自己的品位。根据场合的不同，选择合适的服饰搭配，如正式场合选择西装、礼服，休闲场合选择 T 恤、牛仔裤等。

3. 言谈举止

在言谈举止方面，要注重语言表达和礼仪修养。首先，语言表达要得体、礼貌，避免使用粗俗或不得体的语言。其次，要学会倾听，尊重他人的发言，适时地表达自己的看法。最后，根据场合的不同，选择合适的言谈举止。例如，在正式场合，要保持端庄稳重；在休闲场合，可以更加轻松自然地表达自己。

4. 个人形象

在个人形象方面，要树立自己的品牌形象，并保持自己的个性特点。首先，自信、稳重、幽默等品质可以为自己在社交场合中树立良好的形象。其次，保持自己的风格和习惯，如发型、化妆习惯、穿着风格等。最后，根据场合的不同，选择合适的个人形象，如正式场合要保持端庄稳重，休闲场合则展现自然随性的风格。

5. 场合适应

在场合适应方面，首先要了解其扮演的社交角色对应的场合，如职场、社交平台、发布会等。其次，根据场合的要求，调整自己的角色定位、服饰搭配、言谈举止、个人形象等，以打造最佳的个人形象。例如，在职场中要展现专业稳重的一面，穿着要简约得体；在社交平台上要展现自信幽默的一面，穿着可以更加时尚个性化。

(三)运动休闲角色

1. 服饰搭配

运动休闲角色的服饰搭配应以舒适、自由和时尚为主。在颜色的选择上，可以偏向明亮色系或中间色系，如绿色、蓝色、灰色等，这些颜色可以展现活力与青春的气息。注意颜色的搭配和款式的选择，选择如运动裤、卫衣、连帽外套等具有运动元素的服装，以及简约的款式，以突出休闲自然的风格。

2. 发型与妆容

在运动休闲场合，妆容以清新自然为主。对于发型，可以选择如丸子头、马尾、披肩等不同风格的发型，以配合不同的运动休闲场合和服装搭配。妆容上可选择淡妆或裸妆，使用轻薄的底妆和自然的唇彩，突出自然清新的感觉。

3. 配饰与配件

在运动休闲搭配中，配饰与配件以简约、轻便为主，可以选择如运动手表、蓝牙耳机等现代风格的配饰，以增强时尚感。也可以利用帽子、围巾等配件来增强整体造型的层次感和趣味性。

4. 个人气质与场合

运动休闲气质以清新、自由、时尚为主。根据不同的场合，选择不同的气质和角色。例如，在运动场合可以选择活力四射的运动型角色；在文艺场合可以选择小清新的文艺型角色；而在时尚场合则可以选择时尚前卫的时尚型角色。

四、不同场合的搭配

(一)商务场合

1. 色彩搭配

在商务场合，建议选择深色系的服装搭配，如黑色、深蓝色、灰色等。这些颜色有助于打造专业、稳重的形象，凸显成熟和自信。要避免使用过于鲜艳的颜色，以免给人留下不专业的印象。

2. 服装款式

在商务场合，经典的西装外套是首选。西装外套既能够展现专业素养，还可以搭配不同款式的服装。除了西装外套，还可以选择简洁大方的连衣裙或其他职业装来搭配。要避免选择过于暴露或太过随性的服装，以免影响专业形象。

3. 配饰

在商务场合，配饰是提升整体风格的重要方式，可以选择简约大方的手表、耳环和项链等饰品来增加你的专业气质。但是需要注意的是，配饰不能过于夸张或太过花哨，以免分散他人的注意力。

4. 鞋子

在商务场合，建议选择简约、大方的高跟鞋、皮鞋等。鞋子能够展现专业素养和精致品位。要避免选择过于休闲或运动风格的鞋子，以免给人留下不专业的印象。

5. 妆容与发型

在商务场合，建议化简约、大方的妆容。妆容要自然，不过于浓重或夸张。发型也要干净利落，不要过于复杂或太过随性，建议选择简约的发型来搭配职业装。

6. 姿态与礼仪

在商务场合，站得笔直，说话客气礼貌，遵守礼仪规范等，都是塑造个人形象的重要部分。一言一行可能影响到他人的评价，因此，要保持言行举止得体，坐姿端正挺拔，走姿稳重优雅，能展现自信和专业的态度。此外，合理使用礼貌用语，主动帮助他人，也能赢得良好的人际关系和尊重。

(二)休闲场合

1. 根据肤色选择服装

不同肤色的人适合不同颜色的服装。深肤色的人可以选择明亮的颜色，如白色、淡粉色、淡黄色等，以使整体造型更加亮丽。肤色白皙的人，可以选择柔和的颜色，如淡蓝色、淡紫色等，以凸显其优雅气质。

2. 根据身材特点选择服装

在选择休闲场合的服装时，应根据身材特点选择合适的款式和尺码。身材高挑的人，可以选择宽松的上衣和紧身裤，以展现其身材优势。身材矮小的人，可以选择高腰裤或裙子，以及宽松的上衣，以拉长腿部线条。身材偏胖的人，可以选择宽松的款式和深色的衣服，以达到显瘦的效果。

3. 根据场合选择服装

休闲场合多种多样，不同的场合需要选择不同的服装。例如，参加户外运动时可以选择运动装，如宽松的 T 恤、短裤和运动鞋；参加派对或约会时可以选择时尚休闲装，如连衣裙、牛仔外套和高跟鞋；参加音乐节或摇滚演唱会时可以选择个性休闲装，如印有图案的 T 恤、牛仔裤和运动鞋等。

4. 根据个人风格选择服装

个人风格是选择服装的重要因素。喜欢简约风格的人，可以选择纯色或简单的图案，如白色 T 恤、牛仔裤和黑色运动鞋；喜欢时尚风格的人，可以选择流行元素或特别的图案，如印花 T 恤、短裙和靴子；喜欢复古风格的人，可以选择经典款式或复古图案，如宽松的牛仔裤、格子衬衫和皮夹克等。

5. 鞋子的选择

在休闲场合，可以选择运动鞋、休闲鞋或牛津鞋等。运动鞋舒适耐穿，适合进行运动或户外活动；休闲鞋轻便舒适，适合日常穿着；牛津鞋经典百搭，适合搭配正装或半正式场合。总之，需要根据场合和个人喜好来选择合适的鞋子。

6. 配饰的运用

在休闲场合，适当的配饰可以提升整体造型的时尚感，如帽子、围巾、项链、手环等。帽子可以改变发型，增强时尚感；围巾可以凸显颈部线条，增强层次感；项链和手环可以增强整体造型的亮点，提升时尚指数。

7. 发型和妆容

根据休闲场合的不同，选择不同的发型和妆容。进行户外运动或活动时，可以选择清爽、自然的发型和淡妆；参加派对或约会时，可以选择稍微装饰的发型和妆容；参加音乐节或摇滚演唱会时，可以选择个性张扬的发型和妆容。

8. 注意个人卫生

个人卫生是影响个人形象的重要因素。在休闲场合要特别注意保持皮肤清洁、口气清新等。穿着干净整洁的衣服，保持良好的卫生习惯，不仅可以提升个人形象，还是对别人的尊重。

(三)晚宴场合

1. 服饰搭配

晚宴场合通常穿着正式或半正式的服装，女性可以选择晚礼服或小礼服，男性则可以选择西装或燕尾服。在颜色方面，可以选择黑色、白色、银色、金色等较为高贵的颜色，同时要注意整体的造型和搭配，避免过于花哨或过于简单。

2. 发型设计

晚宴场合需要高贵优雅的发型，建议提前与专业的发型师沟通，根据个人的脸型和气质来设计合适的发型。晚宴发型要简单大方，不过于复杂或太过个性，同时要注意发型也应与整体造型相协调。

3. 化妆技巧

晚宴场合需要精致的妆容，以凸显五官的优点。妆面可以选择淡妆或中度妆容，避免过于浓重或夸张。在化妆风格方面，可以选择优雅、高贵、自然的风格，以凸显个人气质。同时，要注意妆容的整体搭配和颜色的协调。

4. 仪态举止

穿着高跟鞋时，应保持姿态端正，不过于张扬或夸张。行走时，保持身体的挺拔和平衡，避免摇晃或行走过快。同时，要注意避免做出过于随意的动作或表情，以免影响个人形象。

5. 礼仪细节

晚宴场合要注意礼仪细节，如主动与主人和宾客打招呼、敬酒时要适度、不随意拍照或录像、不大声喧哗或讲粗话等。同时，要注意尊重其他宾客和主人的意愿，避免做出不合时宜的行为。

不同的场合需要不同的衣着搭配。在选择衣着时，我们一定要考虑场合的性质、文化背景和个人喜好进行个人形象管理，这样才能展现自信的自己。

讨论与思考

1. 你认为商务休闲搭配的关键是什么？你有哪些商务休闲搭配的建议？
2. 你平时喜欢哪种类型的日常休闲搭配？你觉得日常休闲搭配应该如何选择？
3. 你喜欢哪种类型的运动休闲搭配？你认为运动休闲搭配应该注意什么？
4. 在正式场合，你通常会选择什么样的服装搭配？你认为正式场合的服装搭配有哪些要点？
5. 你认为不同季节应该选择什么样的服装搭配？你有哪些季节性搭配的建议？
6. 你认为男士正装搭配的关键是什么？你有哪些男士正装搭配的建议？
7. 你认为女士正装搭配的关键是什么？你有哪些女士正装搭配的建议？
8. 你认为配饰在服装搭配中的作用是什么？你有哪些配饰搭配的建议？
9. 你认为色彩在服装搭配中的作用是什么？你有哪些色彩搭配的建议？
10. 你认为如何通过服装搭配展现个性？你有哪些个性搭配的建议？

第三节　个人形象管理策略

一、个人形象管理策略概述

在生活中，个人形象的重要性不言而喻。个人形象代表着个人的品位和审美，反映了其内在的个性和价值观。因此，进行个人形象管理对于提升个人魅力、增强自信心以及更好地融入社会都至关重要。本节将通过具体案例分析，探讨个人形象管理的几个关键方面。

(一)色彩搭配

色彩搭配是个人形象管理的重要组成部分。合理的色彩搭配能增强个人的吸引力，彰显个人的气质和性格特点。在进行色彩搭配时，需要注意以下几点。

(1) 确定自己的肤色和身材特点，选择适合自己的颜色搭配。

(2) 注意色彩的协调性，以避免过于花哨或单调的色彩搭配。

(3) 运用不同颜色的情感效应，例如，暖色系给人热情、活力之感，冷色系则展现冷静、稳重的气质。

(二)风格塑造

个人风格是个人形象的核心。要形成独特的个人风格，首先要明确自己的风格定位和喜好。在着装方面，可以考虑以下几点。

(1) 选择符合自己职业或生活角色的服装，如职业装、休闲装或运动装等。

(2) 注重服装的品质和细节处理，以体现个人的品位和个性。

(3) 学会搭配不同风格的服装，使自己的形象更加多样化。

(三)场合着装

在不同的场合下，着装的要求也会有所不同。以下是几种常见场合的着装建议。

(1) 职业场合：选择正式的职业装，以凸显专业性和权威性。

(2) 社交场合：根据活动的性质和氛围选择合适的服装，如晚礼服或休闲装等。

(3) 运动场合：穿着合适的运动服装，以体现活力和舒适性。

(四)身材修饰

通过着装技巧来修饰身材，是个人形象管理的重要一环。以下是身材修饰的一些建议。

(1) 针对身材的不足之处，选择合适的设计和款式来掩盖弱点。

(2) 利用颜色和图案来达到视觉上修饰身材的效果，例如，深色具有收缩作用，适合身材较胖的人。

(3) 注意服装的材质和剪裁，选择具有塑形效果的材质和能够突出身材优点的剪裁。

(五)妆容设计

妆容是个人形象中不可或缺的一部分。合适的妆容可以提升个人魅力，突出面部优点。以下是妆容设计的几点建议。

(1) 根据自己的面部特点和喜好选择适合的化妆品。

(2) 掌握基本的化妆技巧，如底妆、眼妆、腮红和唇妆等。

(3) 注意妆容与发型以及服装色彩的搭配，以打造整体协调的形象。

(六)发型选择

发型对于个人形象的重要性不言而喻。合适的发型可以凸显面部优点，彰显个人气质。以下是发型选择的几点建议。

(1) 根据自己的脸型、发质和喜好选择适合的发型。

(2) 定期修剪头发,保持整洁的发型。

(3) 注意洗护发,保持头发的健康光泽。

(七)配饰点缀

配饰是个人形象管理中画龙点睛的一笔。巧妙的搭配配饰可以增强个人魅力,体现个性与品位。以下是配饰点缀的几点建议。

(1) 根据服装和场合选择适合的配饰,如珠宝、手表、帽子等。

(2) 注意配饰之间的搭配,以避免过于繁杂或单调。

(3) 利用配饰来凸显自己的个性和品位,如独特的耳环或手链等。

因此,合理的个人形象管理,可以提升个人的魅力、自信心和人际关系,从而更好地融入社会生活。

二、个人形象管理案例分析

当今社会,个人形象管理已成为人们在职场和社交场合中获得成功的重要因素之一。个人形象代表着个人的外在表现,反映了个人的内在素质和价值观。因此,学会如何管理个人形象变得尤为重要。接下来,我们通过真实的案例来分析个人形象管理的关键因素,帮助大家了解如何在实际生活中运用个人形象管理策略。

(一)案例描述

小王是一位年轻有为的白领,他在一家知名企业担任市场营销主管。小王的专业能力很强,但他经常穿着不太得体的服装,面部不够整洁,还有一双不太精神的眼睛。这些形象问题在一定程度上影响了他在公司内部的晋升和业务表现。

(二)分析思路

针对小王的个人形象问题,我们可以从以下几个方面进行分析。

(1) 建立分析框架:将小王的个人形象分解为多个要素,包括穿着、面部表情、眼神等。

(2) 找出问题关键:找出小王在个人形象方面存在的问题和不足,以及这些问题对他的工作表现和职业发展的影响。

(3) 制定管理策略:根据分析结果,制定相应的个人形象管理策略,帮助小王提升职业形象和生活品质。

(三)策略分享

针对小王的个人形象问题,我们可以通过以下策略进行改进。

(1) 建立自我认知:小王需要深入了解自己的职业特点和需求,明确自己在个人形象方面的要求。

(2) 规划个人形象:根据职业需求和自我认知,规划自己在穿着、面部表情、眼神等方面的个人形象，以展现自信、专业、有活力的形象。

(3) 应对紧急情况：在遇到紧急情况时，要保持冷静，果断处理问题，避免因个人形象问题影响到工作。

(4) 保持健康生活方式：注意保持健康的生活方式，如健康的饮食、充足的睡眠等，以保持良好的身体状态和精神面貌。

(5) 定期评估和调整：每隔一段时间对自己的个人形象进行评估，发现不足之处及时进行调整，以不断提升自己的形象管理能力。

(四)总结

个人形象管理在现代社会中已经变得尤为重要，它影响着个人的职业发展，关系着个人在职场以及社交场合中的信誉和形象。通过分析小王的个人形象案例，我们了解到个人形象管理的重要性，以及如何通过建立自我认知、规划个人形象、应对紧急情况等策略来提升个人形象管理能力。希望大家能够从小王的案例中吸取经验教训，重视个人形象管理策略的制定与实施，为自己打造一个自信、专业、有活力的良好形象。

▶ 案例分析 ◀

案例一：服装色彩搭配与个人形象管理

在时尚界，色彩是最重要的元素之一。不同的颜色可以给人带来不同的感受和印象。因此，服装的色彩搭配对于个人形象的塑造起着至关重要的作用。

以一位职业女性为例，她是一位年轻的市场营销经理，经常需要参加各种商务会议和活动。为了塑造专业、自信的形象，她选择了一套黑色西装套装，并搭配了一件白色衬衫和一条彩色简约款丝巾。这种色彩搭配既展现了她的专业性，又增添了一丝活力和自信。同时，她还选择了一些简洁而精致的配饰，一只带有玫瑰金色的手表和一双黑色高跟鞋，进一步突出了她的专业形象。

分析

这个案例表明，服装的色彩搭配对于个人形象的管理非常重要。通过合理的色彩搭配，展现出自己的个性、风格和职业形象，从而在职场中脱颖而出。

案例二：妆容色彩搭配与个人形象管理

妆容是人们日常打扮中不可或缺的一部分。不同的妆容色彩搭配给人带来不同的视觉效果和印象。因此，妆容的色彩搭配对于个人形象的塑造也起着重要的作用。

以一位时尚博主为例，她经常分享自己的美妆心得和化妆技巧。在她的博客中，她经常强调妆容色彩搭配的重要性。她认为，选择合适的唇色可以改变整个妆容的氛围和风格。例如，她会选择一款鲜艳的红色唇膏来打造一个性感、迷人的妆容，或者选择一款自然的裸色唇膏来展现自己的自然美。

分析

这个案例说明，妆容的色彩搭配对于个人形象的管理有着显著的影响。通过合理选择和使用不同颜色的化妆品，打造出符合自己风格和形象的妆容，从而在社交场合中更加自信和出众。

案例三: 服装搭配与个人形象管理

李小姐是一位时尚博主,她经常分享自己的穿搭心得。最近她购买了一套灰色西装套装,搭配了一件白色衬衫和一双黑色高跟鞋。她还尝试了一些其他的色彩搭配,如深蓝色裙子搭配粉色上衣、红色毛衣搭配灰色外套等。

分析

灰色西装与白色衬衫、黑色高跟鞋的色彩组合非常符合李小姐的职业形象,让她看起来专业而自信。每次尝试不同的色彩搭配,她都会根据自己的职业和个人风格来进行调整。通过不断地尝试和调整,她逐渐形成了自己的个人形象风格。

案例四: 妆容造型与个人形象管理

小丽是一位热爱化妆的女孩,每天都会花费很多时间来打造自己的妆容。在眼妆方面,她喜欢用大地色系的眼影来打造自然的效果;而在唇妆方面,她则更倾向于使用鲜艳的红色或橘色来突出自己的个性特点。参加晚宴时,她会选择较为华丽的金色或紫色系妆容。

分析

妆容的造型同样需要注重色彩搭配,才能更好地展现自己的个性和气质。小丽会根据不同场合的需要来选择合适的妆容色彩搭配。通过不断地尝试和调整,她逐渐形成了自己独特的妆容风格。

案例五: 场合搭配与个人形象管理

某位女性穿着一件深蓝色的连衣裙,搭配了一双黑色的高跟鞋和白色的手提包。这种色彩搭配让她看起来非常优雅和自信。

分析

深蓝色是一种稳重而高贵的颜色,适合正式场合穿着,而黑色高跟鞋则能够突出女性的腿部曲线。这种搭配不仅让这位女性在职场中显得专业而有魅力,同时也让她在日常生活中更加自信和迷人。

案例六: 场合搭配与个人形象管理

某位男性选择了一条灰色的西裤,搭配一件白色的衬衫和一条浅灰色的提花领带。这种色彩搭配让他看起来非常有品位和精神焕发。

分析

灰色是一种中性而稳重的颜色,适合商务场合穿着,而白色则能够展现男性的干净利落和专业形象。浅灰色提花领带较好的质地能够增加男性的魅力和自信,让他在人群中"眼前一亮"。这种搭配让这位男性在工作场合显得专业而有魅力,也让他在日常生活中更加自信和有活力。

案例七: 色彩搭配与个人形象管理

某位女性穿着一件粉红色的连衣裙,搭配了一双粉色的高跟鞋和一只银色的手拿包。这种色彩搭配让她看起来非常甜美和可爱。

分析

粉红色是一种温柔而浪漫的颜色，适合休闲场合穿着，而银色则能够增强女性的时尚感和个性魅力。这种搭配让这位女性在休闲场合显得活泼可爱，也让她在日常生活中更加自信和快乐。

案例八：职业角色与个人形象管理

李先生是一位年轻的白领，每天都要穿着正式的西装去上班。在他的衣柜里，黑色、灰色和深蓝色的西装占据了大多数空间。同时，他也会选择一些浅色的衬衫来打破整体的沉闷感，如白色或淡蓝色。

分析

在搭配上李先生非常注重色彩的选择，他认为颜色可以反映一个人的精神状态和职业形象。这些颜色的选择能使他看起来更加专业、成熟，为他塑造了一个稳重、可靠的形象。

案例九：风格类型与个人形象管理

张小姐是一位时尚博主，她经常分享自己的休闲穿搭。她会用鲜艳的颜色来搭配低调的黑色，使整体造型更加活泼；她还会用冷色调的蓝色来搭配暖色调的红色，营造一种冷暖相间的氛围。

分析

张小姐善于利用色彩的对比来打造个性化的造型，这种色彩的对比使她的休闲装更具吸引力，也使她的形象更加鲜明、有个性。

案例十：场合搭配与个人形象管理

王女士是一位社交活动频繁的女性，需要经常参加各种晚宴和派对。她会选择一条金色的长裙搭配一件黑色的小礼帽，或者选择一条红色的连衣裙搭配一双银色的高跟鞋。

分析

对于晚宴和派对场合，王女士会选择华丽、亮丽的色彩来进行搭配，展现自己的优雅气质。这些颜色的选择使她看起来更加高贵、迷人，也为她塑造了一个优雅、自信的形象。

讨论与思考

1. 请描述一下你的个人形象管理的目标是什么？
2. 你是如何开始进行个人形象管理的？
3. 你认为你的个人形象管理策略有哪些优点和缺点？
4. 你在个人形象管理过程中遇到过哪些挑战？你是如何解决的？
5. 你认为你的个人形象管理对你的生活和工作有何影响？
6. 你在个人形象管理中有哪些成功的经验或者案例可以分享？
7. 你在个人形象管理中有哪些失败的经验或者教训可以分享？
8. 你认为个人形象管理对你的自我认知有何帮助？
9. 你认为个人形象管理对你的人际关系有何影响？
10. 你对个人形象管理有哪些未来的计划或者期待？

第八章　体能训练方案

具体内容见下方二维码。

第九章　常见运动损伤的处理及预防

具体内容见下方二维码。

参 考 文 献

1. 杨斌，于晓红. 形体训练纲论[M]. 2 版. 北京：北京体育大学出版社，2009.
2. 蓝天. 有礼走遍天下[M]. 北京：北京大学出版社，2010.
3. 金正昆. 社交金说：社交礼仪[M]. 北京：北京联合出版公司，2013.
4. 游丝棋. 丝棋密码：彩妆新世代[M]. 北京：中信出版社，2010.
5. 小 P 老师. 媲美明星[M]. 北京：中信出版社，2009.
6. 范文东. 色彩搭配原理与技巧[M]. 3 版. 北京：清华大学出版社，2023.